内蒙古师范大学文学院学术出版基金资助出版

读解教育的理念与实践

王志强/著

中国社会科学出版社

图书在版编目（CIP）数据

读解教育的理念与实践 / 王志强著 . —北京：中国
社会科学出版社，2012.8
ISBN 978 - 7 - 5161 - 1192 - 5

Ⅰ.①读…　Ⅱ.①王…　Ⅲ.①阅读课 - 教学研究
Ⅳ.①G423.02

中国版本图书馆 CIP 数据核字（2012）第 150575 号

出 版 人	赵剑英	
责任编辑	任　明	
责任校对	王兰馨	
责任印制	李　建	

出　　版	中国社会科学出版社	
社　　址	北京鼓楼西大街甲 158 号　（邮编 100720）	
网　　址	http：//www. csspw. cn	
	中文域名：中国社科网　　010 - 64070619	
发 行 部	010 - 84083685	
门 市 部	010 - 84029450	
经　　销	新华书店及其他书店	

印　　刷	北京奥隆印刷厂	
装　　订	北京市兴怀印刷厂	
版　　次	2012 年 8 月第 1 版	
印　　次	2012 年 8 月第 1 次印刷	

开　　本	710 × 1000　1/16	
印　　张	15	
插　　页	2	
字　　数	235 千字	
定　　价	50.00 元	

序

读解即阅读理解，读解书面符号是人类智慧的特质。通过读解，人们积累知识、享受文化，步入可与自然媲美的书面符号世界；通过读解，人们传播信息、组织生产、创造物质财富。读解创造了人类的文明；也造就了文明的人类。读解行为重要，读解教育更重要。阅读理解书面语不是人的本能，会读善解是教化的结果。读解教育引领我们进入阅读状态，引领社会走向文明昌盛。

母语口语教育以家庭教育和社会教育为主，书面语教育以学校教育为主，自古以来，读解教学就是学校教育的基本内容。要提高全社会的阅读水平，必须提高学校读解教育的水平，提高教师自身的读解能力与课堂教学质量。研究读解教育的理念与实践是发展学校读解教育的基础，亦是语文教师教育的核心内容。

如何研究读解教育？哲学与哲思引领我们探索读解现象的本质；悠久的中华教育理念将决定中文读解教育的文化特征；丰富的异域学术思想能拓宽我们的视野，促使我们在反思中前行。如何改进目前的读解教育实践？首先要提高语文教师的读解能力和教学能力。教师要建立正确的、开放的读解理念，重视文体教学设计和课堂教学语言，重视本地区的语文教学研究。

读解教育研究内容多、任务重，必须关注理论与实践这两个方面。未来的公民需要良好的读解教育；社会需要良好的读解氛围。本书在读解教育理念的确立和实践落实两个方面都作了积极探索，学术视野开阔，见解深刻、独到。希望更多的学人参与读解理论与实践的整合研究，完善当代的读解教育理论体系，为提高国民的读解素质作出努力。

李 瑛
2011 年 12 月于呼和浩特

目　　录

第一章　读解教育的哲学解释学理念

　　20世纪的西方哲学实现了从传统的形而上学向语言哲学的历史性转折。无论是以分析哲学和日常语言哲学为代表的英美语言哲学思潮，还是以现象学意向性理论和海德格尔语言本体论为旗帜的欧陆语言哲学流派，众多的哲学家都在关注着语言问题，他们从各自不同的哲学立场出发，对人类的语言现象进行了前所未有的深刻思考与研究。哲学解释学与其他流派相比出现较晚，它是20世纪中晚期以来受到思想界、学术界关注的新的哲学思潮。它以对文本意义的理解和解释为主要研究对象，彻底改变了西方古典解释学把文本解释看作理解的技巧或方法论的思维定式。哲学解释学虽然是在继承和发展了现象学与存在主义的基础上形成的，但是它以自己独特的思想魅力亦为当代英美学者所接纳，最有希望成为沟通英美与欧陆两大语言哲学派别的通途。因此，哲学解释学成为当今西方哲学中重要的哲学流派，在世界范围内得到广泛认同，其影响遍及语言学、文学、美学、文艺学、教育学、社会学诸多人文科学。在世纪之交的社会科学研究中，没有人可以无视哲学解释学的存在。

　　然而，处于语言学、文学和教育学边缘地带的语文读解教学领域，较少有人关注哲学解释学原理对读解教学所应具有的理论指导作用，还没有形成基于哲学解释学原理的读解教学的理论框架。这是一个令人遗憾的学术缺失。本来，哲学解释学的核心是论述阅读本体论思想的，语文教学理论的重要任务是弄清文本解释原理的。这两个相邻的领域却彼此陌生。哲学解释学向语言学、文艺学、社会学等领域发射出道道光环，却漏掉了读解教学领域。读解教学的研究者非常辛苦地从教育学、心理学、接受美学等多门学科采集理论果实，却没有发现当代语言哲学的最为深厚的学术积淀。这似乎是不应该发生的学术错位。造成这种学术缺失、错位的原因很多，其中一条重要的原因是哲学与语文教育学两个领域学者的视野局限。

目前，读解教学理论研究方兴未艾。研究者与实践者已经解决了很多问题，他们仍然面对很多问题，还有很多问题人们似乎已感知到它们的存在，但尚未揭示出来使之明朗化。例如，读解教学的首要任务是阐述文本的意义，那么，什么是文本的意义，意义是如何生成变化的；阅读理解答案是多解的，这究竟是源于教师对学生的宽容，还是这其中蕴涵着根本不可能逆转的哲学原理；教师与学生在讲解过程中一般是要对话的，这究竟是一种教学方法的巧妙改革，还是人生存在模式在课堂中的自然显现？这些问题都可以在以伽达默尔为代表的哲学解释学中寻找到最基本的答案。运用哲学解释学理论分析读解教学的日常行为，发现读解教学中蕴涵的哲学原理，是深化读解教学研究的需要，是语文教育工作者必须努力做好的工作。

第一节　哲学解释学的理论要义

当代哲学解释学最为重要的代表人物是德国哲学家伽达默尔。伽达默尔继承了海德格尔的解释学理论，使哲学解释学发展为独立的哲学流派。在读解教学的研究领域引进伽达默尔的哲学解释学思想，着手建立读解教学的哲学解释学理念是学科发展的迫切要求。

一　关于伽达默尔

伽达默尔，1900 年诞生于德国文化重镇马堡，2002 年逝世，享年102 岁，是当代哲学解释学的代表人物。1922 年在新康德主义马堡学派代表人物那托普指导下，以其对柏拉图思想研究的论文获博士学位，并于 1923 年去弗赖堡大学参加海德格尔主持的"亚里士多德伦理学"讨论班。1929 年，伽达默尔在海德格尔那里通过教授被选资格考试。1937 年受聘到马堡大学，1939 年到莱比锡大学，并于 1946—1947 年在该校执教，1947—1949 年到法兰克福大学任教，其间出版了《歌德与哲学》（1949 年）一书，赢得广泛的好评。1949 年，年近 50 岁的伽达默尔结束了法兰克福大学的教职，去海德堡大学任教授，从此告别了自己的"前解释学时期",迈向了自己的黄金时代——哲学解释学时期。1960年,伽达默尔发表大部头代表作《真理与方法》,从而成为世界知名的哲学家。

伽达默尔的名字是与"哲学解释学"联系在一起的。顾名思义,解释学就是解释的学问,然而它起初是与神学联系在一起的,最早的解释学就是圣经解释学。后来施莱尔马赫(Schleiermacher)第一个为解释学奠定了作为一门人文科学方法论的基本格局,将解释学界定为"理解的技艺",即用正确的方法确保克服自己的先见以把握文本作者的"原意",达到读者与作者之间的"心心相印"。这种解释学的格局因为海德格尔《存在与时间》一书的问世而从根本上得到扭转。海德格尔将解释从单纯的文本中解放出来,而成为人之存在方式本身,理解成了人之生存的根本机制:"听"总是"听做……""看"总是"看做……"。我们听到的是鸟鸣声、潺潺流水声,而不是纯粹的物理学的"声响";我们看到的是孩童的灿烂一笑,而不是面部肌肉纹路的皱褶。换言之,人之举手投足就是在理解、在阐释周围事物的意义。这种将古典的文本解释提升到生存论的理解的解释学被称为"本体论的解释学"。伽达默尔的工作就是在海氏开辟的这一方向上进一步展开的。在《真理与方法》中,伽达默尔把理解看做人类此在普遍的世界经验,依次探讨了艺术经验和精神科学领域中的理解现象,并最终把一切理解得以完成的形式看做语言,提出了"能够理解的存在就是语言"的著名论断,由此完成了哲学解释学理论的构建。

二　读解经验的解释学分析

像任何理论的出现一样,伽达默尔对艺术经验的分析,不是孤立地进行的,他一手拿着胡塞尔的现象学方法,一手展开了海德格尔式的本体论视界。伽达默尔对读解经验的阐述是建立在三种现象的基础之上,即游戏、象征和节日。它们分别揭示了艺术作品的存在方式、艺术意义的显现方式和艺术的时间性特征,从而构成了一个完整的艺术本体论体系。

(一)游戏

伽达默尔对游戏有着全新的理解,他说:"如果我们就与艺术经验的关系而谈论游戏，那么游戏并不指态度，甚至不指创造活动和鉴赏活动的情绪状态，更不是指在游戏活动中所实现的某种主体性的目的，而是指艺术作品本身的存在方式。"①一切游戏活动都是一种被游戏过程，游戏的魅力在于游戏超越游戏者而成为主宰。所以游戏不是游戏者的单纯主体自由的行为，它具有独立于那些从事游戏活动的人的意识的独特本质，其真正主体并不是游戏者而是游戏本身。任何参加游戏的人，都是被卷入游戏中去的，谁要不严肃地对待游戏，谁就是游戏的破坏者，游戏存在于一种"绝不存在采取游戏态度的主体"的境界中，它吸引游戏者进入它的领域中，并且使游戏者充满了它的精神。

　　游戏的另一个性质在于，它是游戏活动者的自我表现。游戏主宰着游戏者，有其自身的规则，但游戏者在游戏中仍须采取行为的态度，仍有按规则"选择"的自主性和目的性，这种主体性正是通过游戏而得到表现。每一种游戏都向从事游戏活动的人提出了一个任务，游戏的人好像只有通过把自己行为的目的转化到单纯的游戏任务中去，才能使自己进入到表现自身的自由中去。游戏的自我表现就这样导致游戏者仿佛是通过他游戏某物即表现某物，而达到他自己特有的自我表现，只是因为游戏活动总是一种表现活动，人类游戏才能够在表现活动中发现游戏的任务。这一特征与艺术也是一致的，艺术活动从根本上说都是参与者的自我表现和自我选择。

　　游戏和艺术的这种自我表现的特点是，它始终要求与别人同戏，它是由游戏者与观赏者共同组成的整体，观赏者不只是一个观看眼前活动的看客，他参与游戏，成为其中的一部分。游戏是一种交往活动。没有观赏者，游戏便失去了意义。艺术作为游戏，是"为观看者而表现"、而存在的。"游戏"的这个意义与戏剧相通，戏剧本身就是为观众而创作演出的。通过观赏者和游戏者，伽达默尔肯定了真理的参与性特征。观赏者只有参与到作为游戏的艺术作品中，作品的意义即真理才能显示出来。只有人们参与到真理之中，真理才能被揭示。

　　伽达默尔通过游戏这个概念，对艺术作品所强调的无疑是：艺术作品的意义是相对观者而言的，作品只有进入到理解活动中才真正存在，

---

① ［德］伽达默尔：《真理与方法》，洪汉鼎译，上海译文出版社2004年版，第131页。

观者对作品意义的实现具有积极的参与作用。也就是说，作品的存在是与读者的阅读相关的，作品的意义是在阅读过程中生成的，这种生成的意义既不是作品的素材原型的意义，也不是读者主观的纯粹想象，而是由作品中介化而达到的一种读者和作品融合的新的统一体。

（二）象征

象征不是以一物说明另一物的比喻。象征物是在一种个别而具体的东西中显示出一种对应的整体希望。对艺术作品的象征性的说明是由艺术的游戏性质发展而来的。艺术作为游戏的存在使其具有一种使存在扩充的特性，因为存在物正是通过游戏的自我表现去争取存在的，或者说，游戏具有使尚未获得现实性的事物生长出来的功能。就艺术而言，这是指艺术家通过在游戏中的自我表现，使存在的意义显露出来，并开启出新的存在的可能性。伽达默尔认为这就构成了艺术的象征性特征。伽达默尔认为，象征并不是一种艺术手段，也不是什么艺术风格和流派，而是表达出了一切艺术品在存在论上的意义：艺术能够使存在者的存在及其意义显现出来，从而使其经历一种存在的扩充。艺术象征的本质在于，它的意义永驻在象征本身。艺术作品作为象征，形成巨大的"解释学空间"，几乎具有无限收摄的能力，他向思想深邃的理解者发出呼唤，去沉浸在与存在本身会面的欣喜之中，从而重新体验那流逝之物中固存的东西。这是一切艺术语言的象征及象征含义的要义之所在。

（三）节日

从现象上来看，节日总是某个固定的"被庆祝的日子"。在这种日子里，人们放弃了工作，从平日的分散状态中聚集起来，相互间达成一种共同的经验。所谓节日的重要性则是指，节日总是每隔一段时间就重复进行，尽管每次庆祝节日是在不同的地点和场合，庆祝的人们也各不相同，但节日却总是一个。伽达默尔认为，存在着两种不同的时间经验，一种是按钟表分割的时间，人们或是用繁忙的空虚，或是用无聊的空虚去填满这种时间结构。时间在这里是作为必须"被排遣掉的"或已排遣掉的东西而被经验到的，而不是作为真正的时间来体验的。此外还有另一种完全不同的时间经验，它可以被称为实现了的或属己的时间。所谓实现了的时间，不是由某个人把一个空虚的结构加以培养而产生的，而是时间本身的到时成了人们体验的对象。显然，这就是人们在节日里产生的时间体验。其所以是属己的，是因为这里的时间不是被排遣或被支配的对象，而是自身实现的。正是这样的节日时间，使我们在瞬间之中领悟了它所积淀的巨大历史生命力；正是节日这种使人们从日常有限事物的压迫中松弛一下的偶然机会，把一切人联系起来融成一个整体。因此，庆祝是仅仅为参加庆祝的人而存在的东西，这是一种特殊的、必须带有一切自觉性来进行的出席活动。

伽达默尔对作为节日的艺术的时间性问题的重视，是围绕观者对艺术作品审美特性的参与这一中心的。他认为，时间距离并不会成为我们理解艺术品无法超越的障碍。由于艺术品具有一种属己的时间，这才使艺术有了一个自身的世界，任何对作品的理解都必须首先调动起一种本真的时间经验，才能进入到作品的世界当中。而一旦理解活动发生了，那么作品就超越时间的距离而成为"现时的"，因此同时性就是艺术的本质。艺术对人们来说，并不是一个陌生的、异己的世界，作品就是观赏者自己的世界，因为人们在作品世界中的逗留，同时也使自己获得了一种本质的生存体验。由于这种新的体验，人们得以从日常异化的时间体验中摆脱出来，重新把握生存的意义。他认为：艺术品对每一个特定的当下都是绝对的当下，而且与此同时适用于所有的未来。就艺术作品作为节日而论，艺术作品之所以具有常新的永恒生命，在于它像节日一样，使人们在它的作品上作一种特殊的逗留，让人们的审美时间表现为现在性，体验到节日的轻快和紧凑。

通过对游戏—象征—节日与艺术经验的同时性的考察，伽达默尔从本体论上阐述了自己的艺术作品理论，其中，观者对艺术作品的参与和生成受到了特别的重视。于是，艺术上的历史继承性与现实创造性的冲突和争论，终于在"艺术解释面前人人平等"中，得到了颇具启示性的解决。

三　理解的历史性

伽达默尔是从本体论的方面来看待对艺术文本的解释的。他认为，理解不仅仅是一般意义上的欣赏和理解，而是对理解者自我的肯定和对艺术文本存在的肯定，艺术理解是我们与被理解的艺术文本之间的一种对话。

理解的一个最突出的特点就是它的历史性。伽达默尔在十分详尽地分析了审美理解得以完成的一系列条件（偏见、传统、时间距离、视域融合、效果历史原则）后，发现它们都包含了鲜明的历史性。

伽达默尔认为，正是我们的偏见构成了我们的存在，偏见未必就是不合理的和错误的。实际上，偏见实实在在地构成了我们的全部体验能力的最初直接性。偏见就是我们对世界敞开的倾向性。所有理解不可避免地包含着某种偏见，这种看法给了解释学问题以真正的推动。他坚决反对传统解释学把偏见看成错误的源泉的观点，发挥并深化了海德格尔关于理解的"前结构"的思想。认为没有偏见，没有理解的前结构，理解就不可能发生，偏见是在历史和传统下形成的一种积极的因素。我们每个人都生活在特定的时代，处于特定的历史和文化传统之中，并且由于特定的具体环境的影响，不可避免地具有自己的偏见。因此，偏见是历史的产物，任何人都无法彻底消除它。

偏见和传统又是密切联系的。传统先于我们，是我们不得不接受的东西。传统总是在历史变化中有选择地存在，因此，我们与传统有一种无法割裂的关系。不仅我们始终处在传统之中，而且传统也是我们的一部分。没有超出传统之外的理解者，也没有与传统无涉的文本，人与文本都处在世界之中，处在传统之中。传统来自过去，体现在现在，面向着将来。因此，传统具有对于过去历史继承性的一面，又具有对于将来开放性的一面。就此而言，理解是把自身置身于传统的进程中，在这一过程中过去和现在不断融合。但是，理解不仅以偏见为基础，同时在理解的过程中又会不断地产生新的偏见，也就是说，不仅传统决定我们，同时我们也决定传统。

伽达默尔认为，我们放弃"伪偏见"获得"真偏见"的条件是"时间距离"，因为一定的时间距离使理解者有可能摆脱现实关系而从整个历史传统出发去理解文本。所以我们常说伟大的作品是写给未来的，正是时间距离使我们成了历史文本的知音。他认为，我们是以我们不能控制的成见，以那些高于我们而对我们了解这些艺术品具有极大影响的前提来看待这些作品的；这些成见与前提使这些现代创造品具有一种外在的共鸣，这些共鸣并不就符合于它们的真正内容和意蕴。只有当它们与现代的一切联系都消失后，它们的真正本性才显示出来，从而对它们中所言的东西的理解才有权自称是本真的和普遍的。在伽达默尔看来，我们不能把握同时代艺术作品的意蕴，原因就在于我们与它们之间缺乏时间距离。理解者与艺术文本之间所以要有时间距离，是因为只有这样，两者之间才不会有太密切的利害关系，从而干扰我们的审美理解。

伽达默尔把解释者的"前理解"的"先行结构"和现今时代所形成的特殊的视域，称作"现今视域"，文本作为一个已由原作者揭示的意象性构成事件，也具有原作者的原初"视域"，即"初始视域"。就"现今视域"而言，它指从一个特殊的观点所能了解到的一切，它包括一个人的前理解中对意义和真理的预期；就"原初视域"而言，它则指原作者在文本中敞开的整个世界。"初始视域"与"现今视域"之间总是存在着各种差距，这种由时间间距和历史情景的变迁所引起的差距，是任何理解者都无法消除的。因此在理解过程中，并不是"现今视域"消除"初始视域"，也不是相反，而是达到两种视域的融合，从而使理解者的视域和文本视域都超越原来各自的界限，达到一种全新的视域，这样，视域就不是死守一点，而是在敞开中运动，这就是"视域融合"。在这种"视域融合"中，没有任何一方的视域处于特权地位，每一个视域只有在敞开自身并与"他者"视域融合，才能使自己融入历史之中。视域融合所达成的都是一个真正创造性的、揭示性的瞬间，但这个视域融合的瞬间也将被后来的视域所克服和融合，就像在它之前的视域一样。只有这样，才能在真正的创造性事件中，构成理解和阐释。在这种"视域融合"中形成的共同的观点，就是意义。

关于"效果历史"，伽达默尔指出："真正的历史对象根本就不是对象，而是自己和他者的统一体，或一种关系，在这种关系中同时存在着历史的实在性以及历史理解的实在。一种名副其实的诠释学必须在理解本身中显示历史的实在性。因此我就把所需要的这样一种东西称之为'效果历史'。理解按其本质乃是一种效果历史事件。"[①] 在此意义上，艺术作品不是别的，正是一种效果历史事件，它存在于交互理解的历史过程之中。的确，《红楼梦》这部名著它存在于哪里呢？存在于纸张墨

.① ［德］伽达默尔：《真理与方法》，第387页。

迹或曹雪芹的意图中吗？都不是，《红楼梦》存在于《红楼梦》的理解史之中，任何个人对它的理解都是对这一历史的介入，受此历史的影响并汇入这一历史。从效果历史原则出发，伽达默尔指出，艺术文本是开放性的，其意义永远不可穷尽。艺术文本意义的开放性决定它必然超越作者的原意，也超越生成它的那个时代。这就为不同时代的人们对于它的理解提供了可能性。伽达默尔认为，艺术作品如果不打算被历史地理解，而只是作为一种绝对存在时，那它也就不可能被任何理解方式所接受。此外，效果历史原则强调从艺术作品的效果历史中理解作品，这就把历史与现在密切相连，充分肯定了古代文艺作品对于当代社会的意义。产生于每一特定时代的艺术文本既属于该时代，又超越该时代而具有永恒性。每一个时代的读者都可以用不同的方式去理解艺术文本，他们从艺术文本中看到的是不同的东西，但正是不同时代读者的不同理解的总和接近并构成了艺术文本的全部意蕴。

艺术作品来源于历史，它本身是一个历史文献。历史在不断变化，但作品与现在的读者之间，却存在一种"绝对的同时代性"，成功的作品无不是"持续站立着的"，它的现实性及其表现力不可能被严格地局限于其原初的历史视界之内，当它没有被人从历史角度有意加以理解，并且也没有以一种绝对的在场呈现它自身时，它就还未允许有任何形式的理解。理解一部作品，既要考虑它的历史性，又要考虑它的现实存在和它的永恒存在，解释学就在这两者之间架设桥梁。

艺术作品超越于生成它的时代，为不同时代的人们对它的理解提供了条件。作品是开放性的，其意义的充分性只有在理解的变化中才能得到证实。艺术作品如果不打算被历史地理解，而只是作为一种绝对存在，那它也就不可能被任何理解方式所接受，"历史地理解"是伽达默尔对美学的主要贡献，他以此把审美经验与科学方法分离开来，突出了艺术作品意义的不确定性，突出了解释者对作品真理的参与。

四　解释的语言性

海德格尔说："语言是存在之家。"伽达默尔说："能理解的存在就是语言。"伽达默尔继承了海德格尔的语言本体论思想，在他看来，我们只能通过语言来理解存在，也就是说，世界只有进入语言才能表现为我们的世界。"语言是联系自我和世界的中介，或者更正确地说，语言使自我和世界在其原始的依附属性中得以表现，这种观点引导着我们的研究。"① 人类永远以语言的方式拥有世界。世界的独立存在是毫无疑义的，但是世界必须通过语言向我们呈现出来，世界只有进入语言，才能进入人的意识，才能真正成为人所拥有的世界。哲学解释学反对简单地把语言视为人类交际的工具，而且亦反对将人与语言的关系简单地说成是"通过"语言认识世界、创造世界。哲学解释学认为语言构成了人与世界的一种绝对的、根本的关系，人与世界在语言事件中互生共存，不可分离。哲学解释学关心的不是人类运用语言的方法，它真正关心的是人与世界的语言关联。

　　正因为哲学解释学将语言看作是人类生存的模式，而不是人类在运用的一种什么工具，所以，哲学解释学的研究对象，自然就是这种具有本体论意义的语言。语言在伽达默尔的哲学释义学中占有首要的地位，从多方面被加以阐述。解释学将被理解对象的存在状况规定为语言，把它同存在物的关系规定为解释。语言问题贯穿哲学解释学的全部理论，语言是理解的基础，离开了语言，我们就无法理解文本；同样，离开了语言，文本也根本无法存在。作品的目标就是要说出某种东西，它的意义是用语言表达出来的；当然，人们对作品的理解也是通过语言来完成的，他们用自己的语言来领会作品所说的东西。伽达默尔认为，文本和解释者之间，在传统和现在之间起桥梁和中介作用的，不是心理学的移情，而恰恰是语言。文本与它的解释者，过去与现在，都仅仅是一个正在进行中的语言过程的要素。理解的语言性将效果历史意识具体化，使之成为现实。理解不是一种像局外人一样的冷静的旁观，理解是亲身的语言经验。理解始终有一种对话形式，它是一个在交流中发生的真实的事件。释义学理解本身就是一个语言现象，就是一个语言过程。文化传统和历史主要表现为语言，常常是化作写下的文本。因此，语言便成为伽达默尔所提出的具有历史主义特质的释义学问题的起源和归宿。

　　伽达默尔同海德格尔一样，认为理解和解释没有根本的区别，解释不过是理解的发展和实现，或者说，理解已经是在解释了，因为它创造

---

① ［德］伽达默尔：《真理与方法》，第614页。

了一个释义学视界，文本的意义在此视界中实现。但是，为了要根据文本的客观内容来表达文本的意义，我们必须把它翻译成我们自己的语言，这就是问答逻辑所说的重新构造的问题。我们通过解释让文本说话，但文本只有说读者能懂的语言才能对读者说话，因此，解释如果要让文本说话，必须找到适当的语言，即属于它自己的释义学处境的语言。传统的历史生命在于不断地对它有新的吸收和理解，因此，不可能有本身正确的解释，解释总是同文本本身联系在一起的，而这种关系的历史性决定了它的可能性是无限的。不同的语言就是不同的解释，不同的解释表达了不同的关系。

第二节　读解教育哲学解释学理念的构建

读解教育的哲学解释学理念，指以当代哲学解释学理论为依据，从哲学解释学角度所阐发的有关读解教学本质规律的教育哲学思想观点。构建读解教育的哲学解释学理念，必须从分析读解教学实践中存在的问题出发，探究读解教学行为中所蕴涵的哲学原理，揭示读解教学诸因素的哲学特质。在读解教学研究领域，引进哲学解释学的思想，解释读解教学的种种问题，对读解教学中存在的疑难问题以哲学解释学为理论依据进行分析，最终上升至哲学解释学的高度，得出具有哲学解释学特征的结论。在研究读解教学理论时，建立哲学理论框架，寻求哲学上的终极答案，是读解教学理论研究的理想。

一　20 世纪西方读解理念的变革

"读解"即广义的阅读理解，主要指对文学作品的阅读理解，亦指对一切形式的艺术作品的解释理解。"理念"在哲学中是一个含义复杂的范畴。本书中的"理念"是作为普通词语使用的，其含义是指具有指导性和全局性的思想意识、思想观念、理性概念。

20 世纪西方文学理论中读解理念发生了深刻的变革，即从传统的作者中心论转入文本中心论，又转入读者中心论。西方文学理论中读解理念的变革与哲学解释学有着千丝万缕的联系，同时这些理论也正在当代的语文阅读教学中产生越来越广泛的影响，甚至不少人会认为西方文学理论中的读解理念的变革，就是西方现代哲学解释学理论的主要的或全部的内容。为了辨析当代西方文学理论与当代西方哲学解释学对阅读理论所产生的不同角度与不同深度的影响，我们应该首先了解西方文艺思潮读解理念的变革情况。

（一）作者中心论

按照西方传统文学理论，一部文学作品的意义，就是作者寄寓于作品之中的原意。作者写出了作品，从而创造了作品的意义，决定了作品的一切。这是长期以来为世人所公认的常识、陈规或惯例，很少有人对它发生过怀疑。这里隐含着一个公式，那就是作者的原意＝作品的意义＝读者理解的意义。一部作品只有一个、也只能有一个真正的意图，没有发现它，那是我们理论的无能或者是方法的失误。只有这一原意，才是衡量对作品意义的解释与理解是否正确的客观标准。

西方解释学先驱、德国哲学家和语言学家施莱尔马赫提出了以理解为核心的"避免误解"的解释学，他把解释学界定为"避免误解的技艺"，其目的是要尽可能重建和恢复被解释文本的原意。他认为读者对作品的理解就是一种由读者理解作品时的心态向作者创作时的心态的心理转移。他提出了心理解释问题，这是他的一个独创性贡献。心理理解要求审美理解的主体走近作者个人的精神世界。其根本目的是复制作者的原意，即恢复作者通过语言文字表达出来的创作意图。心理解释的一个基本前提就是必须排除理解者的个性和其他种种主体性。在他那里，心理解释实际上是一种心理转换，即理解者在想象中把自己变为作者，变为处在作者创作艺术文本时的精神状态中，从而获得艺术文本的原意，最终完成理解和解释。

德国解释学的另一位先驱、被称为解释学之父的狄尔泰同样在恢复作者的原意上蹒跚。虽然他已经看到人们几乎不可能得到关于历史文本的纯客观的理解，但他还是强调通过"设身处地"和"重新体验"来复现作者创作之时的时代和个人特定的生活经验。

但是，作品意义的多样性和读者对作品意义理解的多样性是一种历史的客观存在。事实上，意义的实现并不在于作者有无原意，而在于人类在从创作到阅读的过程中是否具有复现作者原意的认识能力。在面对同一作品的众多的理解和解释中，到底哪一种解释是作者的原意呢？如果以作者自己的叙述为主，那么，作者并未表述出来的潜意识又该如何看待呢？如果以某个权威的解释作为标准，那又如何判断他的解释就是作者的原意呢？如果以书面文字为解释的标准，那么，这些文字在不同时代产生的不同理解哪一种是作者的原意呢？

正如德国批评家沃尔夫冈·伊瑟尔的概括：20 世纪 60 年代标志着文学研究中传统解释学的终结，传统的解释方法遭到越来越强烈的指责。这首先是因为，它不仅无视对文本的不同解释，而且不能容忍解释中出现的任何差异。尽管事实证明，文学需求的不同必然导致不同的见解，而这又会使同一部文学作品以不同的面貌出现。但是人们却往往把自己对作品的理解宣布为唯一可能的解释。一旦出现与己相左的理解，他们总是通过标榜自己的解释方法的"正确性"去否定对方的解释。

（二）文本中心论

20 世纪上半叶以来，理论界在认识到作者中心论的种种难题之后，开始转向文本中心。认为文学应当研究其自身之所以为文学的独具的内在特征或本质，他们试图建立一种独立的专门研究文学材料本身的文学学科。文学作品与作者没有关系，作者只不过是一位能工巧匠，他只是能够把他偶然发现的材料随心所欲地自如安排罢了。这里，作者和作品的关系完全被割断了，作品本身成为独立的本体。当然，读者也被排除在外，作品的意义也是不以读者的意志为转移的。在文本意义理论的指导下，读者对文本的阅读过程主要以作品的结构和言语意义为研究对象。他们认为一部作品的意义在于作品语言的结构、语法和符号系统，当然，作者和作品的历史背景并不在分析的范围之内。只要对作品进行语言分析，作品的意义便自然呈现，作品自身就是意义解释的中心所在。作品的语言分析与结构展示，成了文本中心论解读文本的主要方法。

文本中心论的阅读范式虽然在研究文本自身的形式、技巧、结构、符号、语义、语言等方面达到了一定的高度，但它切断了文学与社会、历史、现实生活以及作者、读者等方面的关系，把文本看成是一个孤立的、封闭的、具有独特地位的审美对象。其弱点是显而易见的，其结果必然落入形式至上和文本至上的泥沼。

（三）读者中心论

德国接受美学理论的创始人姚斯认为，一部文学作品并不是一个自身独立、向每一时代的每一读者均提供同样观点的客体。它不是一尊纪念碑，形而上学地展示其超时代的本质。它更多地像一部管弦乐谱，在其演奏中不断获得读者新的反响，使文本从词的物质形态中解放出来，成为一种当代的存在。接受美学的另一位代表人物沃尔夫冈·伊瑟尔认为，一部作品，尽管它的每个字母、每个单词、每个句子并无变化，但随着时间的推移，它的意义却不断变化、更新。这说明，作品的意义只有在阅读过程中才能产生。这是作品和读者相互作用的产物，而不是隐藏在作品之中等待解释学去发现的微言大义。他们认为，在作者—作品—读者的三角关系中，读者绝不仅仅是被动的部分，或者仅仅作出一种反应；相反，它自身就是历史的一个能动的构成。一部文学作品的历史生命如果没有接受者的积极参与，必将走向死亡。因为只有通过读者的传递过程，作品才进入一种连续性变化的经验视野之中。也就是说，只有通过读者，作品才能在一代一代的接受之链上被丰富和充实，展示其生命价值。接受理论要求我们去研究读者，尊重读者，要将读者视为文学创作过程中的第一要素。他们强调，文本应该是一个多层面的开放，也就是"召唤结构"，其间应有许多空白"不定点"。这些"不定点"应留给读者去补充，去想象，去进行再创造。

在接受美学看来，任何一个读者在其阅读任何一部具体的作品之前，都已处在一种先在理解或先在知识的状态。没有这种先在理解与先在知识，任何新东西都不可能为经验所接受。这种先在理解就是"期待视野"。读者不仅要调动自己从生活世界中获得的经验，还要动员想象力。由于一部文学作品所描写的世界与读者的经验世界绝不会相同，作者与读者、读者与读者的想象也不会完全吻合，因此，从一部作品中得到的道德与美学经验也必然会不同，有时差异还相当大，而这种差异正是不同的读者运用各自想象力所赋予未定性的不同含义以及填补在意义空白中的不同内容在起作用。

接受美学的理论与它之前的各个流派的理论有根本的不同。接受美学的核心术语"期待视野"已经注意到了读者的特定的历史性，并承认了这种无可规避的历史处境的客观性与积极性。接受美学的这些与前人不同的思想无疑是在同时代的哲学解释学影响下产生的。但是，接受美学仅仅是文艺理论领域的一场变革。而阅读教学是一项全面的育人工程，它不仅要借鉴美学理论，它还需要引进更为深广的哲学思想作为革故鼎新的思想武器，以建立阅读教学理论应该拥有的哲学理念。

二　发现读解教育的解释学特征

（一）文本的存在方式与游戏的存在方式一致

伽达默尔解释学认为，文本是在不断被理解的过程中达到它的完全存在的。关于文本的存在方式，也即艺术作品的本质问题，人们一般把作品作为一个凝固的存在物去作静态的考察，从而把艺术作品界定为人的审美意识的物化，或是艺术家审美创造的物质产物。伽达默尔的解释学则独特地对艺术作品作了动态的阐述，也就是说，他把艺术作品作为一个人理解的对象，放在欣赏关系中去考察，这样，对艺术作品所谈到的，就不是艺术作品本身的静态规定，而是艺术作品存在方式的规定，这个规定就是伽达默尔首先通过把作品比作游戏，然后再通过把作品视为创造物而一步一步作出的。

伽达默尔认为，艺术作品的存在方式与游戏的存在方式是一致的，"艺术作品决不是一个与自为存在的主体相对峙的对象，……艺术作品其实是在它成为改变经验者的经验中才获得它真正的存在。保持和坚持什么东西的艺术经验的'主体'，不是艺术经验者的主体性，而是艺术的作品本身"[1]。伽达默尔从游戏的概念出发，认为艺术作品是在进入人的理解活动中，在与主体构成的现实关系中获得存在的。作为游戏的作品，是在主体的欣赏活动中获得其存在的。就欣赏者本身而言，作品本身必然具有作为自我表现的主体性特征。艺术作品作为游戏"必须有一个他者在那里存在，游戏者正是与这个他者进行着游戏"[2]。这个他者就具体表现为游戏活动者的意愿、可能性等非实存的精神性内容。正是基于这一点，伽达默尔才指出："这样我们对某人或许可以说，他是与可能性或计划进行游戏。"[3] 这样一来，游戏就成了活动者的自我表

---

① ［德］伽达默尔：《真理与方法》，第 133 页。

② 同上书，第 137 页。

③ 同上。

现，"游戏的自我表现就这样导致游戏者仿佛是通过他游戏某物而达到他自己特有的自我表现"①。由此出发就可以明显地看到，作为艺术品的游戏是依赖于观者的。"游戏本身却是由游戏者和观赏者组成的整体。事实上，最真实感受游戏的，并且游戏对之正确表现自己所'意味'的，乃是那种并不参与游戏、而只是观赏游戏的人。"② 当然，伽达默尔还进一步把艺术作品比作创造物，他说，创造物就意味着把创造者自身的世界转化为他者，成了对象世界，艺术作品就是主体把自身转化而成的对象世界。艺术作品的真实是一种愿望的真实，它表现人的愿望，因而符合人的愿望。作为创造物，它的意义是无限的，能反复不断地被理解。在伽达默尔看来，任何一个创造物的内涵都只是激发新的内涵的中介。艺术作品作为创造物，它源出于往日，但在历史长河中，它不断地与无限的现在之物结合生成了新的意义。

伽达默尔把文本放在主体和欣赏者的理解的关系当中去考察，他的这种动态的考察就是要把文本和一般的物质存在区分开来，突出文本对欣赏者的依赖以及自身意义上的不确定性。

在语文阅读教学中，我们要面对众多的文本，体裁各异，形式多样，有的比较熟悉，有的则比较陌生，但这些文本的存在都是通过教师和学生的不断参与体现出来的。我们要学习和阅读的文本也不是固定不变的，它是一个动态生成的过程。读者对文本存在的体现同时也是读者自身生命价值的体现，教师要特别注意调动学生的各种感官去多方位的"游戏"和观赏文本，让文本的存在得以体现，让学生获得独特的心理体验。

（二）文本意义的显现是通过象征实现的

人们在阅读作品时，总能感觉到作品在说什么或者意指什么。读者总是想方设法理解作品的内在意义，但作品的意义往往不是一目了然、明白无误的。这就需要读者用自己的想象去补充作品的意指，使它尽量成为一个完整的意义。象征的意义正与此相同。其实象征这个词，在古希腊语中专门用来指纪念用的碎陶片。好客的主人把打碎的

---

① ［德］伽达默尔：《真理与方法》，第140页。
② 同上书，第142页。

陶片一半给客人,另一半留给自己。若干年后,这位客人的后代又来到这家时,双方通过把两块陶片拼成一个整体来相认。这就是古代的"通行证"。伽达默尔认为,对象征性的东西的感受指的是,这如半片信物一样的个别的、特殊的东西显示出与它的对应物相契合而补全为整体的希望,或者说,为了补全整体而被寻找的始终是作为它的生命片段的另一部分。意义永驻象征本身,象征使意义具有了一种不断扩充的本质。

伽达默尔认为,不论作品的创作者在创作时寄予着怎样的意图,也不管作品媒介有着怎样的局限性和封闭性,作品本身自然具有一种开放性的功能。在阅读教学中,教师要充分注意到作品的这种特质,给学生更多的理解空间,通过象征,使文本的意义不断充实和完善。文本是在不断的被理解的过程中达到它的完全存在的,对文本的考察要放在读者对它的理解关系当中。文本只能存在于不同理解者的此在生存的具体境域中,艺术作品的存在也不再是自足独立、自我封闭的实体,而是一个尚待读者通过解读才能完成的开放性"视野",并有待于读者在历史的连续理解的"游戏"中得以实现。文本的意义正是在读者对文本的每次理解过程中得以表现的东西。

文本意义的开放性告诉我们,在语文阅读教学中,语文教师要树立正确的教学观,特别关注每一个学生对文本的独特感受。正是由于文本意义的开放性,我们的语文阅读教学才显示出它的丰富多彩和绚烂多姿。比如,阅读过《项链》的读者成千上万,关于玛蒂尔德形象的看法就有若干种:有讽刺虚荣心说;有赞扬不惜以十年代价,含辛茹苦,偿还债务的"诚信"说;有肯定其面对意外打击,义无反顾,直面残酷现实的"勇士"说;有感叹偶然事件改变人生轨迹的"命运无常"说;有灾难使人认识生活、认识世界说。过去相当长一段时间,"虚荣心说"是唯一结论,揭示的就是小资产阶级的虚荣心。就虚荣心而言,揭示的仅仅是小资产阶级,还是人类的一般虚荣心,或者是年轻女性独有的虚荣心?是讽刺好出风头者还是挖苦忘乎所以的人?或者是告诫人们:贪图片刻欢乐可能导致长久困苦。

文本的意义是通过象征实现的,它是作用于作品和读者之间的第三生成物,它从来就是在历史中生成和发展的。文本作为一个历史存在,来自于传统，指向未来，读者的每一次当下理解都显示了它的存在，文本的意义也得到了扩张。文本具有永远的开放性，需要读者不断充实和扩充。

（三）文本的时间规定性正是节日的属己性

伽达默尔认为，艺术作品正如节日一样，有一种属己的时间规定性。节日作为一种重复的时间仪式，它周而复始，不断重复，年复一年。正是在节日这个固定的"被庆祝的日子"里，人们放弃了各自的工作，从平时的分散状态中集中起来，进行交流和沟通，达到一种共同的体验、交流或分享。人们在节日里产生的时间是属己的，是自身实现的，而不是被支配的。因为这种时间无须用什么来填充，一旦日期到来，这个时间就变为节日了。在节日的这个时间里，每个瞬间都是充实的和实现了的。每个人都在等待着节日的到来，并在节日中作一番逗留，从而获得一种新的时间体验。

如同节日一样，文本本身具有一种属己的时间，有一个自身的世界。对文本的理解必须调动起一种属于文本本身的时间经验，但当理解发生时，文本就会超越时间距离成为一种当下。每一个读者对文本的每一次阅读都是一种新的体验，正如每一次欢庆节日带给我们不同的感受一样。文本有一种不受时间限制的现在性。但在对文本或节日的时间体验中，又都存在着一种时间的连续性，它体现为过去与现在融为一体，体现为传统对我们的运作。正是这样才使文本可以抗拒时间的流逝而永葆魅力，它的意义也将会不断丰富和完善。

面对不同时代的文本，读者要像过节一样，在节日里尽情享受，获得生命的体验。当再一次阅读时，又将会有新的理解不断产生，如同又一次过节一样。

三　树立读解教育的历史性理念

（一）读解教学中意义的哲学解释学理念

1. 文本的意义来自传统，体现在现在，面向着将来

伽达默尔按照海德格尔确立的本体论方向，把人的在世存在作为解释文本的前提，也就是说，解释者自身的经历或历史性是解释文本意义的基础。对文本意义的解释不再是消除解释者自身的历史性、有限性和

偏见，而是把它纳入解释的整体结构之中，解释文本本身就是历史过程中的意义生成。这样，文本的意义就不是仅仅表现为原作者倾注于文本中的客观化了的东西，而是一个有待于解释者参与其中才能形成的东西。

文本作为一种历史流传物，在本质上是"他者"的"语言"，对于"他者"而言，"他"的语言只表明了一种意象性，而不能说"他"已经把所有的意义都物化在了这种语言之中。所以，文本并不是一种客观化了的观念存在物，并非一个封闭的、静观的对象，也不是永恒价值和超时间的实体，而是一种有待理解的意象性事件。文本作为流传物本身就包含了过去、现在和将来三个维度的在世存在。

诚如伽达默尔所言：伟大的作品是写给未来的，正是时间距离使我们成了历史文本的知音。对一个文本或艺术品真正意义的发现是没有止境的，发现的过程实际上是一个无限的过程。如果把历史作为一个过程的话，这个过程是一个未完成的过程。我们永远不可能走到历史的尽头，在我们的面前，绵延着无尽的历史未来。历史只有在与现在和将来的联系中才能成为历史，因此，历史的本质特征就是未定性。历史的未完成状态决定了历史的意义总处于未决状态。文本的意义是历史成果，意义的历史性首先表现在意义与传统的关系上。我们对文本的任何理解都是以传统为基础的，不管我们是否意识到，传统都是我们解释文本的立足点。文本的意义不可能独立于传统之外，否则，我们的意义将成为空中楼阁。任何当代意义的生成都是对历史的意义资源的传承、选择、判断和创造的结果。伽达默尔认为，对文本的理解是一种"效果历史事件"，对文本意义的任何一个当下的解释，都是效果历史的一部分。这个当下的解释，就是欣赏者在历史境遇中赋予的"现今视域"。一切历史都是现代史，理解过去意味着理解现在和把握未来。人类在对文本意义的理解中不断超越自身，在不断更新着发展着的"效果历史"中，始终不断地重新书写自己的历史，重新对自己和文化进行反思和判断。伽达默尔又指出，艺术文本对所有欣赏者都是开放的，它的意义也是不可穷尽的。艺术作品本身就是那种在不断变化的条件下不同地呈现出来的东西。文本的意义来源于传统，体现在现在，但它的开放性和历史性又将永远指向未来。

2. 读解教学的过程是对文本意义的历史介入过程

任何文本的意义都是在历史中生成的，意义正是通过理解进入它的存在的。意义在语言中的发展形成了效果历史，对文本的任何一个当下的理解都是效果历史的一部分。作品的价值和意义不是永恒不变的，不同时代的读者根据自己的需求去理解作品，从而丰富了作品的内涵，并进一步体现了作品和读者的历史存在。阅读的过程就是文本意义的不断产生过程，是读者体现自身价值的创造性过程。正是这种阅读的发展性，才使作品在不同的时代都具有永恒的生命力。

在语文阅读教学中，我们既要对传统和偏见作历史的分析，又要将文本的内容和学生的现实生活有机地结合起来。那么，对文本意义的理解就一定是多元的。例如，《项链》的主题就不仅仅是对小资产阶级虚荣心的批判了；《雷雨》的主题也不能局限于阶级斗争的范围之内。王丽在《中学语文教学手记》中记录了自己对朱自清散文《绿》的讲解过程：

　　　　在高一语文课本中，有朱自清的两篇抒情散文——《绿》和《荷塘月色》。我对朱自清的作品本来比较熟，对他的一些学术著作和有关传记也多读过，备课时又查阅了近年有关朱自清散文的评论文章。当然，我也翻阅了"教参"，但我觉得那上面讲的实在太"死"、太陈腐。我宁愿按自己的意思来讲。

　　　　那几节课是我一个学期中最快乐的时光。我尽量深入浅出地给学生们讲这两篇作品的意境美、神韵美、语言美，也讲朱自清的人品道德学问与他的作品的关系。学生们听得津津有味。而对我来说，这样的讲课彻底打破"教参"的桎梏，从中也体会到一种找回"自我"的美妙感觉。

　　　　正是在这种氛围中，我讲到《绿》的寓意时，引用一位评论家的见解并稍加发挥说：在当时青春韶华的作者心目中，梅雨潭的"绿"，其实已幻化成或者说升华为一种至真至纯至美的象征，它带有鲜明的女性色彩，所以说作者称它为"女儿绿"，并连用几个女性的"她"字来称呼它；因此，这篇作品的寓意也可以看成是对理想中的女性美的深情热烈的讴歌。这个见解虽然与教材上讲的大相径庭，但学生们觉得十分新鲜、有意思，于是便牢牢记住了。①

我们欢迎这样的阅读理解，也期待用发展的眼光去解读文本。这里，文本的意义并不仅仅是作者的原意，也不是固定的某种意义，它是在历史的基础上对文本意义的全新介入过程。

语文的读解教学过程是对文本意义不断生发的过程和历史介入的过程。法国作家让·凯罗尔在谈到感受阅读结束时描述道："作者在最后一页上结束了，而我却仍在继续——不是对已经读过的东西作出总结，而是要采取新的步骤，说出新的话语。我并没有触犯什么规矩，只不过比热爱自己主人公的作者继续走得更远罢了。他结束了，他并没有替我设想一切。"② 每一个读者对文本的每一次阅读都是文本意义的不断充实的过程，同时也是读者在理解文本的过程中理解人自身的过程。文本的意义不是一个固定的、形而上学的本质，文本意义是伴随着读者的解释活动而生成的。

（二）读解教学中理解的哲学解释学理念

1. 理解的过程是文本世界与读者世界的融合

理解的过程是文本世界与读者世界的融合过程，是创作实践与接受实践的融合过程。对文本的理解既不是去探究作者的原意，也不是在单独的文本世界中徘徊，当然也不是读者对文本的任意涂抹。文本的意义是独立中介的第三生成物，意义的生成是在动态的时间流程中运作的。在绵延无尽的阅读之流中，理解运作的结果同时指向两个方向。它重新改变着读者的前理解，展开了一个不断迎纳新的视野的文学理解的世界，同时又展开了一个作品可能拥有的意义世界，不断开拓作品意义的深度和广度，构建作品的意义史。

正如伽达默尔所言，凡有理解，就总有不同。任何伟大的作品在其被阅读的过程中，总有着纷繁多样的理解，丰富多彩的阐释。"哈姆雷特既是伊丽莎白时代疯狂复仇的哈姆雷特；又是感伤主义时代温情可爱的哈姆雷特，既是浪漫主义时代理智沉溺于哲学思想的哈姆雷特，又是

---

① 王丽：《中国语文教育忧思录》，教育科学出版社 1998 年版，第 17 页。

② 转引自金元浦《文学解释学》，东北师范大学出版社 1997 年版，第 203 页。

20 世纪的'灵魂发病者'和'灾难的根源与代天行刑的使者'"① 诚如鲁迅所言："《红楼梦》是中国许多人所知道，至少，是知道这名目的书。谁是作者和续者姑且勿论，但是命意，就因读者的眼光而有种种：经学家看见《易》，道学家看见淫，才子看见缠绵，革命家看见排满，流言家看见宫闱秘事……"② 不同的读者面对同一文本会产生不同的理解是一个客观现实，即使同一读者在不同时期面对同一文本时也会有不同的理解。

每一个文本都产生于一个特定的历史时刻，但文本又都有一个属己的现实性。读者对文本的理解也是在一个当下的历史时刻进行的。这两个时刻或文本与读者的两个世界往往不能处在同一时刻，有着或长或短的"时间距离"。但这并不妨碍读者对文本的理解。理解的过程正是读者和文本跨过"时间距离"的融合过程。

2. 在理解中，意义得以形成

理解是一个充满活力的过程，意义在理解中生成。理解一个事实或一个观念绝对不是一个单一的行为，而是一个过程。读者对文本的解释并不是要回到历史当中去，而是以目前的理解参与到文本的历史中去。正是读者的解释活动拓展了文本历史意义的生成。可以说，"理解必须被视为意义事件的一部分，正是在理解中，一切陈述的意义——包括艺术陈述的意义和所有其他流传物陈述的意义——才得以形成和完成"③。我们生存于其中的这个世界是一个充满意义的世界，而意义就来自于我们的理解活动。只要我们不停地理解，意义就会不断地生成。

我们不能认为意义藏匿于文本中，我们只是寻找它。其实，以文本为依据，意义随我们的理解形成。在阅读教学中，重要的是引导学生去理解，只要在理解，意义就会不断地生成。

3. "时间距离"对理解文本的积极意义

读者对文本的理解往往是以他个人的"前理解"为解释的前沿深入到文本中去的。作品则既在它的语言、风格、内容的庇护下抵御读者的

---

① 转引自金元浦《文学解释学》，东北师范大学出版社 1997 年版，第 357 页。

② 鲁迅：《鲁迅杂文全集》，河南人民出版社 1994 年版，第 1020 页。

③ ［德］伽达默尔：《真理与方法》，第 217 页。

破坏，保持它的完整性，同时又大开门户让那些能扩展和丰富作品意义的解释进来，展开意义无限广阔的天地。

从时间角度看，对文本意义理解的时刻既不同于文本诞生的时刻，也不同于读者的个别阅读时刻。也就是说，任何阅读中，解释和理解都必然卷入两个不同的历史时间。读者阅读作品自身所处的特定时刻称为"读者时刻"，作品本身又有它的历史时刻，包括作品诞生的历史时间以及诞生后作为文本延续存在的历史时间，我们称之为"文本时刻"。这两个时刻显然不会共时地处在同一时间，这就是伽达默尔的"时间距离"。正是这种时间距离形成了读者和作品之间的陌生感，但同时又激发了读者的探究冲动。伽达默尔指出："对一个文本或一部艺术作品里的真正意义的汲舀是永无止境的，它实际上是一种无限的过程。这不仅是指新的错误源泉不断被消除，以致真正的意义从一切混杂的东西被过滤出来，而且也指新的理解源泉不断产生，使得意想不到的意义关系展现出来。促成这种过滤过程的时间距离，本身并没有一种封闭的界限，而是在一种不断运动和扩展的过程中被把握。……它不仅使那些具有特殊性的前见消失，而且也使那些促成真实理解的前见浮现出来。"①

四　确认读解释义的语言本体地位

（一）语言使师生的存在得以确认

伽达默尔认为，一切阅读和理解都离不开语言，语言使理解成为可能。同时，人也是具有语言的存在，通过艺术语言，阅读主体不仅理解了艺术作品，进而也理解了自身。语言不是派生的和次要的，它是人存在的前提，语言不仅是师生精神生活的一部分，而且是教育存在的"居所"，是师生心灵交往的意义所在。语言是师生存在的证明。教育得以进行的先决条件即是：教师运用语言向学生传递人类文化、发展学生的身心，从而促进学生的全面发展。因而，语言的产生是教育产生的前提。教师以美的语言诗意地言说，在言说中把枯燥的公式与生动的形象联系起来，把深奥的道理与熟悉的经验结合起来，将节奏与色彩渗透到教学中，将情感与期待寄予语言里。学生也以美的语言诗意地言说，在

---

① ［德］伽达默尔：《真理与方法》，第386页。

言说中表达自己的疑问、好奇、不解、焦虑，表现自己的欢喜、快乐、兴奋、欣慰，把陌生的世界转化为内在的认知，把遥远的过去融入自己的生活。于是，教师就不仅使自己也使学生在经受语言体验中自己进入语言，并被这种体验所改变。师生就这样在语言中存在着、生活着、成长着、发展着。

正是通过语言，师生走进了书本、走进了历史、走进了心灵。语言打破了过去与未来之间的界限，拆掉了历史与现实之间的篱笆，架起了自然与社会之间的桥梁，跨越了教师与学生之间的鸿沟。语言使生命的存在成为必然，使教育与交往成为可能。教师用语言把自然世界的瑰丽绚烂、社会生活的多姿多彩、人类自身的神秘变幻展示在学生面前，引导学生去思考、去探索、去贡献，学生则通过语言感受历史的浩瀚，领略文化的深远，品味人类的智慧。教育便真正成为人类所特有的一种社会活动。

语言是语文读解教学的灵魂，在语文读解教学中，我们不仅要给学生提供充分体现语言本体意义的、表现真善美的经典诗文，而且还要启发引导学生带着情感和想象去品味语言。只有如此，我们的语文课堂教学才有望打破旧有的疲软局面，而逐步走向充满情感体验、充满生命张力的审美境界，也才能激发学生的审美想象力，让他们在美丽的语言中找到自己心灵可以栖息的家园。

（二）读解是师生对话人生的过程

伽达默尔提出，在自我和他人之间存在着沟通的可能，人们对文本的解读过程实际上就是自我与他人的交流过程，通过交流而获得理解，通过理解而产生意义。其实，人与人之间就是一种对话的关系、一种"我和你"的关系，对话的过程就是主体之间的相互造就过程，对话的实质就是人与人之间在精神上的相遇。

读解教学的过程是师生心灵交往的过程，是对话双方在自由探究和自发讨论中的精神碰撞和视界融合的过程。对文本的阅读过程不是单一的和封闭的，而是生成的和建构的。面对一个文本，教师的理解和讲读更多的体现教师本人对生活和自身的感悟，它是教师的自我心灵对话，往往带有成人化的痕迹。教师不仅能意识到自我，而且通过自问"被意识到的自我还好吗"来提高自我存在的价值。每一次反省是使自己站在自己的面前，凝神观照，进行自我考问。这是一种自我的灵魂洗礼，是用自省的目光审慎地打量自己，并运用内在语言进行心灵深处的自我反思。而学生的理解往往是学生个体体会人生的过程。学生对于教师而言，具有不同的生活经历和人生体验，他们的理解更多的是从自我的情感体验出发，产生对人生的新的感悟。读解教学的过程是对话的过程，这种对话不仅是教师和学生分别对文本的理解过程，更是教师和学生共同切磋、情感交流、心灵碰撞的过程。作为相对独立的阅读主体，教师和学生都在阅读过程中体会到自我生命的存在。同时，师生之间的对话把教师和学生从单一的生命体验中联系起来，阅读的过程成为师生共同面对人生的交流过程。

在语文读解教学中，教师要指导学生在语言中感悟世界，感悟生活，也要指导学生在世界中、在生活中去印证语言，培养他们的语言审美感悟能力。

（三）读解是师生共享世界的过程

语言就是生活，语言就是师生每时每刻都在运用，而且直接决定着师生交往的客观存在，语言自身就是我们每天都在进行的解释的游戏。学着说话并不是指学着使用一种早已存在的工具去标明一个我们早已在某种程度上有所熟悉的世界，而只是指获得对世界本身的熟悉和了解，了解世界是如何同我们交往的。这时，语言不再是师生借以同世界打交道的一种工具，而就是师生生活世界的一部分；语言不再是游离于、附着于学习活动的一种符号，而就是生命存在的本身。通过语言的理解，师生不断地检验各自原有的"前见"，寻找"历史视域"与"现今视域"的关联，并在理解的过程中真正产生"视域的融合"。通过语言的交流，师生共同发现那敞开的、变幻无穷的神秘世界，学着去"思"，并在"思"的追问中共享世界的无尽资源。

在语文读解教学中，教师要指导学生多阅读优秀的语言艺术作品。优秀的语言艺术作品以语言为本创造了动人的审美形象和意境，它能够吸引学生渐渐步入神圣的语言之境，促使他们在不断的审美体验中丰富和完善自己的语言审美经验。简单地说，譬如我们孤立地去感受"江南"这个词，仅仅关注它的实际含义是无多大意思的，但是当我们在白居易的《忆江南》中去品味"江南"时，我们瞬间就会感悟到它无限的审美意义，"江南好，风景旧曾谙，日出江花红胜火，春来江水绿如蓝，能不忆江南"，"江南"的审美意义就被这首词给激活了，而且在以后不断扩展的相关诗歌阅读中，"江南"的审美意义也将不断地衍生，而最终成为一种美丽的精神象征，同时，我们也就形成了这方面的审美能力。当然，我们不仅要阅读诗歌，还要阅读散文、小说和戏剧等其他优秀语言艺术作品，只有通过广泛的阅读，才能逐渐感悟到语言的审美意义，哪怕是很普通的词语也会在我们面前展露语言的神性，我们也才能使自己拥有语言的审美悟性。

第三节　读解教育哲学解释学理念的应用

一　确立新的师生关系

以哲学解释学的眼光来看读解教学中的师生关系，就不仅仅是教学论意义上的"主导"与"主体"的关系了。哲学解释学认为阅读教学的过程是师生在"历史"中不断"融合"的过程。

谁是教学过程的主体历来是教学论研究中的重要课题。19世纪初，德国教育家赫尔巴特把教育学与心理学联系起来，提出了教学形式四阶段理论。他强调教学中的教师中心、学科中心、教材中心，认为教师是至高无上的。19世纪末20世纪初，美国实用主义教育思想的创始人杜威对赫尔巴特的教育观点和主张进行了彻底的否定。他主张"儿童是中心"，以"从做中学"作为教学的基本原则，以生活化的活动代替传统的课堂讲授；以儿童的亲身体验代替书本知识；以学生的主动活动代替教师主导。在我国古代教育史上，不同时期也有不同的认识。如我国的第一个大教育家孔子，提倡"不愤不启，不悱不发"，"举一隅不以三隅反，则不复也"，为启发式教学奠定了基础。孔子授徒，主张因材施教，在教学实践中，不同的学生提出相同的问题，他的答复不同，可以说充分注意到了学生的个性差异，并运用不同的教育方法引导发展。《论语·先进》中记载：子路问："闻斯行诸？"子曰："有父兄在，如之何其闻斯行之？"冉有问："闻斯行诸？"子曰："闻斯行之。"公西华曰："由也问'闻斯行诸'，子曰'有父兄在'；求也问'闻斯行诸'，子曰'闻斯行之'。赤也惑，敢问。"子曰："求也退，故进之；由也兼人，故退之。"孔子之后，孟子主张"自得"，也是强调学生自学的。《礼记·学记》最先注意到教与学的双边关系："学然后知不足，教然后知困。知不足然后能自反也，知困然后能自强也。故曰教学相长也。"① 唐代中期，韩愈有感于"师道之不传也久矣"，著《师说》，提出了"师者，所以传道授业解惑也"的著名论断，强调教师在教学中的重要地位。

（一）学生主体地位的确立

这里重提学生主体地位确立，是从读解教学过程的角度而言的。传统的语文读解教学往往采取教师讲授、学生接受的形式进行，这种模式无视学生的个体对文本的独特感受、体验和理解，忽视学生阅读需求的多样性和阅读心理的独特性。我们认为，读解的过程是一个动态的、弹性的、开放的过程，而不是一个静态的、机械的、封闭的过程。读解教学的过程也必然是一个动态生成的过程。阅读教学只有向每一位学生全方位开放，学生才能真正进入阅读；阅读只有与学生心灵世界接通，阅读才真正具有启迪智慧、建构人格的意义。所以读解教学不在于追求过程的自足和完整，而应当努力追求如何激发学生对课文的体验，如何挖掘文本世界与学生生活世界、情感世界相契合的通衢。正如叶澜教授所言："将结构化后的以符号为主要载体的书本知识重新'激活'，实现三方面的沟通：书本知识与人类生活世界沟通，与学生经验世界、成长需要沟通，与发现、发展知识的任何历史沟通。"② 这样的沟通，使课堂教学充满生命色彩，成为流光溢彩的生命之河。

衡量学生的阅读学习，重要的不是看学生记住了多少，而是看学生发现了多少；重要的不是要学生解决问题，而是让学生善于发现问题，主动提出问题，有勇气面对问题。例如读《愚公移山》这个寓言故事，有人反问移山会破坏生态环境，不如开挖隧道，或者移民。读《包身工》后有人询问："芦柴棒"与今日的"打工妹"有何差别？又如读《为了六十一个阶级弟兄》有人质疑：如果不是阶级弟兄还救不救呢？

① 转引自毛礼锐、沈灌群《中国教育通史》，山东教育出版社 1985 年版，第 412 页。
② 叶澜：《重建课堂教学价值观》，《教育研究》2002 年第 5 期。

读《信陵君窃符救赵》这篇史传，有人认为：信陵君背弃魏王，陷害侯生，窃符"走后门"，用"公款"送礼，并不忠信仁义。再如读《背影》这篇散文，有人说作者二十多岁上火车还要父亲送，太娇气了。读《雨中登泰山》和《简笔与繁笔》，有人剔出其中一些语病……这些针对作品情节、人物、主旨、结构、语言等的评论都可看作阅读主体的独特感受、体验和理解，均应予以鼓励。阅读课中学生的一点怀疑、一声感叹、一句批评，哪怕是一知半解，带着稚气，只要是自己的独特体验，只要是自己的独立思考，都是可贵的。

当然，要使学生成为事实上的主体，重要的还是学生自己的实践。可以这样说，没有学生的实践，就没有学生的认识活动，也就没有学生的主体地位。因此，学生主体地位的确立要求教师在进行读解教学设计的时候，必须把着眼点移到学生的实践上来，并积极创造条件，帮助学生在实践中获得认识的飞跃。学生不断地受到实践成功的鼓舞，就会逐步感受到自己作为认识主体的价值。学生对文本的读解是任何其他成员，包括教师永远也无法代替的。在语文读解教学中，我们要充分重视学生的阅读主体地位，让学生在阅读中体会自我的生命价值，享受独特的审美体验，并能在阅读中充分调动自己的生活经验和知识积累，在主动积极的思维和情感活动中获得独特的感受。读解教学中学生主体地位的确立不仅能够培养学生发现问题、提出问题的能力，还能培养学生从不同的角度和层次阐发、评价和质疑文本的能力。

（二）教师仅仅是众多阅读主体中的一员

当前，对教师在语文教学尤其是读解教学中的地位的认识也不尽一致。一种观点认为，教师在教学过程中是一名演员。这种认识显然肤浅。演员的表演是经过艺术处理的，带有很大的夸张成分，而教学则是实实在在的东西，教师必须向学生传授货真价实的知识。此外，演员的表演是演员的全部内涵，是为了演而演，而教师的教学虽然也有一点"演"的成分，但这种演是一种演示、诱导，它的根本目的并不在"演"本身。事实上，我们现在的许多语文教师把语文课上成表演课了，尤其是所谓的公开课，那简直就是经过精心排练的一幕短剧。还有一种观点，从钱梦龙的"教师为主导，学生为主体，训练为主线"出发，认为教师是导演。他们认为，教师的作用就是"导"，学生的活动就是在教师的"导"指导下的"演"。这种观点其实也是不正确的。教师在教学过程中是有"导"的成分，但教学的全部内容远非一个"导"可以全部完成。学生的学习活动也根本不是"演"，更多的是学生内心的自我享受和情感的独特体验。

我们当然不会否认教师在读解教学中的重要地位，但在对文本的理解过程中，教师自己的理解不可能代替学生的内心体验，教师的分析也仅仅是作为个体的教师对文本意义的"象征"。在语文读解教学中，我们要转变传统的以教师为读解中心的教学模式，教师在对文本的理解过程中是与学生具有同等地位的平行主体。教师对文本的理解可能是深刻的，也可能是独到的，但决不是权威的。教师如果试图把自己对文本的理解转换为学生对文本的理解，那将是徒劳的，也是永远不可能的。教学过程中，教师要运用自己对文本的了解，通过各种手段，调动和激发学生的情感体验，让学生在阅读的过程中保持相对的独立性。当然在学生充分发表见解后，教师也可介绍自己的研读感受，点拨学生难以或者根本无法品味出、感悟到的感情，与学生进行思维上的碰撞，这是一种互动的、师生民主平等的对话。

比如，一位教师在分析《祝福》的人物形象，问"祥林嫂是一个怎样的人"时，有学生说"祥林嫂是一个非常迷信的人"。依据是："当柳妈告诉她捐一条门槛让千人跨，万人踏以后，可以免去到阴司后被两个男人锯成两半的痛苦，祥林嫂就相信了这个老女人的话，可到最后，还是被剥夺了祭祀时动手做祭品的权利。这难道不是说明了她迷信吗？"这时，教师没有作简单地肯定和否定，而是把这个问题推给学生思考，同时教师也作了暗示，在当时的社会里，我们应该怎样看待祥林嫂的迷信行为？要求学生分析隐藏在现象背后的深层次的含义。学生一愣，纷纷思考，继而，就有学生回答："祥林嫂想通过捐门槛赎了这一世的罪名，和平常的女人一样不受歧视，这也是人之常情。"另一学生说："祥林嫂积极主动地想改变被人们歧视的现状是值得肯定的，她只想做一个正常的人。"接着，另一位学生说："正是这么一个生命力旺盛的人，求生欲望这么强烈的人，在封建迷信和封建礼教的摧残下，在人们的祝福声中寂然死去，这不是对当时社会的最强烈的控诉吗？"一个问题的答案，点燃了学生的思维火花，引发学生的思考讨论，通过不同观点的碰撞、交流，学生在互动生成中获得了更深的理解和感悟。

对教师在语文读解教学中的地位我们要有新的认识，面对同一文本，教师也仅仅是阅读的主体之一。转变教师角色、更新教学理念正是我国新一轮课程改革的重心之一。教师要将学生学习发展的主动权交给学生，以方便他们更好地学习，更快地发展。如果学生的学习过程变成对教师知识和理解的全部接受过程，学生的主体地位将缺失；相反，如果学生的自主意识得到加强，学习效率也将得到提高。

二　注重理解的多样性

（一）阅读的差异性

读解的过程是文本本质的实现过程，作品的意义是发生于读者和文字之间的一种行为事件。文本的意义并不是先于阅读、先于读者理解而自在的某种东西，而只能在读解这一过程或事件中由读者经验和文本相互构建生成。正是读者的体验和文本的开放在阅读行为中相互迎纳，相互作用，进行意义的构建，生成无限延伸的意义世界。由于读者的能力、素质、修养、经验、认识等方面的不同，往往会获得不同的阅读结果，这种不同的理解正是阅读的差异性。

刘勰在《文心雕龙·知音第四十八》中说："夫篇章杂沓，质文交加，知多偏好，人莫圆该。慷慨者逆声而击节，蕴藉者见密而高蹈，浮慧者观绮而跃心，爱奇者闻诡而惊听。"① 这就是说：文章是纷繁复杂的，鉴赏者的爱好往往有所偏指，性情慷慨的人听到激昂的声调就击节赞赏，性情含蓄的人看到深密的作品就手舞足蹈，浮华聪慧的人看到绮丽的文章会怦然心动，爱好新奇的人听到诡异的文辞就觉得惊奇动听。这里讲的就是阅读的个体差异性。语文读解教学中，每一个学生都是一个独立的阅读主体，即使年龄相近，也不可能有相同的生活经历和语文积淀。他们坐在同一个教室里，由同一个教师指导，阅读同一个文本，但对作品意义的理解却有很大的差异性。如对《听潮》一文中妻子这一角色的安排在文中到底有何作用的认识就截然不同。有的同学认为：两个人一道观海听潮，有问有答便于文章情节的展开和情感的表达；也

---

① 转引自林杉《文心雕龙批评论新诠》，内蒙古教育出版社 2002 年版，第 156 页。

有学生认为：两个人爱海的程度不同，妻子作为陪衬，更衬托作者热爱大海的雄壮美，能更好地体现主题；还有的同学认为：作者的激情就像涨潮的大海，妻子的柔情就像退潮的大海，两个人的和谐更突出人和自然的和谐，因而妻子这一角色必不可少……每一个学生都有自己的理解，并且都能自圆其说。再如，一位教师执教《祝福》时提问：阅读《祝福》后有怎样的感受？最使你的心灵受震撼的地方在哪儿？学生思考了几分钟后，陆续说了自己的感受：学生一：当我看到祥林嫂的第二个丈夫死了，我真为她的不幸而感慨，万料不到她的儿子又被狼叼去了，她的悲惨遭遇真令人同情。学生二：当我看到祥林嫂诉说着自己的遭遇不但得不到人们的丝毫同情，反而受到无情的厌弃、嘲笑时，我就感到非常的气愤，同时，让我更真切地感受到当时社会的冷酷无情。学生三：祥林嫂被强行改嫁的这一情节，给我留下了很深的印象，她的不甘于被摆布、奋起抗争的勇气，令我佩服。……我们看到，学生在读解中融入了自己的情感体验，以自己的经验、情感参与了对文本的意义重建，正是这种差异性的阅读交流，丰富了学生作为阅读主体的情感体验，也丰富了学生的审美情趣。

语文教师在进行读解教学时要尊重学生作为阅读主体的个体差异，鼓励学生从多角度、多层面去理解文本的内涵。教师要善于倾听，多用鼓励性语言肯定学生可贵的探索精神，而不轻易评价、定性，不急于"纠偏纠错"，要想方设法启发学生参与，鼓励学生参与，营造参与气氛，培养学生的探究性读解和创造性读解的能力，发展他们的想象能力、思辨能力和批判能力。

（二）意义的多解性

读者对文本的理解很大程度上受读者自身历史性的限制，呈现出多样性的特点。"阅读不是一种捕获文本的过程，像是感光纸捕获光线那般，而是一种令人眼花缭乱、迷宫般、平常，但又是具有个人色彩的重新构建过程。"[①] 正如伽达默尔所言，我们不能把文本所具有的意义等同于一种一成不变的观点，在理解中所涉及的完全不是一种试图重构文

---

① ［加拿大］阿尔维托·曼古埃尔：《阅读史》，吴昌杰译，商务印书馆 2002 年版，第 45 页。

本的历史的理解。我们所指的其实是理解文本本身。但这就是说，在重新唤起文本意义的过程中，解释者自己的思想总是参与了进去。作品意义的多解性是一种客观存在。

在传统的语文阅读教学中，对课文的解读往往是单一的，"教参"或教师的理解绝对是权威的，如人教版初中《语文》第一册第一单元第三课《背影》，课后练习第五大题第2小题：

> 联系上下文，揣摩句子的含义，选择正确答案。
> 2. 唉，我现在想想，那时真是太聪明了！（　）
> （A）因为自己聪明而沾沾自喜。
> （B）反语，悔恨自己太笨。
> （C）恨自己未能体会父亲的深情。
> （D）觉得自己聪明过头了。

教师用书提供的标准答案是（C），但是，不管从哪个角度理解，朱自清这句话至少可以包括两层含义：一是（B），二是（C），（D）恐怕也有一定的道理。只有这样，才能深刻体会作者回首往事时的复杂心情。笔者曾听过这样一节课：一位教师在教《秋游景山》一课时，问学生：哪个词语最能概括故宫的特点？学生回答："雄伟的故宫"、"伟大的故宫"，老师都说是错的。叫了好多个学生，最后有一个学生回答出老师所期望的书上所写的："庄严"的故宫。老师才如释重负地把这个词语写下来。我们的老师，常常局限于教学参考书，把一些可以有多种理解的课文"定死"为一种标准答案。在这样的例子中，老师完全满足于预设的、期待着的答案，而忽视了学生富有个性的理解。这样的预设，这样的期待将导致封闭。封闭必将扼杀个性，扼杀创新。由于文本意义的多解性，我们不应该期待答案，要从期待答案中走出来。让学生自由地发表自己有见地的意见，让创造精神在他们个性化的思考中闪耀。同时，我们也应该注意到对中下等生的照顾，让每一个个体都参与到思考中来，发挥个性，发展创造力。

《语文学习》2003年第4期刊载了河北秦皇岛私立渤海中学孙云江老师执教的《林黛玉进贾府》，可供大家参考：

教学内容：教师板书"我来迟了"，讨论为什么王熙凤偏偏就来迟了？

生①：王熙凤在贾府是实权派人物，事务缠身，来迟了可以理解。

生②：任何事物都有偶然性，来迟了事出偶然。

生③：这是王熙凤出场与众不同之处——不见其人，先闻其声。

生④：王熙凤以"我来迟了"出场，这是曹雪芹的特意安排，独具匠心。

教师感到生③、生④发言已点到问题的肯綮，就插话把问题转入第二轮讨论，说："不见其人，先闻其声，特意安排，独具匠心，说得好！下边我们就探究一下好在哪里？"

生⑤：贾府是礼仪显赫之家，等级非常分明。林黛玉第一次到贾府，一定先拜见外祖母，然后拜见大舅母、二舅母，即使平辈中，还有珍大嫂子在前。如果王熙凤夹在其中，势必只能充当一个小配角。然而她又是一个好出风头、不安分守己的人物，这怎么能突出她的特殊身份、特殊地位和个性特征呢？（生⑤的发言获得全班热烈的掌声）

生⑥：如果把王熙凤当作主角来写，而把贾母等老一辈放在一边，那么，就会违背贾府的礼数，既不合情，又不合理。

生⑦："我来迟了"是"迟"在林黛玉与贾母等人见面以后。这时候王熙凤出场亮相，给她一个单独活动，充分展示自己性格的广阔天地。所以"迟"得恰到好处。

生⑧："我来迟了"是王熙凤在后院笑着说出来的。有贾母在，包括邢夫人、王夫人都是屏气敛声的，而王熙凤却可以大喊大笑，"放诞无礼"，这说明她是有靠山的，有恃无恐，是一个有特殊地位、特殊身份的人物。

这是一个调动学生阅读积极性的好教例，把讨论的焦点集中在"我来迟了"这句话上，起到了很好的教学效果。

语文教师要充分认识作品意义的多解性，并在阅读教学中付诸实施。首先，对一个问题的认识，教师要有多角度分析的能力，摆脱思维定式，给学生提供多种阅读理解的可能。比如，雪化了就并不仅仅是水，雪化了是春天恐怕更有诗意。其次，要激发学生读解的潜能，尊重学生的独特体验和不同理解，鼓励学生创造性的阅读。

三　注重融合，实现对话

（一）教师指导，实现交往互动

长期以来，我们的语文读解教学采用的是灌输式，这种模式的直接表现就是教师以自己和"教参"为中心，将自己掌握的知识灌输给学生。学生的学习就是对教师的认同和对知识的接受，缺乏自身的感受和体验，很少有自己直接与文本对话的机会，进而丧失了自我感受、自我加工信息、自主创造的能力，其结果必然导致学生语文审美意识与创造力的下降和语文思维的僵化。由于艺术作品具有无限的开放性，作品的意义不是固定不变的，在不同时代、不同的场合甚至不同的对话主体间，作品会不断地显示出新的意义。这样，作品本身就成了具有生发作用的主体，他的多重意义也只有在与欣赏者的对话中，才可能生发出来。在阅读教学中，要避免一言堂，注重"融合"，实现"对话"。

上文已经谈到，教师也是众多阅读主体当中的一员，教师对文本的理解是教师个体的自我感受。教师的感受对学生的理解是有帮助的，但永远不能代替学生对文本的理解。在语文读解教学中，我们要确立学生的阅读主体地位，珍视学生的感受和理解，尽可能地让学生自己探索文本的丰富内涵。但这里有一个问题，那就是阅读教学有可能走向另一个极端，教师为了迁就学生的感受而没有自己的感受，教师努力督促学生自己探索文本的意义而没有自己对文本的理解。所谓启发式教学，由"满堂灌"变为"满堂问"。诸如："春风杨柳多少条？六亿神州尽什么尧？""这篇课文的作者是谁？"等等。一位教师曾这样和学生对话：

师：请大家讨论一下什么是"幸福"。
生：幸福就是不用劳动，不愁吃不愁穿。
生：想干什么就干什么，想要什么就要什么。

生：从来不用考试，想上哪所大学就上哪所大学。

师：嗯，大家的发言很踊跃，都有道理，希望今天还没有发言的同学再思考一下。好，下课。

像这样的阅读教学，目前在有些地方很流行，美其名曰"启发式"或"对话"。这里的对话是学生天马行空般的任意行为，学生的感受和教师的感受没有达到很好的"融合"。其实，读解教学目标不是教师明确预计的，而是学生根据文本特点与自身的认知特点在课堂上即时确定的。在读解教学中，师生共同投入，一起与文本对话，产生关于文本世界的各种观点或想法，再通过师生、生生之间的对话交流，从中选择恰当的学习主题，作为大家共同的学习主题。而这个学习主题就是本节课读解教学的初步目标。它与"教参"或教师所指示的有关学习目标可能大致吻合，也有可能截然不同！而且，这个目标也并不是一"标"定音，一点不变，它随着师生与阅读的文本之间对话的逐渐深入而不断发生变化，新的目标也可以不断生成。

个体与文本对话时，所有"偏见"、"前见"、"前结构"都在起作用，读者原有的知识系统、文化习惯以及他的"期待视野"都是阅读活动发生的前提。学生由于年龄的关系，知识和生活积累都不够丰富，因而在阅读活动中往往存在矛盾。例如，课文提供的生活如果高于或低于学生的生活实际，学生就不会感兴趣。在这样的情况下，教师要能够用自己的生活阅历、文化底蕴来补充相关的知识背景，展现文章语境，照顾学生"先在结构"的差异性，力求在学生的心理图式和文本图式之间建立起多条通道，以帮助学生进入图式。新的课程标准提出"平等对话，教学相长"。平等对话才是大家需要关注的现实问题。在灌输知识教学背景下，教师是知识的占有者，学生是知识的接受者；教师是知识的言说者，学生是知识的倾听者。在新课程背景下，知识不再是简单的客观存在，教师不再是知识的占有者，学生也不再是知识的被动接受者。教师、学生只有加强与知识的"交往"，才能促使新的知识生成。在教学对话中，教师与学生是平等的个体，但是平等不是相等。教师的知识结构、生活经验、认知水平都远远高于学生，把这些有机地应用于对话实践中，有助于学生的成长。无视教师的作用，只追求表面的平等，对话也就失去了应有的价值。克林伯格指出："教师的指导作用与学生的自主活动地位是一种教学现象的两个侧面，它们可以作为教学现象的矛盾关系被加以分析和把握。而这种矛盾关系是不断生产、否定、再生产的。这就是教学理论的基本性质。"① 在建构知识的过程中，教师也是交往互动的一员，教师也在交往过程中达到教学相长的目的。

（二）注重学生独特体验的获得

阅读的文本与读者之间的交流，不像日常言谈交流，可以进行面对面的直接对话，它是读者和沉默的文本之间的沟通。读解中，没有人强迫你去这样阅读而不许那样阅读，没有人强迫你去达到这一目标而不许你达到另一目标。文本的意义是由读者和文本共同生成的，阅读时，读者往往是带着自己的预期去研究文本进而和文本对话的。

读解教学的过程，也即这种"融合"和"对话"的过程，不再是寻找答案的过程，而是学生个体的阅读实践过程，是学生获得独特体验的过程。在读解教学中，教师要给学生一定的时间进行独立欣赏，要尽可能地让他们用自己的经验、情感对作品进行解读，要让学生畅所欲言，充分发挥他们的观察力、想象力和表达能力。在学生需要帮助的时候，教师要恰当地给他们以启发，引导他们观察、体验和想象。我们要特别注重学生阅读个性的培养，个性是创造力的源泉，个性将使我们的课堂教学充满活力。每个教师都应该积极地、耐心地去俯下身来倾听每个孩子的声音，用一双热情、冷静、智慧的眼睛去发现、珍视每一棵富有个性的小苗苗，并创造机会，让他们尽情地表达见解、表现自我、展示才华，让个性在阅读教学中闪光！

孙志毅先生的《挑战教育》中收录了一个反面案例，很有借鉴意义。

　　　　我上中学时，语文每学完一课，就要总结出本文的"中心思想"。说是"总结"，其实就是李老师在台上照着教学参考书上现成结论念，我们在本上记，如果考试考到的话再照葫芦画瓢。我对

---

① 转引自钟启泉、崔允漷、张华《为了中华民族的复兴　为了每位学生的发展》，华东师范大学出版社 2001 年版，第 219 页。

此极反感。因为"钦定"的"中心思想"与我对课文的理解时有冲突，甚至完全背道而驰。我先还忍着，后来实在忍无可忍，就同老师戗上了。学完陶渊明的《桃花源记》，李老师装模作样地依例先叫同学们起来总结"与民同乐"，恰巧叫到了我，我也就不客气了。

"我认为陶渊明写《桃花源记》主要是为了讽刺和鞭挞言而无信的小人。"

一语惊人。老师同学面面相觑。

"谁是……小人？"李老师强作镇静问。"就是那个发现世外桃源的渔夫。"

我侃侃而谈：那渔夫打鱼时，偶入桃花源。在那里，人家明明告诉他是为了躲避战乱才迁徙至此的，不愿出去；而且人家拿他那么当回事，东家请完西家请，又喝酒又吃肉，无非是为了封他的口，叫他嘴上积德。临走，桃花源中人又再次叮嘱他"不足为外人道也"，他也答应的好好的。可他都干了些什么？"既出，得其船，便扶向路，处处志之"，边走边做记号。然后跑到衙门告密，领人来寻。如此食言的小人，你说可恶不可恶！

教室里鸦雀无声，我坐下七八秒钟了，李老师才醒过神来，板起脸，道：

"你讲得不对！这篇文章的中心思想是：本文写于兵连祸结的晋、宋交替时期。陶渊明对当时黑暗的社会现实有强烈的反感，对农民的苦难有深切的同情，因而幻想能有一个没有战争、没有剥削、没有压迫的社会出现。为了表达这种愿望和理想……"

他又照本宣科起来。

同学们呢，赶紧傻乎乎跟着记。

唉！①

正如《普通高中语文课程标准》中强调的："阅读是学生、教师、

① 孙志毅：《挑战教育——中外智慧教育教学例谈》，内蒙古教育出版社2000年版，第58页。

教科书编者、文本之间的多重对话，是思想碰撞和心灵交流的动态过程。阅读中的对话和交流，应指向每一个学生的个体阅读。教师既是与学生平等的对话者之一，又是课堂阅读活动的组织者、学生阅读的促进者。教师要为学生的读解实践创设良好环境，提供有利条件，充分关注学生读解态度的主动性、读解需求的多样性、读解心理的独特性，尊重学生个人的见解，应鼓励学生批判质疑，发表不同意见。教师的点拨是必要的，但不能以自己的分析讲解代替学生的独立阅读。"① 读解教学中，教师要特别尊重学生的独特体验，鼓励学生积极地、富有创意地构建文本意义。

（三）对话是围绕文本来进行的

任何一种理论建构都要围绕着一个核心，这个核心能把各部分观念统一成一个有机整体。伽达默尔以艺术文本的存在为核心来进行理论建构，与一切作者中心论、一切读者中心论、一切形式主义的文本中心论相区别，从而在流派纷呈的西方文艺理论史上具有了自己的独特风格。

以文本之在为核心的艺术理论，把读者的重要性提到了一个新的高度，读者的活动承担了传承文本到"此"中去的任务，也就是说，读者的活动是创造性的，他必须从自己的前见出发在视域融合中把理解到的意义表达出来。这种意义已经不是文本的原意了，在伽达默尔看来，文本只有其"意义"，而没有所谓"原意"，如果说原意是指文本的根本意义，那么文本的一切本真存在所产生的效果都是文本的原意。显然，伽达默尔的文本论已经在新的读者观念的帮助下超出了原先束缚于原意的狭窄的文本理论，但他并未因此而陷入相对主义的泥潭。读者的创造性事实上并不是主观任意的，创造性的本质在于让文本进入作为文本自我表现的"此"中去，即让文本是其所是。这样，伽达默尔就为读者限定了范围，从根本上说，这也符合哲学解释学反对近代主观主义的一般方向。伽达默尔认为，只有在文本向其本真的"在"而展现的过程中，读者才有其"在"，读者的创造性阅读才是本真性的，而不是主观随意的。由于读者阅读的本真性，文本的"此"也就保持了连续性，并不是彼此迥异、互不关联，而是所有的"此"都是文本的"此

---

① 《普通高中语文课程标准（实验）》，人民教育出版社 2003 年版，第 16 页。

在",文本在时间的流变之中,在不同时代、不同地域、不同民族、不同文化的读者的本真阅读之中,在经历了"存在的扩充"之后,始终保持了同一性,文本始终保持其为自身,从不因为不同的阅读、不同的理解、不同的"此"而丧失自身。

文本是一个极具开放性的本体对象。但文本的开放性并不是漫无边际的随意开放,它又具有相对的规定性。虽然"一千个读者就有一千个哈姆雷特",但哈姆雷特就是哈姆雷特而不是贾宝玉。所以,在语文读解教学中,教师和学生对文本的读解的创造性和相对的规定性是辩证的。如果读解的对话偏离了文本,那就不是真正的读解,也不是科学的对话。比如毛泽东同志为新华社写的一篇新闻稿《人民解放军百万大军横渡长江》入选初中语文课本。笔者听到一位教师是这样讲的:首先介绍三大战役的过程(讨论背景);之后挂出一张大地图,引导学生研究渡江战役的过程和详细经过(讨论经过);最后进行爱国主义教育(升华)。这样的读解教学可以说是脱离文本的读解教学,教师没有关注作品"消息"的特点,也没有剖析作品本身的东西,而是由作品作为讨论点,进行了历史过程的详细分析,几乎把读解课上成了历史课。当然,必要的背景知识的补充能够引导学生更好地理解文本,但如果把这个补充当成读解的全部,那就违背了读解教学的本质。

在与解释语言作品密切相关的众多学科、课程中,读解教学是一门具有特殊地位的课程。读解教学承担着培育人类阅读理解能力的任务。语文教育工作者要完成这一任务,必须有深厚的理论修养。目前,读解教学的很多问题久议不决,很多改革方案莫衷一是,牵扯了人们的精力。造成这种局面的根本原因是尚未认清读解教学原理的整体框架。很多争论如瞎子摸象,各执一端。为了弄清读解教学的理论基础,我们找到了语言哲学这一思想府库。伽达默尔从批判施莱尔马赫和狄尔泰把理解与解释视为方法的传统解释学开始。伽氏认为对文本的理解与解释不是方法问题,而是关系到人的存在方式的本体论问题。人生在世,必然要有理解活动,有理解是必然的,否则不能生存。人对文本的理解,正是这种理解活动的一部分。所以,我们培养学生对文本的理解力,是在练就他们对世界的理解力,是改善人的生存质量的工作。因为理解与解释是人类的生存方式,所以其目的就远远不是为了找寻作者的本意。人总是生活在流淌的历史长河中，理解作品的行为，其本质就是文本的视域与读者的视域的融合，而不仅仅是读者向文本靠拢。文本与每一位读者都在历史中"游动"着，文本的视域因时而动，读者的视域因人而异。从这一理念出发，文本阅读没有"标准答案"，更没有终极权威判断。

伽达默尔强调体验本文的过程具有游戏、象征和节日的特征。依据这一理论，可以想见，阅读必须是让学生自己去"游戏"，要全身心地真诚投入，因为游戏悖论就是不能以游戏的态度对待游戏。象征物的本质在于它能提示认识与决策，但是它不能代替人的认识、决策。如同古代故事中经常提到的"虎符"，围绕它曾经发生多少惊险的事件，但是"虎符"并不知道这些。作品是对历史与现实的提示，它能引发我们的联想。从这一点上说，作品是"虎符"，是引发读者作出判断的象征。节日是常过常新的时日，读解作品如同过节，是一段浓缩了的美好时光，每次读解都会有不同的体验。从读解与游戏、象征、节日相似的理念出发，读解教学方法的设计就会找到其根本的依据。

使现代西方哲学完成语言转向的英国哲学家路德维希·维特根斯坦说："我的语言的界限意谓我的世界的界限。"① 语言哲学家无论其观点如何分歧，其共识是对语言的高度重视。伽达默尔解释学的语言观表现为强调世界必须通过语言向我们展示，人认识世界便是人与世界对话。对话是人的语言性与世界的语言性的共同显现。课堂上师生对话不是单纯的教学技巧。提问是对话，有时没有提问也是对话，对话是交流的原初形态，不是技巧。人与文本交流、师生交流、生生交流的原理在于思想对话。伽达默尔反对将语言简单地视为交际工具，认为解释文本是人与世界的语言性的显现。伽达默尔的理论为读解教学的语言性、交流性、对话性作了最为充分、公允而透彻的说明。

---

① ［奥］路·维特根斯坦：《名理论（逻辑哲学论）》，张申府译，北京大学出版社1988年版，第71页。

第二章　读解教育理念的传承与借鉴

中国的语文教育源远流长，如孔子的教育思想，《学记》的教学理论，韩愈、柳宗元、朱熹的教育思想，书院的教学方法，王夫之、颜元、戴震的教育思想。传统语文教材和教学原则是研究语文教学的重要历史依据。自 1840 年鸦片战争以后，中国一步步沦为半封建半殖民地社会。民族的危亡激起了有志之士对旧教育的极大不满，废科举、兴学校成为不可抗拒的潮流。1904 年，清政府颁行了《奏定学堂章程》，为我国新型语文教育的建立揭开了序幕。从"五四"运动至新中国成立前，是我国从旧民主主义革命转向新民主主义革命的时期。整个教育事业，包括语文教育在内，经受了变革、破坏、复苏、苦斗的严峻考验。特别是日本帝国主义的侵略，使得我国的教育事业受到严重的摧残。与此同时，解放区的教育事业在极艰苦的条件下逐渐发展起来。

语文读解教学研究必须尽可能地吸收世界范围内的各种有益的教育教学思想，特别是母语教育的思想，才能更好地为语文教学实践服务。古希腊教育理论是欧洲古代教育理论发展的最高峰。如毕达哥拉斯的"和谐"说、智者创设的课程、苏格拉底的问答法、柏拉图的理念说、亚里士多德的"效法自然"说等。古罗马的教育思想与教学实践在欧洲古代处于承前启后的重要位置，典型代表有西塞罗的教育思想和昆体良的雄辩术教育。欧洲文艺复兴时期教育思想的核心是人文主义教育，如维多利诺的教学实践、伊拉斯谟的教学思想以及蒙田的教育理论。近代教育家强调教师的主导作用，教学过程以教师传授、学生接受为主。主要有夸美纽斯的《大教学论》、洛克的"绅士教育"思想、卢梭的《爱弥尔》、裴斯泰洛齐的教育思想以及赫尔巴特的教育理论体系。欧美当代读解理论能够开阔我们的视野，如英伽登的文学作品结构模式，沃尔夫冈·伊瑟尔的召唤结构理论，姚斯的期待视野，弗洛伊德的精神分析，弗莱的原型批评理论，布鲁纳的发现教学法等。

第一节　我国读解教育理论的沿革

一　我国古代的读解教育思想

（一）先秦时期的教育理论

1. 孔子的教育思想

孔子（公元前551—前479）是我国古代伟大的思想家、教育家。在我国历史上，孔子第一个系统地提出伦理道德理论。同时，他是我国历史上第一位著名的民间专职教师。孔子整理的古代文献是中华民族的学术之源，他所开创的儒家学派成为延续两千余年的中国封建社会的正统思想。孔子的学说对中国乃至世界的影响是极为深远的。

（1）孔子的伦理观

孔子生活于春秋末年社会动荡不安的历史时期。他理想中的政治是那种等级分明的西周社会秩序。为了实现政治理想，他提出了"复礼"的主张，即实施一整套贵贱有等的制度、仪式来规范那个"礼崩乐坏"的时代。与他的政治主张密切相关的是他的伦理道德观。孔子伦理观的核心是"仁"。"仁"的内涵丰富而复杂，孔子从多方面论证这一概念。"仁"表现在政治上是恪守礼制："克己复礼为仁"。"仁"的核心是"爱人"，应该"泛爱众"。孔子在两千五百年前就明确地提出了人与人之间的关系准则，这是十分宝贵的。他认为实行"仁"应该从孝（孝敬父母）、悌（服从兄长）开始。与仁相关的美德有忠、义、信、智、勇、宽等。同时，孔子认为道德行为是自觉的、主动的，"我欲仁，斯仁至矣"。孔子以他的政治伦理观和个人道德观为理论核心，从事教育活动。

（2）孔子的教育思想

孔子的教育目标是培养"士"、"君子"。士是周代统治阶级中的最下层，君子当时是对高贵者的统称，后世指品德高尚的人。孔子主张学生从政，以便实现政治理想。这一教育目标的影响是深远的，是我国的封建教育演化为官吏预备教育的思想基础。在长期的实践中，孔子总结出了宝贵的教学经验。第一，因材施教。他说："柴也愚，参也鲁，师也辟（偏激）……"（《论语·先进》）又说"由也果"，"赐也达"，"求也艺"。可见他对学生个性的了解。不同的人问相同的问题，答案各异。第二，创立启发式原则。孔子说："不愤不启，不悱不发，举一隅，不以三隅反，则不复也。"（《论语·述而》）现在所说的"启发"、"举一反三"就由此而来。第三，坚持"学而知之"的认识论。孔子说："我非生而知之，好古而敏以求之者也。"（《论语·雍也》）"吾少也贱，故多能鄙事。"（《论语·子罕》）据统计，《论语》言"学"约60处，可见对学习的强调。这些观点实际上是对先验论的否定。第四，开创良好学风，重视培育美德。在学习方法上孔子提倡学思结合。他说："吾尝终日不食，终夜不寝，以思，无益，不如学也。"（《论语·卫灵公》）"学而不思则罔，思而不学则殆。"（《论语·为政》）孔子主张言行一致："君子耻其言而过其行。"（《论语·宪问》）要求学生要"敏于事而慎于言"，并在"学无常师"、"不耻下问"、"学而不厌，诲人不倦"等方面身体力行，做出表率。孔子教导学生对待知识应实事求是："知之为知之，不知为不知，是知（智）也。"（《论语·为政》）孔子特别注重道德教育。他教导学生："饭疏食饮水，曲肱而枕之，乐亦在其中矣。"（《论语·述而》）孔子的这些至理名言，已化作中华民族的传统美德。

（3）孔子对文献的整理

孔子长期从事教学工作。他所开设的课程是诗、书、礼、乐、易、春秋。对这些课程的功能，孔子作过简要说明："兴于诗，立于礼，成于乐。"（《论语·泰伯》）对学诗的意义，孔子有专门论述："不学诗，无以言。"（《论语·季氏》）"诗可以兴，可以观，可以群，可以怨。……"（《论语·阳货》）孔子对教学中所用的文献进行了搜集、整理，使我国古代教育有了稳定的教材，我国上古的文化遗产得以保存。

2.《学记》的教学理论

《学记》是《礼记》的第十八篇，全文约三千字。《学记》是先秦儒家教育理论的总结，它是我国、也是世界教育史上最早的教育专论。《学记》提出"建国君民，教学为先"的主张，将教育提到很高的地位。《学记》提出了"师严道尊"的思想，将教师作为封建思想体系的代表，对教师提出了职业要求，也对社会提出了尊师的号召。《学记》中特别有价值的是它系统地总结了先秦的教学方法。

首先，《学记》论证了教与学的辩证关系，概括出"教学相长"的原则，认为教与学是相互促进的："学然后知不足，教然后知困。知不足，然后能自反也；知困，然后能自强也。故曰：教学相长也。"《学记》认为学生应"善学"："善学者，师逸而功倍……"教师应善教："能博喻，然后能为师"，而"记问之学，不足为人师"。就是说，教师应运用教学艺术给学生讲明道理，只传授死背硬记的知识，不是真正的教师。及时施教也是《学记》非常重视的一条原则："当其可谓之时。"是说教育应及时进行。施之过早，学生无学习需求与接受能力；过迟，则学习热情会消失。过早与过迟的教育都是"勤苦难成"的。《学记》将孔子提出的启发思想阐述得更为具体："道而弗牵，强而弗抑，开而弗达。"主张教学应注意："不陵节而施之谓孙（顺）。"教师回答学生的问题应像钟那样："叩之以小者则小鸣，叩之以大者则大鸣。"《学记》重视学习的交流，提醒人们："独学而无友，则孤陋而寡闻"，同时也反对"燕朋"——不良朋友的影响。《学记》分析了学者可能犯的四种过失："或失则多，或失则寡，或失则易，或失则止。"教师就注意"长善而救其失者也"。《学记》对教学思想的研究在世界教育史上是领先的。它所概括出的规律至今仍然有很高的理论价值。

（二）中古至近代的教学思想

自汉武帝施行"独尊儒术"的国策以来，中国封建社会便找到了自己的上层建筑的理论基石——儒学。随着儒学的兴起，两汉的官学与私学都得到了空前发展。东汉时期，唯物主义思想家、教育家王充对儒学提出了尖锐的、彻底的批判，开创了我国思想史上一种可贵的传统。但这毕竟只是划过封建意识形态的亮光，儒学依然是我国封建统治者的治国之本。从隋末至唐初，科举制逐步建立。儒学与封建政治的关系更加密切了。从中古至近代，我国学者以儒学教育为核心，对教学理论进行了深入、持久的研究。我们应该合理继承这一历史文化遗产。

1. 韩、柳教学思想简述

韩愈（768—824），字退之，河阳人（今河南孟县），他猛烈地排斥佛老，以建正统儒学为己任。在文学上他反对当时形式主义的骈文，倡导学习"古文"即先秦汉初的散文。苏轼称赞韩愈："文起八代之衰，而道济天下之溺。"在由他发起的古文运动中，韩愈特别强调"文以载道"。这一主张改变了魏晋以来流行文坛的绮靡文风，对后世语文教育产生了积极影响。

在语言运用上，韩愈强调："师其意不师其辞"，"务去陈言"，"抒意立言，自成一家新语"。在学习态度上，韩愈教诲学生："业精于勤，荒于嬉。"在研读文章时，韩愈提倡："沉浸浓郁，含英咀华。"韩愈在《师说》一文中，系统论述了他的师道观。明确指出教师有"传道、授业、解惑"的责任，并提出"弟子不必不如师，师不必贤于弟子"的新思想。

柳宗元（773—819），字子厚，河东人（今山西永济县）。他与韩愈同为古文运动领袖。他们的哲学思想不同，在教育思想方面也有所不同。柳宗元不仅赞同韩愈的"文以载道"的主张，而且更进一步地提出"文以明道"，所以他的作品更具人民性。在育人思想方面，柳宗元在《种树郭橐驼传》一文中表达了自然主义的倾向："能顺木之天，以致其性"就是善于植树，"问养树，得养人之术"，这是对封建教育束缚人才的批判。柳宗元不仅拥护韩愈的师道观，在实践中他还主张"交以为师"，将师生变为师友。这是一种可贵的师生平等的思想。他教导青年在治学上"勿怪，勿杂，勿务速显"。学习应该"有所拘"，"有所纵"。

韩愈、柳宗元的教学思想代表了唐代教育理论的最高成就，对后世产生了良好的影响。

2. 朱熹的教学理论

朱熹（1130—1200）是儒学发展史上的重要人物，思想家、教育家。朱熹综合以前的儒学成果，特别是发展了程颢、程颐的理学思想，糅合了道、佛学说，构成了完善的理学体系，后人称为程朱理学。程朱理学的出现将儒学推向新的历史阶段。它完全适应我国封建社会中晚期的政治需要，成为宋以后至清末封建统治的正统思想。朱熹的教育活动贯穿一生。朱熹认为教育的根本目的在于明人伦。他说："圣贤教人，只是要诚意、正心、修身、齐家、治国、平天下。所谓学者，学此而已。"他批评当时的学校只教记诵、训诂、文辞，忘记了教育的根本目的。朱熹根据自己的经验，提出了许多教学思想、原则，丰富了我国的教育理论。

在学习、修养方面朱熹强调自己立志。他说："读书是自己读书，为学是自己为学……别人助自家不得。"认为读书如同吃饭，别人不能代替。朱熙强调学习应专一，否则一事无成，并以"鸡抱卵"为喻，说明间断了便前功尽弃。在读书方面，他的学生总结了"朱子读书法"六条：循序渐进、熟读精思、虚心涵泳、切己体会、着紧用力、居敬持志。在教学方法上，朱熹继承适时启发的原则，还提出教学要细立课程。朱熹认为教师是学生的引路人："指引者，师之功也"，其余事情不可能代替。

在教材、学校建设方面，朱熹功业卓著。他所注释的《诗集传》、《四书章句集注》、《近思录》、《小学》是封建统治下的正统教材，沿用八百年之久。朱熹将《论语》、《孟子》、《中庸》、《大学》合称"四书"，认为是儒学的入门读物。后人将朱熹注释的"四书"与孔子整理的经书并列，合称"四书五经"，这是宋以后科举考试的主要内容。由此可见朱熹在中国教育史上的地位。朱熹一生大力兴办书院。他制定的白鹿洞书院学规成为明清书院摹仿的范本。

3. 书院的教学方法

书院是从北宋至清末的一种重要的教育组织。书院以民办或民办官助为主。它是宋以来的新型学校，是自由研究学问、讲求身心修养的场所，是理学家讲学的地方。书院始于五代初盛于宋。宋初有六大著名书院：白鹿洞、石鼓、岳麓、嵩阳、应天府、茅山书院。后来先后涌现出丽泽、象山、紫阳、濂溪、龟山、东林等大量著名书院。

书院的兴起有其深远的历史根源。我国自古就有私人讲学的传统。唐末五代战争频繁，官办学校衰落，地方私学渐多。南北朝以来，佛教禅院逐渐遍布神州。禅院是讲授佛学的场所，大都设在风光秀美之处，且有清规。这一切对书院的形成有着直接影响。唐末以来，在野的中小地主阶级知识分子与当权的官僚大地主阶级的矛盾日益明显。这些人为了自身的利益要储积学养，评说时政。他们需要学术、政治活动的场所。统治阶级为了安定人心、敦促教化，也需要民间的教育组织。于是书院应运而生，随时代之需求而发展。如果书院的活动一旦有碍于封建统治，那就要横遭取缔。仅明代，朝廷直接大规模地禁毁书院就有四次。即使时兴时毁，书院仍在不断发展，成为教育史上的一种独特的现象。

书院的教学方法主要是自学。书院的教学内容包括儒学知识的传授、理学义理的辨析，并且特别注意将讲明的义理在身心的修养上躬行实践。教师对学生注重个别指导，重视学生的道德修养，同时笃行身教重于言教的原则，以"人师"自勉。书院教学盛行研讨法。师生间讲辩讨论，学生之间切磋交流。不同流派的学者有时相邀讲学，论理明道。例如，南宋的陆九渊到朱熹主持的白鹿洞书院讲学便是古代学术交流的一则佳话。多数书院都有大师主讲，有时由学有所成的学生代讲。书院定期举行盛大的讲会。这是一种民主气氛较浓的学术活动。师生汇集自由讲析，论辩诘难十分活跃，远近集者往往成百上千。

书院的"学规"、"学则"既是学术宗旨，又是教学计划。学规一般首先提出以伦理道德的修养为教育目的；要求从日常行为举止落实"礼"的规范；学习的不仅是语言文字功夫，尤其注重对生活习惯的培养；要求学生必须主观努力，无不强调立志的重要。王守仁在学规中指出："志不立，天下无可成之事。"学规一般规定读书目录与读书方法，有的还提出具体措施。宋元明清的书院都是当时学术风气的倡导者。书院的教学成就值得人们认真研究。

4. 明清对理学教育思想的批判

从明末至近代，进步的思想家、教育家提出了初步的民主思想，对理学教育思想进行了批判。早期启蒙思想家对理学的批评，是反对理学对人们思想的控制，反对理学的空疏无用。他们认为宋明之亡，亡在理学上。他们认为做学问是为了经世致用，不是为了"游谈"。颜元认为学问功夫不能单放在纸墨上，更不能放在心性的空谈上，必须从经济着力，"以用而见其能否"。明末徐光启就批评当时的教育不重视自然科学。启蒙思想家与理学家在教育方法上也不相同。理学家主静、主顿悟、重文字、重读书、重克制；而启蒙教育家则重积累、重行动，重事实。明清之季的思想家中王夫之、颜元、戴震的教育思想具有代表性。

（1）王夫之教育思想简介

明末教育家王夫之针对理学"存天理，灭人欲"之说，提出"有欲斯有理",不承认有脱离人欲的所谓天理。在教学方法上,王夫之提出了"学以学夫所教……教以教人之学……"这种教应以为学之道做依据的思想是唯物主义的。在学习方法上,王夫之强调学习的有序与不息应结合,告诫人们:登高自卑,由近及远。这是对循序渐进治学思想的发展。王夫之要求教师要"躬行"、"自明"。他说:"主教有本,躬行为起化之原……"又说:"夫欲使人能悉知之,能决信之,能率行之,必昭昭然知其当然,知其所以然,由来不昧而条理不迷。"他对教师的要求,亦是他的治学态度。

(2)颜元教育思想简介

颜元的反理学思想总体突出一个"实"字,认为知识从实学、实习、实行的过程中来。比如学音乐,只读乐谱不行,必须亲自吹、弹、敲打。他批评理学家将知识的来源归结于读书、讲问、思辨。颜元认为自汉以来教育便走入"文墨世界"。至于科举八股更是一无用处,对国家与人才的危害甚于"焚坑"。颜元主张培养实用人才,不仅应重视礼、乐,还应该重视天文、地理、历史、水利、农业、军事等课程的学习。他的教育理想是为封建社会培养出真正的有用之才。

(3)戴震教育思想简介

戴震是我国18世纪在学术与教育方面有重要影响的人。戴震曾揭露清中叶的政治贪暴。尖锐地批判程朱理学"以理杀人"。戴震认为后天的学习、"扩充"可以改变先天资质。提出"不以人蔽己,不以己自蔽",应"空无依傍",独立思考。戴震是清朴学的代表人物之一。他认为做学问必须重视正确的资料,好高骛远,驾空臆测,是没有好结果的。戴震的主张表现了我国近代前夕教育思想的新方向。

二 我国传统的读解教学

我国语文教育历史悠久,源远流长。上古时期的语文教育与汉字的产生、发展基本同步。西周就有"保氏教国子以小学"的记载。传统语文教育与经、史、哲、文学、伦理、政治等学科融为一体。直到20世纪初《癸卯学制》颁行,在中小堂分别设立"中国文学"、"中国文字"课,语文教育从儒学中明确地分离出来,有了科目名称。此前的语文教育,一般称为"古代语文教育"或"传统语文教育"。

（一）传统语文读解教材

传统语文教材分三类：儒家经典、蒙学读物、文选读本。

1. 儒家经典类

如前所述，孔子整理的六经，即《诗经》、《书经》、《礼经》、《易经》、《乐经》、《春秋》（《乐经》失传，汉始称"五经"），保存了我国古代文学、政治、伦理、哲学、音乐、历史等学科的珍贵的原始资料，也是我国封建教育奉为经典的必读教材。南宋末年，朱熹编纂注释的《四书》成为儿童集中识字以后的必读课本，成为研读经书的基础、科举考试的依据。讲授儒家经典的主要目的是灌输封建统治思想，培养封建伦理道德。在教读《五经》、《四书》的过程中，也重视对学生语言文字知识的教养以及对读写能力的培育。这类教材不符合学生的年龄特征与身心发展的实际，也不能充分体现语言学习的丰富内容。而且，这些书作为封建统治阶级治国之本的垄断教材，在科举考试的强化下，它那保守、落后、僵化的消极因素越来越突出。因此在统治者将其奉若神明同时，也受到历代有识之士的严厉抨击。

2. 蒙学教材

我国古代学者早在先秦两汉时期就很重视识字教材的编纂，见于文字记载的有《史籀篇》、《凡将篇》、《训纂篇》、《急就篇》。《急就篇》至今保留，其余均已亡佚。《急就篇》由西汉史游编撰，大抵按姓名、衣服、饮食、器用等分类编成韵语。大多为七言，少部分为三、四言，总共2144个字，每句都表达一定的意义，以便在教儿童识字的同时，教给一些常识。《千字文》是南北朝周兴嗣编著。每句四字，句句押韵，语句流畅和谐。如开头："天地玄黄，宇宙洪荒。"流传非常广泛。《千字文》用整整1000个字，表达了相当丰富的内容，非常适合儿童阅读。它不仅在汉民族中广泛传播，还有满汉、蒙汉对照读本和日本的刻本。一本识字教材使用千年，流行中外，这在教育史上是罕见的。《三字经》出于宋代，1140字。全书尽用三言，语句押韵，内容丰富。《百家姓》在北宋初年编写，全书编入四百多个姓氏。《百家姓》是由内容不相关的姓氏用字连缀而成。因为它通俗实用，读来朗朗上口，所以特别受人喜爱。"三、百、千"相比配合，构成一套识字量适中、知识丰富、易懂易记的启蒙教材。与"三、百、千"同时发展的同类教材还有其他杂字读本、韵语知识读物等。

读诗是我国古代启蒙教育的重要内容。唐宋以来，民间更加重视诗教。宋代以后最流行的当推《千家诗》，所以，人们把它与《三字经》、《百家姓》、《千字文》并列，合称"三，百，千，千"。清蘅塘退士（孙洙）编的《唐诗三百首》，从问世至今 200 年来广为流传。在 127 种唐诗诗集中，拥有读者最多。

3. 文选读本

汉魏以前的教材主要是《五经》和识字课本。随着文章写作的兴盛和文章之学的发展，读物内容更加丰富了。南朝梁萧统编的《文选》（统死后谥昭明，故亦称《昭明文选》）是我国最早的一部文章选集。《文选》选录了 130 位作家的各体文章 752 篇。选文标准是文质兼美。以后，历代都效仿《昭明文选》选编文集。后来同类书中影响最大的是清末吴楚材、吴调侯编的《古文观止》，收入文章 222 篇，上起周代，下迄明末，入选篇目都是历代脍炙人口的名作。各类文章读本是《五经》以外的重要阅读教材，并且成为很好的写作范本。文选类读本对现代语文教材的编写有直接的影响。

（二）传统语文读解的教学原则

1. 文道统一的原则

春秋时期，孔子已认识到"文"与"志"的关系。他说："言以足志，文以足言。不言，谁知其志！"唐代柳宗元提出"文以明道"。宋代周敦颐明确概括为"文所以载道"。我国古代教育家、文学家都认为文与道是不能分割的。

2. 学思结合的原则

孔子提出："学而不思则罔，思而不学则殆。"（《论语·为政》）朱熹说："读而未晓则思，思而未晓则读。"又说："读书之法在循序而渐进，熟读而精思，……先须熟读，使其言若出于吾口，继以精思，使其意皆若出于吾心。"① 这些主张揭示了学习与深思的关系，总结出了正确的读书方法。

3. 愤启悱发的原则

---

① 朱熹：《朱子文集》第 64 卷，中华书局 1986 年版，第 38 页。

为了促进学习主动性，发展学生的思维能力，我国古代的教育家特别强调对学生的"启""发"。孔子说："不愤不启，不悱不发。举一隅不以三隅反，则不复也。"（《论语·述而》）东汉郑玄解释为："孔子与人言，必待其心愤愤，口悱悱，后乃启发为之说，如此则识之深也。说则举一隅以语之，其人不知其类，则不复重教也。"宋代朱熹解释说："愤者，心求通而未得之意；悱者，口欲言而未能之貌。"①孔子主张"愤启悱发"，不是消极地等待学生的"愤"，"悱"，而是积极地创造条件，引导学生产生浓厚的求知心理。

4. 读写结合的原则

重视读写之间的联系是古代语文教育所遵循的原则。古人认为读和写都是实践技能，须反复练习才能熟练，并主张二者应紧密结合。汉代扬雄说："能读千赋，则能为之。"明程端礼阐述得更具体："读书如销铜，聚铜入炉……作文如铸器，铜既销矣，随模铸器，一冶即成……所谓劳于读书、逸于作文者，此也。"②唐彪在《读书作文谱》中写道："文章读之极熟，则与我为化，不知是人之文，我之文也。作文时，吾意所欲言，无不随吾所欲，应笔而出，如泉之涌，滔滔不竭。"③古人强调读写不可偏废，要把两者联系起来，才能收到良好的效果。

三 我国近、现代读解教育的发展

（一）我国近代的语文读解教育

自 1840 年鸦片战争以后，中国一步步沦为半封建半殖民地社会。民族的危亡激起了有志之士对旧教育的极大不满，废科举、兴学校成为不可抗拒的潮流。

1. 语文单独设科

1904 年，清政府颁行了《奏定学堂章程》，中国近代教育史上第一个比较完备的学校体系产生了，称为"癸卯学制"。按这一学制，在中小学堂分别开设"中国文学"、"中国文字"课程。这两门课程从经学

① 王炳照：《中国教育思想通史卷》，湖南教育出版社 1999 年版，第 271 页。
② 转引自靳健、石义堂《现代语文教育学》，甘肃教育出版社 1997 年版，第 22 页。
③ 唐彪：《家塾教学法》，华东师范大学出版社 1992 年版，第 92 页。

中独立划分出来，体现了我国的语文教育从综合走向了单一，为我国新型语文教育的建立揭开了序幕。因此，我国中小学语文学科的设立，是从 1904 年新学制的颁布开始的。

2. "国文"科的设立

民国元年（1912）当时的教育部公布了《校令施行规则》，规定取消中小学堂的"读经讲经课"，原来的"中国文字"、"中国文学"都称"国文"。并在中学堂的国文课标准中规定："国文旨在通解普通语言文字，能自由发表思想，并使略解高深文字，涵养文学之兴趣，兼以启发智德。"小学堂国文课对学生施教应"正其发音"，"使知简单文字之读法、书法、作业"，并"练习语言"等。

（二）我国现代语文读解教育

从"五四"运动至新中国成立前，是我国从旧民主主义革命转向新民主主义革命的时期。整个教育事业，包括语文教育在内，经受了变革、破坏、复苏、苦斗的严峻考验。特别是日本帝国主义的侵略，使我国的教育事业受到严重的摧残。与此同时，解放区的教育事业在极艰苦的条件下逐渐发展起来。

1. "国语"课的出现

在"五四"运动大力提倡白话文的时代潮流中，北洋军阀政府教育部接受全国教育联合会和国语统一筹备会的建议，于 1920 年下令将小学国文课改为"国语"，课文改为白话文。中小学的各科教材用语体文改编，高校的讲义也提倡用语体文。白话文在学校教育中取得合法地位，是我国教育史，尤其是语文教育史上的一项重大改革。"五四"运动前后，中国文坛涌现出大量的优秀白话文作品，为中小学的语文课提供了宝贵的教材和课外读物。教材的变革，又引起了教学目的、方法等更深层次的语文教改。

2. 学制与教学方法的变革

1922 年公布的新学制，将小学中学教育从"七四"制改为"六六"制，即小学六年，中学六年（初、高中各三年）。这一学制延续至今。1922 年公布了新的课程纲要。叶圣陶拟定的《初中国语课程纲要》的教学目的包括：（1）使学生有自由发表思想的能力。（2）使学生能看平易的古书。（3）使学生能作文法通顺的文字。（4）使学生发生研究中国文学的兴趣。课程作业包括：第一，读书。精读选文；略读丛书专集，大半由学生自修，部分在课内讨论。第二，作文。定期作文，不定期的作文和笔记，文法讨论，定期地演说辩论。第三，习字。名人书法赏鉴，楷书或行书的练习。《纲要》第一次较完整地提出了语文科的性质、教学目的与任务、教学内容及分阶段完成教学的要求。这对以后语文学科的发展具有很大的影响。

3. 解放区的语文教育

解放区直接继承并发扬了"五四"革命精神，在语文教材的编写方面独树一帜。解放区编写的语文教材思想内容新鲜求实，有助于学生树立革命的人生观。白话文占中学语文教材的百分之九十以上：初中不选文言文，高中选少量的文言文。文学作品以"五四"以来的新文学作品为主，同时选入不少朴素平易的实用文。语文知识教学强调少而精，学以致用。解放区的语文教育为建国后的语文教育改革提供了宝贵的经验。

4. 语文教学理论的研究

（1）教学目的的逐步明确

语文的单独设科，为探讨这门学科特定的教学目的提供了先决条件。清末设科之始，曾这样阐述教学目的："其中国文学一科，并以随时试课论说文字，教以浅显书信、记事、方法，以资官私实用。但取理明辞达而止，以能多引经史为贵，不以雕琢藻丽为工。篇幅亦不取繁冗。"从以科举为目的，到以实用为目的，这是我国语文教育的一个重大的历史转折。1912 年，在中华民国教育部颁行的"课程标准"中规定："国文要旨在通解普通语言文字，能自由发表思想，并使略解高深文字，涵养文学之兴趣，兼以启发德智。……但作实用简易之文，兼课习字。"

1922 年当时政府公布的《初中国语课程纲要》对教学目的进行了明确的规定。20 世纪 40 年代，叶圣陶在《国文教学的两个基本观念》一文中，从训练的角度提出了语文教学的目的和任务："国文教学有它独当其任的任务，那就是阅读与写作的训练……这种技术的训练，他科教学是不负责任的，全在国文教学的肩膀上。"40 年代解放区提出："提高学生对大众语和新社会一般应用文字的读写能力。"我国现代语文教育在近代语文的基础上，对本学科的教学目的有了越来越明确的认识。

（2）强调语文能力的培养

白话文取代了文言文，语言文字的工具性逐步被认识，听说读写能力的培养引起了语文界的关注。"运用文字的能力"、"自由发表思想的能力"、"养成用语体文及语言叙事说理表情达意之技能"、"养成了解一般文言文之能力"、"欣赏中国文学名著之能力"、"培养学生创造国语文学之能力"、"培养自读之能力"等观念，以及将说话能力与写作能力联系起来、将演说辩论作为整理思想和写作之助等正确的主张，已为当时的语文教育界所接受。这些正确理论的形成为新中国成立后的语文教育的发展奠定了基础。

（3）阅读、作文教学方法的探讨

培养阅读能力从哪儿入手？叶圣陶的主张是："从普通文字入手"，而不是从文艺作品入手。他认为："从普通文字入手"就是"基本训练"，"普通文字易于剖析、理解，也易于仿效，从此立定了基本，方可以进一步弄文学①。"阅读能力的提高须通过阅读教学过程的训练，当时有三种教学过程的设计。第一种认为：阅读教学的过程是学生练习的过程，"其中包括预习、讨论、复习三步。"这种方式偏重训练方式。第二种认为：阅读教学的过程包括概览、深究、整理三步。这是从学生理解的角度提出的。第三种认为：阅读教学包括理解、练习、发展三个阶段。"理解"包括预习和整理；"练习"包括比较和运用；"发展"包括创作和活用。对阅读教学过程的这一概括，综合了教、学、练、用几个方面。这些方案并不矛盾，它们是从不同的角度概括了语文教学的过程。叶圣陶、朱自清合编的《精读指导举隅》和《略读指导举隅》研究了两种不同的教学方法。"就教学而言，精读是主体，略读只是补充；但是就效果而言，精读是准备，略读才是应用。""如果只注意精读，而忽略了略读，功夫便只做得一半。""精读指导必须纤屑不遗，发挥净尽；略读指导却需提纲挈领，期其自得。"这样指导阅读，"其目的唯在学习习惯养成，能够自由阅读。"

"五四"运动以后，开始用白话文写作，白话文的作文法成为语文

---

① 《叶圣陶语文教育论集》，教育科学出版社1980年版，第61页。

教学中一个重要的问题。在这一方面，出版了大量的专著、专论。如陈望道的《作文法讲义》，梁启超的《中学以上作文教学法》，叶圣陶的《作文论》等。梁启超将观察力作为写好文章的一个重要前提，他说："观察要求其普遍而精密。""未动笔之前，先要观察事实和事实的关系，究竟有多少主要脉络，……然后一切材料能由我自由驾驭。"① 叶圣陶认为："阅读是吸收，写作是倾吐，倾吐是否完全合于法度，显然与吸收有密切关系。"② 在20世纪30年代，作文训练由单一的命题作文发展到用多种方式训练。1932年公布的《初级中学国文课程标准》中提出了八种作文训练方式：命题、翻译、整理材料、变易文字之繁简、写生、笔记、记录和应用文件的写作。在《高级中学国文课程标准》中还增加了读书笔记、游览参观之记载、专题研究、文学作品的写作等。在解放区的语文教育中，读写结合得很紧密。主要做法是：按课文组织单元，确定各单元的写作特点，并注意相互比较。结合课文写作特点，提出写作要求。这种读写结合训练方法，目的明确，效果明显。

第二节　西方读解教育理论的源流

人类对教育、教学现象的研究源远流长。在古代，世界各地伟大的思想家们就开始探讨教学现象的本质与规律；到近代，教学论发展成为专门学科；如今在世界范围内，对学科教学论的研究方兴未艾，各科教学论成为引人注目的边缘学科。为了完善语文教学论课程，为了发展这门学科，我们必须研究教学理论的流变。只有站在历史的高度纵观学科源流，才能继承前人成果，把握未来走向，促进学科的科学化。

一　欧洲古代教学理论概述

（一）古希腊教学理论概要

从公元前8世纪开始，位于爱琴海域的希腊进入奴隶社会。到公元

---

① 梁启超：《中学以上作文教学法》，《饮冰室合集·文集之七十》，中华书局1989年版，第7页。

② 《叶圣陶语文教育论集》，第58页。

前5世纪，古希腊出现了高度发展的奴隶制经济。古希腊的手工业、商业和海外贸易获得很大发展。具有悠久历史的古希腊民族对文学、艺术、哲学、史学进行了不懈的探索，创造出举世罕见的希腊文明。古希腊教育在其经济繁荣、文化昌盛的基础上，形成了一个空前的"黄金时代"。古希腊教育理论是欧洲古代教育理论发展的最高峰。这一时期的"和谐"说、智者学派、"问答法"、"理念"说、"效法自然"说等理论在某种程度上都为中国现阶段的语文教育改革提供了很好的理论来源，我们要很好地借鉴和学习。

1. 毕达哥拉斯的"和谐"说

毕达哥拉斯（约公元前580—前500），古希腊的数学家、哲学家。他最早将数学引入希腊，并在这一领域取得惊人的成就。在西方，毕达哥拉斯最早发现了三角形斜边的平方等于两直角边平方和（即毕达哥拉斯定理）。他计算出了三角形内角和等于两直角。他研究了黄金分割的问题。他用数学分析解释万事万物："从数目产生点；从点产生线；从线产生平面；从平面产生立体；从立体产生感觉所及的一切物体，产生四种元素：水、火、土、空气。……地是球形的，地面上都住着人。"毕达哥拉斯指出数是音乐中的决定因素。音调是出不同的数组合产生的。乐音就体现了数的和谐关系。和谐观念在古希腊人的心中占有重要位置。他们把和谐看做一种完美的品质。毕达哥拉斯从数学理论出发论证了这一观念，使"和谐"成为一种理性观念而广泛流传。促进人的和谐发展是雅典教育的宗旨。这一思想对全世界教育理论的发展产生了极为深远的影响。

2. 智者创设的课程

公元前5世纪中叶，雅典的奴隶主民主政治发展到高峰，经济出现了空前繁荣的局面。公民为了参与社会生活，特别需要知识，尤其需要辩论术，这时，希腊半岛便出现了一批专门教授辩论术和其他知识的职业教师——智者。

智者的出现对古希腊文化、教育的发展产生了重大的影响。智者学派的创始人普罗泰戈拉提出了"人是万物的尺度"，黑格尔认为这是一个"伟大的命题"。他还明确提出每个问题都有两个相互对立的方面，都能找出正面和反面的道理。谁能利用说话艺术赢得听众，谁就是强者。他的这一理论后来成为诡辩术的依据。普罗泰戈拉强调政治品质中最重要的是廉耻与公正。他还强调法律、文化、教育是一个国家不可或缺的东西。普罗泰戈拉首次区分了演讲的类别。他的学生普罗底柯则擅长辨析意义相近的词。例如，他曾对"勇敢"和"不怕"进行比较："勇敢"是有思想准备的，"不怕"是无思想准备的，故大胆的人多，而真正的勇敢者却很少。在此以前，希腊民众的教师是诗人、朗诵者、体育教师。由于音乐、体育教育已不能满足希腊社会发展的需要，因此以教人学会从政本领的职业教师——智者的出现就成为历史的必然。智者学派开设的辩论术、文法和修辞学三门课程，一直是欧洲教育的重要内容。智者的活动随着希腊民主制的兴盛而发展，随着它的衰落而蜕变，后来他们中一部分堕落为颠倒是非的骗子。我们应对智者的活动给予全面的评价，既要看到他们的诡辩术对人们思想的危害，同时也不能无视智者对语言教育所做出的积极贡献。

3. 苏格拉底的问答法

苏格拉底（公元前469—前399），古希腊著名的哲学家。他出身平民家庭，父亲是雕刻匠，母亲是助产婆。他是一位受过全面教育的学者，知识广博，思想深邃。苏格拉底继承了古希腊学者的美德，对学生不收学费。不管是谁，有学必教。他施教没有固定场所，大街上、马路旁、店铺里都可以成为他的课堂。他在教学内容和方法上，与我国的孔子极为相似：以伦理道德为主，以谈话法为主。

苏格拉底在教学上最为突出的贡献是首创了"苏格拉底问答法"。他认为，教育过程就是教师协助学生产生正确概念的过程。教师的任务不是传授知识，引导学生将内心原有知识系统化、语言化，从而变成学生的实际能力。在谈话过程中，苏格拉底就人们感兴趣的问题发问，先让对方发表意见。当对方说错时，他并不直接指出，而是提出暗示性的问题，最终使对方陷入自相矛盾的境地。这样可以使人们怀疑自己原有的知识，从而积极探索正确答案。

4. 柏拉图的理念说

柏拉图（公元前427—前347），古希腊哲学家，客观唯心主义创始人。柏拉图是苏格拉底的学生、朋友。其教育思想主要集中在《理想国》和《法律篇》等著作中。理念论是柏拉图哲学思想的基石。柏拉图所称的"理念"实际是指反映一类事物共性的概念。例如，桌子有各式各样的，由桌子这一名称将它们的共性概括出来，这便是关于桌子的理念。柏拉图认为，具体的桌子是暂时的、可朽的，桌子的理念是永恒的。理念是具体事物的本原，先于具体事物存在。理念是第一性的，人只有依靠思维、理性才能认识理念，所以理性活动高于感性认识。柏拉图认为，在人的心灵中本来就存在着理念，借助于对感觉的激发，可以将心中固有的理念回忆起来。柏拉图根据他的理念论提出了"知识即回忆"的主张。我们应该扬弃柏拉图认识论中的先验论成分，重视其对人的学习能力的论述："我们可以断言教育不是像有些人所说的，他们可以把知识装进空无所有的心灵里，仿佛他们可以把视觉装进盲者的眼里。"① "每一个人的心灵原有学习真理的能力以及见到真理的机能，……我相信也必有一种艺术，……矫正心灵的倾向，使其朝向应该面临的方位。"② 柏拉图反对智者派把知识装进心灵的主张，他强调人的心灵本来就有思维能力、认识理念的能力。这一观点对人类教育理论的发展产生了极其深远的影响。

柏拉图吸取了雅典教育的经验，把教育分为音乐教育和体育。音乐教育为了陶冶心灵，体育为了锻炼身体。所谓音乐教育，除了包括现在所理解的音乐外，还包括诗歌和其他文学作品。柏拉图非常重视教材的选择，对故事、诗歌、音乐作品内容的挑选极为慎重、严格。柏拉图特别重视算术、几何、天文、音乐教育。人们把这四门课程加上智者派所开设的语法、修辞、逻辑称为"七艺"。这七门课程在欧洲延续了两千多年，奠定了欧洲教育与学术的基础。柏拉图的教育思想不仅属于历史，至今我们仍然能够感觉到其影响的存在。

5. 亚里士多德的"效法自然"说

亚里士多德（公元前 384—前 322），古希腊哲学家中"最博学的人"，具有"百科全书式的科学"兴趣。亚里士多德曾在柏拉图的学园里学习 20 年，是柏拉图的得意门生。亚里士多德的学说博大精深，其

---

① 华东师范大学教育系、杭州大学教育系：《西方古代教育论著选》，人民教育出版社 1985 年版，第 54 页。

② 张焕庭：《西方资产阶级教育论著选》，人民教育出版社 1964 年版，第 535 页。

教育思想的核心是"效法自然"说。他根据对儿童身心发展的考察结果，首次提出按照年龄段进行分期教学的模式。他把人适于接受教育的时期，以七年为一个阶段分为三段：7 岁前为幼儿教育阶段，7—14 岁为初级教育阶段；14—21 岁为高级教育阶段。第一阶段应以儿童的身体发育为主，顺应自然，引导儿童做适宜的体育活动。除此而外，听故事是儿童学习的又一主要内容，并努力使儿童不要濡染任何不良习惯。第二阶段主要是以音乐为核心的情感道德教育。应该促使儿童在智育、美育和德育三方面得到和谐发展。第三个时期是高级教育阶段，主要以智力教育为主，以实现教育的最高目标。他认为："教育的目的及其作用，有如一般的艺术，原来就在效法自然，并对自然的任何缺漏加以殷勤的补缀而已。"在教育史上，亚里士多德首次提出"效法自然"的原理，并把人的生理作为实施教育的重要依据。这是把人类的教育建立在人的自身发展基础之上的最初尝试。亚里士多德的这一理论创见，将教育学向前推进了一大步。

　　亚里士多德认为，人生的目的是要实现人所固有的特性，即要使人的各种天性功能得到高度发挥。柏拉图鄙视感情、欲望等人性中的非理性功能。亚里士多德却认为：只是理性并不能构成美德，因为理性是静观的，若不借助于热情、欲望，理性是绝不能引起任何实践活动的。他主张以理性来指导情感、欲望，同时也反对压抑儿童的情感和合理的意向。亚里士多德认为美德是指实现人生目的所必需的品质。他提出一个著名的命题：美德即中庸。他解释说："在适当的时候，对适当的事物，对适当的人，由适当的动机和适当的方式来感受这些感觉，就既是中间的，又是最好的，而这乃是美德所特具的。"亚里士多德认为美德来源于习惯。因而从小养成良好的习惯是极其重要的。亚里士多德将沉思看作是人的理智活动的美德，他和柏拉图都提出纯思维活动比政治活动还高尚、还重要。我们应该珍视他们赋予思维活动的崇高地位，同时亦应认识其唯理论的局限性。

　　（二）古罗马的雄辩术教育

　　公元前 6 世纪，古罗马进入奴隶制社会。随着古罗马向外扩张政策的得逞，它逐渐成了地中海的霸主，后来终于成为横跨欧亚非广大地区的罗马帝国。公元前 3 世纪，希腊城邦开始沦为罗马的殖民地，公元前

2 世纪中期，希腊本土沦陷。古希腊许多有知识的人来到了罗马，以开办学校作为谋生之路。从此古罗马逐渐形成了以希腊教育为模式，并带有罗马民族特点的学校系统。古罗马的教育与文化迅速地"希腊化"。古罗马的教育思想与教学实践在欧洲古代处于承前启后的重要位置。西塞罗和昆体良关于"雄辩术"的教育思想可以很好地为我们的语文教育服务，特别是语文教学中的口语交际教学研究可以从这里找到一些理论灵感。

1. 西塞罗的教育思想

西塞罗（公元前 106—前 43）是古罗马的一位重要的历史人物。他是杰出的散文家，是卓越的政治活动家，是雄辩术教育的倡导者。雄辩术起源于希腊，在罗马共和时期，雄辩术是争取民众、击败政敌的工具。后来，雄辩成为有教养的罗马人的标志。西塞罗的雄辩术教育的理论来源于生活，大大丰富了雄辩术教育的内容。他认为能就任何问题进行得体的演说，是雄辩家的特殊能力。他说："一个人不可能是他所不懂的学科的雄辩家；如果他能够很好地掌握一门学科，但他不懂得如何组织并完美他的发言，他同样不可能雄辩地就他所熟悉的东西发表演说。"西塞罗论述了雄辩家所必须具备的条件：第一，要有广博的学识。因为雄辩家就是社会活动家，为了实现自己的政治理想，他应能在社会生活的各个领域发表演说，影响民众。因此他必须具备政治、军事、法律、哲学等多方面的学识。第二，要有高超的语言能力。西塞罗强调："高超的演讲具备优美而雅致的文体，在修辞方面具有独特的技巧和光泽。"语言表达首先应该做到正确，其次应做到通俗易懂，应做到优美生动，最后，应该注意语言与主题的相称。第三，雄辩家应该具有优美的举止与文雅的风度，"它们对于演说本身所产生的作用是巨大的"。西塞罗强调练习在雄辩教育中的重要地位。他认为练习是培养雄辩家的必不可少的环节，是使各种有关知识化为演说能力的最重要的方法。在练习中，除了尽可能逼真地发表演说，写作是不能忽视的。人们应该用写作来磨炼思维能力、表达能力，用写作磨炼演说。西塞罗对后世的影响是深远的。他的散文被推崇为拉丁文的典范，文艺复兴时期，在教育界、文学界出现了西塞罗主义。西塞罗的教育思想由昆体良继承下来，并发扬光大。

2. 昆体良的雄辩术教育

昆体良（35—95）是古罗马帝国著名的雄辩术教师和教育家。他所提出的教育目的很明确，就是要培养善良而精于雄辩的人。他强调，善良对于雄辩家来说是必须具备的。所谓善良的人就是具有识别善恶能力的人，就是能够明智地按法律与正义行动的人。昆体良认为："有德行的生活较之最卓越的雄辩才能更为可取。"十分明确地将伦理学引进教育中，是昆体良教育思想的显著特征。昆体良认为，雄辩家通过文法学校和修辞学校进行培养。文法的基础是培养阅读能力。"凡是最能培养心灵和增进思维力量的作品，都应成为孩子的教材。"修辞学校是专门训练讲演术的场所。训练的题材应该广泛，因为雄辩家应能对所遇到的一切问题发表演说。昆体良强调雄辩术与哲学，尤其是与哲学中的伦理学的关系特别密切，因为人们所谈论的任何题材都与道德有关。

罗马帝国十分重视雄辩术教育，修辞学校成为培养幕吏的学校。从公元1世纪开始，罗马帝国开始由国库支付部分教师的薪金。昆体良在雄辩术教育方面的理论与实践丰富了语言教育的理论。

二　欧洲文艺复兴时期及近代的教学理论

（一）欧洲文艺复兴时期教育思想概述

从14世纪初到16世纪末，欧洲经历了从封建社会向资本主义过渡的历史时期，通常称为文艺复兴时期。这一时期，资产阶级思想家以古希腊、古罗马文化为武器，向封建主义发起猛烈进攻，并着手建立资产阶级新文化。人文主义教育是新兴资产阶级的教育思想。它在与教会所垄断的旧教育的激烈斗争中发展起来，具有鲜明的时代性和伟大的历史意义。维多利诺、伊拉斯谟、蒙田的人文主义教育思想能指导我们更加全面和深刻地审视语文学科的本质特征。

1. 维多利诺的教学实践

维多利诺（1378—1446），文艺复兴时期意大利著名的教育家。维多利诺的教学目标是：把公民培养成具有人文主义精神、骑士风度和基督教精神的人才。基于这一目标，他把课程分成三部分：对欧洲古典文化的学习，包括拉丁文、希腊文、语法、修辞、文学、历史、音乐等；培养骑士风度的课程，包括骑马、击剑、游泳、赛跑等；宗教教育。他把德育放在首位，注重造就能为社会服务的，有责任感的公民。维多利诺办起了一所"快乐学校"。学校设在郊外，风光美丽，房舍宽敞。学生在优雅的环境中全身心地投入学习。维多利诺废除了死记硬背的方法，注重发展学生的个性。在语言教学中，他创造了字母教具，使学生可以直观地感觉语言的变化。维多利诺重视情感教育，鼓励教师到学生中去，与学生交朋友。这些主张在当时是十分可贵的。

维多利诺最早把人文主义的教育思想付诸实践，被后人称为"第一个新式学校的教师"。

2. 伊拉斯谟的教学思想

伊拉斯谟（1469—1536），荷兰著名的人文主义思想家、教育家、语言学家。伊拉斯谟学识渊博，著述丰富。他的教育著作有：《关于正确教学的方法》，《论基督教王子的教育》、《愚神颂》等。伊拉斯谟把知识分为真理的知识和文字的知识两类。他认为教育的终极目标是培养善良的人，而古典文化中蕴含着无穷的智慧，闪耀着真理的光芒。学习古典文化是达到教育目标的有效途径。伊拉斯谟注重语言教学。他认为文字教学是一切教学活动的开端。学习语言除了彻底理解文字的意义外，关键在于经常复习巩固。伊拉斯谟总结了阅读教学的模式：介绍作者的生平及思想，分析作品的体裁，分析作品的内容，研究作者运用语言的技巧，揭示作品的思想价值，分析其哲学意义。这一教学过程对后世的语言教学产生了深远的影响，直到今天仍值得我们借鉴。

3. 蒙田的教育理论

蒙田（1533—1592）是法国的思想家、作家，资产阶级教育革命的先驱者。蒙田对于中世纪教会学校扼杀人的生机的教育愤恨万分。他指出：教会学校培养出的学究们对社会毫无用处。他们的知识是虚伪的；言辞是空洞的；行为是古怪可笑的。蒙田清楚地看到，学究教育与已经到来的新时代格格不入。他首次明确提出把培养资产阶级绅士作为教育目的。符合时代要求的新人应该是具有开拓精神的，具有健康身体与高超智慧的资产阶级事业家。为了达到这一目的，蒙田提出了系统的教育理论。

蒙田吸取了亚里士多德的思想，认为教育应当遵循自然规律。教师应洞悉儿童的步伐，顺应儿童的自身发展过程，给他们支持和教导。蒙田强调，在教学中应该使学生的能力得以充分表现，让学生有机会发表意见，让他们主动学习，蒙田特别强调理解与思考在学习中的重要性，强调培养完善的判断能力应成为教学的唯一目标。当时，人们的思想被禁锢在宗教权威的牢笼中。蒙田慨叹说："我们的灵魂随着别人的意志而行动，……我们无力去实现自己的意愿，我们的活力与自由已消灭殆尽。"① 蒙田认为，人之可贵不在于他有广博的知识，而在于他的思维的力量。在大千世界中蕴含着无穷的知识。学生应该把世界作为教材，参观旅行，学习对人生有用的知识。在语言学习中，蒙田强调文字是为事物服务的。他同意苏格拉底的意见：任何人心中如果有了思想，他就可以用各种方式表述出来。人们总为自己空洞的头脑辩护，说自己本来有很多见解，就是不能用恰当的文字表述，因而文字是重要的。蒙田认为这种人的脑海中其实本没有什么思想。蒙田反对当时的教会学校将空洞的语言文字的学习放在第一位。那时候，学生要花四五年的时间学习拉丁语的单词、短语，然后再用四五年的时间学会写短文，最后需要四五年的时间学会如何把拉丁语这种欧洲古代的书面语言编织成合乎修辞的美文。蒙田主张，先学习本国语及当代的外国语，因为这两种语言更有用。

蒙田淋漓尽致地揭露了当时学校的情况："这学校不过是地狱而已。儿童时时受到责打的威胁，他们的心灵被损伤。……教师们露出一副狂怒的面孔，手里拿着棍棒……这是一种多么可恶而有害的教育方法啊！"② 蒙田是资产阶级教育的先驱者，他对中世纪学校教育的彻底批判，他的先进的教育理论，启迪了后来者。他在近代社会的黎明时期，叩响了科学教育的大门。

（二）欧洲近代教学理论的发展

西方近代史是资本主义社会发展的历史。在这一阶段，出现了体系完整的教学论。教育学最终从哲学体系中解放出来，成为一门独立的学科。近代教育家强调教师的主导作用，教学过程以教师传授、学生接受

① Bobert Ulich: Three Thousand years of Educational Wisdom, Harvaro University press, 1863, p. 290.

② Ibid. p. 296.

为主。班级授课制的发展，创建师范教育，心理学在教学中的运用，诸多教学原则的确立等，都体现了近代教学思想的基本特征。夸美纽斯、洛克、卢梭、裴斯泰洛齐、赫尔巴特是在世界范围内影响较大的教育家，他们的教育教学思想一定会为今天中国的语文教学改革提供可贵的理论依据。

1. 夸美纽斯的《大教学论》

夸美纽斯（1592—1670），捷克著名的爱国主义教育家。他于 1632年完成的《大教学论》是近代最早的教育专著。它的问世，标志着教育学从哲学与其他社会科学中分化出来，成为一门独立的学科。夸美纽斯是一位神学家，他的思想的复杂性反映了从封建主义向资本主义过渡的时代特征。

夸美纽斯从宗教观点出发认为教育的终极目的是使人成为博学、有德行和虔诚的人。为了实现这一目标，他提出了非常积极的教育理论：人不仅仅是被动接受知识的容器，人有自己发展的主动性，在教学中应该充分发挥学生的主动性和积极性。他建议课堂教学时间应尽量减少，而给学生较多的休息时间；让学生只记住重要的，其余的领会即可；一切事情都应按学生的能量安排，使学生的能量与年龄同步发展。夸美纽斯充分相信人的认识能力。他说："人心的能量是无限的……即使天地之广再扩大一千倍，它一样能去，因为它在空间穿行的速度简直是大得令人不能置信。"[①] 17 世纪在数学、力学方面所取得的伟大成就，使机械唯物主义风行一时，夸美纽斯受到这一思潮的影响，认为世界的一切事物的结构原则在于秩序，那么教学也应有恰当的秩序。他说："秩序是把一切事物教给一切人们的教学艺术的主导原则，这是应当并且只能以自然的作用为借鉴的。"[②] 他强调教学秩序来自自然。例如：大自然是最遵守时机的，鸟儿春天繁殖，园丁春天播种。那么，教育应当从人的"春天"——儿童开始，学习应当利用一天中的"春天"——早晨。夸美纽斯所说的模仿自然，就是要人们遵循教育本身的规律，以儿童的天性为根据。对此，他曾作过精辟的论述："知识如果不符合这个或那

---

① ［捷］夸美纽斯：《大教学论》，傅任敢译，人民教育出版社 1979 年版，第 26—27 页。
② 同上书，第 80 页。

个学生的心灵，它就是不合适的，因为人心的不同和植物、树木或动物之各不相同一样大，……教师是自然的仆人，不是自然的主人；他的使命是培植，不是改变，……每个人都会顺着他的自然的倾向去发展。"[1]

夸美纽斯对当时的学校教育非常失望。他揭露学校不用实际有用的知识武装学生的头脑。在语言教学中，学校只讲句子结构，空话连篇。最可悲的是拉丁文的学习，孩子们学了十年、二十年，才能借助字典，写几句并不通顺的拉丁文。在语言教学中，他强调应以祖国语言为主，教师应使用祖国语言进行教学。如果一个人连本国语言都没有学会，就去学拉丁语，无疑是本末倒置。夸美纽斯认为所有的人都应当接受一种周全的教育——在智力、德行、信仰三个方面得到培养。还应该顾及身体的健康。他主张泛智教育，即学习最重要的事物的原则、原因和用途，"把一切知识中的精萃的总和灌输给他们的头脑"。他提出"为生活而学习"的思想。主张"一切无用的事物，一定要抛弃[2]。"

夸美纽斯很仔细地研究了教学理论问题。他把从一般到特殊与从特殊到一般这两种方法结合使用。他提出艺术与科学应该作为一种百科全书式的知识整体来进行教学。他强调知识的系统性，告诫教师毋将知识当作杂乱无章的木头，应使学生看到其中的关联。他主张阅读应与写作一起教，文体应与逻辑思维一起训练等。夸美纽斯正确地论述了记忆问题。他认为只有牢固地记住的东西，才算是自己的。同时他又强调，只有理解了的东西，才能牢固地记忆。因此，理解就成为教学的关键。他认为，给予理解的原则是教学中不易的原则。夸美纽斯为人类创立了不朽的教育学说。

2. 洛克的"绅士教育"思想

约翰·洛克（1632—1704）是英国的教育思想家。洛克反对天赋观念说。他认为心灵犹如一张白纸，观念是人们从经验中得来的。洛克在《教育漫话》中系统阐述了绅士教育问题。他强调教育的重要性："我敢说我们日常所见的人中，他们之所以或好或坏，或有用或无用，十分

---

① ［捷］夸美纽斯：《大教学论》，第 153 页。

② 同上书，第 67 页。

之九都是教育所决定的。人类之所以千差万别，便是由于教育之故。"①

　　为了适应资产阶级的利益与要求，洛克在《教育漫话》一书中阐述了"绅士教育"原理。他认为教育的目的是培养"绅士"。"绅士需要的是事业家的知识，合乎他的地位的举止，同时要能按照自己的身份，使自己成为国内著名的和有益国家的一个人物。"② 绅士必须具备四种特质：德行、智慧、礼仪和学问。这些思想反映了新兴资产阶级的育人思想。他从培养资产阶级事业家的目标出发，注重"绅士"对语言的操作能力，所以，在教学中，他十分强调训练学生的口语表达和书面表达能力，对修辞、文法、逻辑的学习很淡薄。在教学方法上，洛克认为教师不是把世界上可知的都教给学生，而是应培养其学习兴趣，使他们掌握正确的学习方法，以变苦学为乐学。洛克的教育思想代表成熟的资产阶级对教育的需求，在西方教育史上占有重要位置。

　　3. 卢梭的《爱弥尔》

　　卢梭（1712—1778），法国启蒙运动思想家、哲学家、教育学家。他在自己最得意的著作《爱弥尔》中系统介绍了他的"自然教育"理论。他明确提出培养"自然人"的教育目的。卢梭要培养的自然人，其实质是理想社会中具有公民品格的人。在他看来，教育的根本任务在于培育"人品"，使人在任何情况下都能坚持做人的本分，他将为自由、平等的社会而奋斗，在一个合理的社会里，他将成为一个真正的公民。理性王国教育的目的就是培养名副其实的公民。基于这一目标，卢梭强调教育必须把人当人看，把儿童当儿童看待。他的理论打破了西方传统的教育方式——学生是被动接受知识的容器。他强调教育应该促使儿童的"内在自然"、"天性"得到最充分的发展，而不要为儿童设想一个他不可能达到的目标，而迫使他接受不能理解的知识，让儿童牺牲了童年。他说："真正自由的人，只想他能够得到的东西，只想他做的事情。这就是我的第一个基本原则，只要把这个应用于儿童，就可源源得出各种教育的法则。"③ 基于自然主义教育思想，卢梭特别反对对儿

---

　　① 洛克：《教育漫话》，人民教育出版社1957年版，第4页。

　　② 同上书，第78页。

　　③ 卢梭：《爱弥儿》，商务印书馆2008年版，第80—81页。

童进行书本知识的教育和空洞的文字说教。在他看来，如果每天向儿童灌输枯燥的语言知识，无疑是对儿童个性的摧残。他力主儿童只有从自然中才能获取知识。他理想中的爱弥尔就是一个 12 岁时仍不知道什么是书籍的孩子。

卢梭的自然教育理论在教育史上具有划时代的意义。这一理论首次将教育对象提到了教育的中心地位，它的出现被人们称为教育上的"哥白尼革命"。应该注意的是，卢梭彻底否定了自古以来的教师、成人、书本是教育中心的观念，对当时与后世的教育家产生了极其深刻的影响，大大地推进了人类教育的发展，但是他反对书本知识的学习，显然带有明显的主观性。

4. 裴斯泰洛齐的教育思想

裴斯泰洛齐（1746—1827），瑞士著名的教育实践活动家，教育理论家。裴斯泰洛齐一生为建立普通的民主教育制度而奋斗。他认为，教育对于所有的人，不是宗教的需要，不是慈善救济，而是一种自然权利，是人类的实际需要。社会的腐败与贫穷是不合理的教育制度造成的。裴斯泰洛齐受卢梭的影响，提出教育要适应自然的原则。他认为每一个人都有自然所赋予的力量和才能，而这些力量和才能都有渴望发展的倾向。教育的目的是激发儿童的潜能，发展儿童的一切天赋才能。他的自然教育原则较卢梭有了进一步的发展。他不主张教师消极地适应自然，而要求他们把握儿童发展的规律，使教育与儿童的自然发展相一致。他指出，只有建立在儿童自然发展基础上的教育，才能达到预期目的。裴斯泰洛齐冷静地看到，人就其本性来说是不完善的。在人的本性中不只具有优良素质，同时也具有低级动物的本能。人的良好的资质本来是一种萌芽状态的存在，有赖于合理的教育促使它们发展；人要从动物的本能中解放出来，如没有教育的帮助，那将是非常缓慢的。

在具体的教育方法上，裴斯泰洛齐主张"教育，它不仅仅考虑要向儿童传授什么，而应该首先考虑儿童已经拥有的，可以让他们表达出来的一切；……教育不仅应该决定用什么来塑造儿童，而更重要的是应该探索，什么是适合儿童的？"[1] 他努力寻求人类的发展规律，并确信教

———————

[1]　转引自邓志伟《个性化教学论》，上海教育出版社 2000 年版，第 118 页。

育的心理学方法可以帮助我们找到这些规律。初等教育是裴斯泰洛齐研究的主要问题。为了使广大劳动人民的子女都能受到合理的教育，他力图寻求简易的教育方法。他说："初等教育从它的本质讲，我希望把一般的教学方法简化，使每一个家庭使用这些方法。"① 裴斯泰洛齐认为，教育的目的是发展人性，人性中最根本的便是对人的积极的爱。"母爱"是道德教育的要素。在智育方面，裴斯泰洛齐努力把教学建立在认识过程的基础上。他说："我们的知识，从混乱到确切；从确切到清晰；再由清晰到透彻。"② 他认为认识活动的心理过程有三个明显阶段：模糊的感觉印象，可以进行描写，可以下定义。从这一心理程序出发，他认为儿童的认识永远都是从观察开始的，感觉印象的获得是心理活动的基础，是人类知识的真实基础。所以直观性是裴斯泰洛齐教育理论的基本原则。

裴斯泰洛齐根据他对教育理论探索的成果创立了初等教育的各科教学法。在国语教学法中，他把国语教学分为三个部分：发音、词汇、语法。他认为发音是学习语言的基础，进而提出拼音识字教学法。这与当时流行的字母顺序识字法形成鲜明的对比。在词汇教学中，他把生字与周围的具体事物联系起来，让学生熟悉名称，逐步丰富词汇。语法教学的目的是让学生能够描述事物，区别事物之间的关系。裴斯泰洛齐的语言教学法体现了从易到难、循序渐进的教学原则。但他有时割裂语句的整体进行枯燥的训练，则不利于儿童语言能力的形成。

裴斯泰洛齐的教育改革实验引起世界的关注。很多青年跟他学习先进的教学方法。他们回国后办起了新型学校，推动了德、法、英和瑞士等国家的教育发展。

5. 赫尔巴特的教育理论体系

赫尔巴特（1776—1841），德国哲学家、心理学家和教育学家。与他的前代相比，赫尔巴特教育学的显著特征是：他将教育学建立在伦理学与心理学的基础之上。他最先提出教育的科学基础是心理学，从而完成了教育学的科学化。

---

① 转引自张焕庭《西方资产阶级教育论著选》，人民教育出版社 1979 年版，第 206 页。

② 转引自张焕庭《西方资产阶级教育论著选》，第 177 页。

赫尔巴特以伦理学为依据阐述教育目的。他说："教育的唯一工作与全部工作可以总结在这一概念之中——道德。"① 赫尔巴特认为，教育的全部目标在于培养学生的五种道德观念：内在自由、完善、善意、正义和报偿。他指出，这五种观念是一个彼此相关联的完整的系统。这些观念的具体内容有其历史的、阶级的局限性，但是，从伦理学论证教育的终极目的，是对人类社会教育原理的正确概括。

赫尔巴特这样解释他致力于教育心理学研究的动机："我以二十年的时间，……从事这种并非轻而易举的探索的动机，从开始到现在，主要地都在于我们的教育学知识领域中大部分的缺陷乃是缺乏心理学的结果。我们首先建立一门科学……然后，我们才能有把握地确定甚至在一堂课中什么是做得对的和什么是犯了错误的。"② 赫尔巴特认为，观念是人的意识活动的基本素材。在这里，观念指事物呈现于感官，在意识中留下的印象。观念要保留在意识中，要经历一种复杂的心理过程，即统觉的过程。"统觉"指新观念为已存在于意识的旧观念所同化、吸收。赫尔巴特还提出了在人的意识中观念运动的假设。他认为，观念不是单个存在，而总是联合成观念团的形式。观念团经过统觉作用不断扩大、丰富，最终形成"思想之环"，这是心灵发展的最高阶段。赫尔巴特对于人的心理活动的描述未能脱离唯心主义窠臼，但是他探究人的意识活动的努力给人们留下了极为有益的启迪。

赫尔巴特认为，单一的兴趣在实际生活中不能产生明显的作用，人的兴趣愈多方面，接受的新知识、形成的新观念就会愈加丰富。从这一理论出发，他建立了丰富多彩的课程论，其中包括各种自然学科、数学、历史、语言、文学、宗教六个门类。这是自文艺复兴以来最丰富、最系统的课程体系，是现代普通课程体系的基础。赫尔巴特明确提出，没有无教学的教育，也没有无教育的教学。他反对将教育与教学割裂的主张。他特别重视对教学的科学研究。赫尔巴特一生最大的工作之一是寻找一种符合心理规律的教学程序。他提出了"形式阶段"的理论，将一个教学过程分为四个阶段：明了、联合、系统、方法。至今，这仍

---

① 转引自张焕庭《西方资产阶级教育论著选》，第259页。
② 滕大春：《外国教育通史》第三卷，山东教育出版社1990年版，第264页。

是现代课堂教学所依据的基本理论。

三　欧美当代读解教育理论

1. 英伽登的文学作品结构模式

英伽登（1893—1970），当代波兰现象学哲学家和美学家，现象学美学的主要代表。早年受教育于里沃夫、哥廷根和弗赖堡等大学，曾师从现象学运动创始人胡塞尔，是胡塞尔最优秀的学生之一。1918 年取得博士学位回国，然后在大学教授哲学。他是第一个系统深入地建立现象学美学的文艺理论家。

英伽登认为文学作品是一种意向性客体，它既不同于实在的客体，因为它是作家精神劳动的产物，它体现着某种精神性的意向，那是超越任何物理事实的；它又不同于观念的客体，因为哲学客体是非时间性的、永恒不变的客体，而文学作品则同物理性客体一样，一直存在于时间中，并经历着各种变化。因此，文学作品是一种具有物理基础的精神存在（意向性客体）。文学作品既带有实在客体性质，又带有观念客体性质，是一种意向性客体。这是文学作品的基本存在方式。他反对文学研究上的心理主义，主张文学理论应集中研究文学作品本体，而作品本体只有在作品全部完成之后才真正产生。英伽登认为文学作品是一个多层次的结构，是由四个异质的层次结构构成的一个整体。它们是：语音和高一级的语音组合层次，不同等级的意义单元层次，多种图式化观相、观相连续体和观相系列构成的层次，由再现的客体及其各种变化构成的层次。在四个基本层次之外，文学还有一种形而上品质，它能揭示生命和存在的更深的意义。

2. 沃尔夫冈·伊瑟尔的召唤结构理论

沃尔夫冈·伊瑟尔（1926—2007）是接受美学的重要理论家，也是康斯坦茨学派的代表人物之一。1967 年沃尔夫冈·伊瑟尔在康斯坦茨大学发表的著名演讲《本文的召唤结构》（1968 年以德文出版，标题为《本文的召唤结构·不确定性作为读者响应文学散文的前提条件》），奠定了他作为接受美学创始人和最主要理论家的地位。

他认为，作品的意义不确定性和意义空白促使读者去寻找作品的意义，从而赋予他参与作品意义构成的权利。这种由意义不确定与空白构成的就是"召唤结构"，它召唤读者把文学作品中包含的不确定点或空白与自己的经验及对世界的想象联系起来，这样，有限的文本便有了意义生成的无限可能性。文本的空白召唤、激发读者进行想象和填充作品潜在的审美价值的实现，是吸引和激发读者想象来完成文本、形成作品的一种动力因素。根据伊瑟尔的观点，一部作品的不确定点或空白处越多，读者便会越深入地参与作品审美潜能的实现和作品艺术的再创造。这些不确定点和空白处就构成了文学文本的召唤结构。读者在理解作品意义的过程中，接触到各个片段，空白使片段联结起来。各个空白点向一个焦点集中，并相互投射。这样，读者的游离视角就确立了一个视觉参照场，而每一个瞬间视觉所注意的片段就变成了专注点。当某一片段成为专注点后，就转入非专注点位置上，原来的位置就为读者占据，成为背景，自然就形成空缺，读者又从空缺位置出来掌握新的片段。于是，非专注点又复成新的专注片段。就这样，空缺就成为构建审美对象的重要引导契机。召唤性是文学文本最根本的结构特征。

3. 姚斯的期待视野

20 世纪 60 年代，德国学者姚斯（1921—1997）的接受美学在令人眼花缭乱的众多新锐学派中异军突起，脱颖而出。它对英美新批判、结构主义的已极端化为作品解剖学的作品本体批评进行反驳，直接把批评的焦点转移到文学作品的接受者——读者，把读者的地位提高到空前的高度。

在姚斯的接受美学理论中，"期待视野"主要指读者在阅读理解文学作品之时自身所具有的某种思维定式和先在结构，它包括伽达默尔的历史视野和个人视野两个方面的内涵。文学与读者的关系有美学的，也有历史的内涵。文学解读具有历史视野，具有历史继承性。任何阅读活动都离不开时间，离不开历史与未来之间的调节，离不开视野的改变。文学史实际上就是历史与现实视野的调节史，文学的历史性并不在于事后建立的文学事实的编组，而在于读者对文学作品的先在经验。

对过去作品的再欣赏是同过去艺术与现在艺术之间，传统评价与当前的文学尝试之间进行着的不间断的调节同时发生的。一部文学作品并不是自身独立不变地向每一个时代的不同读者提出同样观点的客体，它并不具有超时代的永恒本质，它更多地像一部管弦乐谱，在其演奏中不断获得读者新的反响，是文本从词的物质形态中解放出来，成为一种当代的存在。每一个读者都是用自己的期待视野阅读，同时又借助作品发展自己的期待视野，建立新的期待视野；努力发现别人没有发现的作品的其他含义，对之作出独到的价值判断；在理解意义的基础上产生联想，生成新的形象和意义。没有期待视野就不可能有理解。

4. 弗洛伊德的精神分析

西格蒙德·弗洛伊德（1856—1939），奥地利精神病医生及精神分析学家，精神分析学派的创始人。著有《性学三论》、《梦的释义》、《图腾与禁忌》、《日常生活的心理病理学》、《精神分析引论》、《精神分析引论新编》等。

弗洛伊德的精神分析理论大致可归结为三大部分：心理结构论、人格结构论、生命本能论。一切精神过程实质上都是无意识的，有意识的过程只不过是我们的全部精神活动的个别表现。人的心理是由各种不同成分构成的聚集物，这些不同成分就其性质来说不仅是有意识的，而且也是无意识的和潜意识的。人格由本我、自我和超我三部分组成。本我是一种混沌的状态，它产生于躯体活动中的种种本能需求。本我没有组织，也没有统一的意志，只有一种使本能需求按快乐原则保持满足的冲动。本我中没有逻辑。本我没有什么善意、道德、价值观念，快乐原则支配一切。自我则不同，自我承担了复现外在世界以及因之保护本我的任务，它遵循的是现实原则，以推迟本我能量的释放。超我是道德化了的自我，是人格中最高的层次，包含良心和自我理想两个方面。本能可以划分为生的本能和死的本能两大系统。生的本能是一种表现为个体生命的、发展的和爱欲的本能力量，它代表着潜伏在生命自身中的一种进取性、建设性和创造性的活力。生的本能又称为爱的本能。死的本能是一种破坏性的冲动，一种毁坏自己或伤害别人，从而趋向死亡的力，这种死的本能是有机体生命中固有的一种恢复事物早先状态的冲动。

弗洛伊德认为，人的潜意识是违反道德和伦理的，因此必须放弃在现实生活中获得满足的愿望而退缩回来，不得不从享乐主义原则回到现实主义原则；而想象的、幻想的王国却是一个避难所。艺术家就像一个有精神病的人那样，从一个他不满意的现实中退缩回来，钻进他自己想象出的世界中。他的创作、艺术作品，正如梦一样，是潜意识愿望获得一种假想的满足。

　　5. 弗莱的原型批评理论

　　诺思洛普·弗莱（1912—1991）是加拿大著名思想家和文学理论家。他深入探索了统治西方文化的神话的本质，系统建立了以神话—原型为核心的文学类型批评理论。主要著作有《批评的解剖》、《伟大的编码：〈圣经〉与文学》。

　　弗莱在《批评的解剖》中称原型为一种典型的、反复出现的意象。叶舒宪先生归纳为：第一，原型是文学史中可以独立交际的单位。第二，原型可以是意象、象征、主题、人物，也可以是结构单位，只要他们在不同的作品中反复出现，具有约定的语义联想。第三，原型体现着文学传统的力量，它们把孤立的作品相互联结起来，使文学成为一种社会交际的特殊形态。第四，原型的根源既是社会心理的，又是历史文化的，它把文学同生活联系起来，二者成为相互作用的媒介。

　　弗莱的原型批评美学的核心是"文学原型"论。弗莱在构建其文学理论时对原型进行了移位，把心理学或人类学意义上的原型移到了文学领域，赋予原型以文学的含义。原先的原型是一些零碎的、不完整的文化意象，是投射在意识屏幕上的散乱印象。这些意象构成信息模式，既不十分模糊，又不完全统一，但对显示文化构成却至关重要，现在经过弗莱的移位，原型成了文学意象，一个原型就是一个象征，通常是一个意象，它常常在文学中出现，并可被辨认出作为一个人的整个文学经验的一个组成部分。通过对原型理论的文学转化和运用，弗莱把一部作品构织成一个由意象组成的叙述表层结构和一个由原型组成的深层结构，并通过原型的零乱提示去发掘作品的真正含义。

　　弗莱原型理论的另一个重要方面，是文学循环发展论。弗莱认为，文学原型模式从总体上看来是对自然界循环运动的模仿。各类文学作品因有不同的本质特点，被弗莱纳入了一个根据时辰、季节和生命过程而建立起来的框架，归纳出四种原型：黎明、春天和出生方面，这是传奇故事的原型，狂热的赞美诗和狂想诗的原型；天顶、夏天、婚姻和胜利方面，这是喜剧、牧歌和田园诗的原型；日落、秋天和死亡方面，这是悲剧和挽歌的原型；黑暗、冬天和毁灭方面，这是讽刺作品的原型。

　　弗莱认为，新批评对于文艺作品的"细读"只是解释了个别的、具体的作品，作为一种微观研究，它虽然对发现文学作品的个别现象和规律有益，但却忽视了文学作品之间的联系，忽略了文学的广阔的结构性，因而不能发现文学艺术的普遍形式和规律。弗莱主张将一首诗或一部作品放在它与作者的全部作品中去考虑，放到整个文学关系和文学传统中去考虑；也就是说，批评家还必须对文学进行宏观研究，必须找到一种更大的范式，去发现和解释文学艺术的总体形式和普遍规律。这种更大的范式就是原型。

6. 布鲁纳的发现教学法

布鲁纳（1915—）是美国著名的心理学家、教育家。1941 年在哈佛大学获心理学博士学位，适值"二战"期间，他到法国战区担任美军心理学专家工作。1945 年回到哈佛，1952 年成为哈佛的心理学教授，1960—1972 年担任哈佛认知研究中心主任。之后就任英国牛津大学的瓦茨（Walts）教席职位。20 世纪 80 年代初布鲁纳回到纽约，一直在纽约大学法律学院兼职，主要从事文化心理、民族心理、语言心理和法律心理等方面的研究工作。

布鲁纳教育思想的中心是要发展学生的智力和能力，为美国培养高水平的科技人才，以适应战后迅猛发展的政治、经济和科学技术的新形势。他认为，为了发展学生的智力和能力，在教学方法上应大力提倡"发现法"。

所谓"发现法"，就是学生在教师的指引和帮助下，自己去探索和"发现"事物的规律，去获取知识，成为一个"发现者"。他认为，学生的学习和科学家的研究，从工作性质上来说都是一样的，只不过是程度不同而已。他说："无论在哪里，在知识的尖端也好，在三年级的教室里也好，智力的活动全都一样。一位科学家在他的书桌上或实验室里所做的，一位文学家在写一首诗时所做的，正像从事类似活动而想要获得理解的任何其他人所做的一样，都属于同一类的活动，其间的差别，仅在程度而不在性质。学习物理学的小学生就是个物理学家，而且对他来说，像物理学家那样来学习物理学，比起做别的什么来，较为容易。"①

---

① ［美］布鲁纳：《教育过程》，邵瑞珍译，文化教育出版社 1982 年版，第 29 页。

　　发现式教学方法的基本教学过程可以概括为四个阶段：第一阶段，创设问题的情境，使学生在这种情境中产生矛盾，提出要求解决或必须解决的问题。第二阶段，促使学生利用教师所提供的某些材料、所提出的问题，提出解答的假设。第三阶段，从理论上或实践上检验自己的假设。第四阶段，根据实验获得的一定材料或结果，在仔细评价的基础上得出结论。发现式教学方法的优越性可以总结为五点：第一，有利于激发学生的智力潜力。第二，有利于培养学生的自我激励的内在动机。第三，有利于学生获得解决问题的能力和探索的技巧。第四，有利于增强学生的责任心；第五，发现学习的结果有利于学生记忆的保持。

第三章　语文教师读解能力的培养

语文教师读解能力的培养主要包括语文教材解析过程中的智力运作能力培养、语文教学设计能力的培养和语文课堂读解教学能力的培养三个方面。语文教师应该具备敏锐的言语感知能力和语义辨别能力，能够开掘文本的意义，并能从多个角度对文本进行解读。课堂教学语言构思能力是语文教师必须具备的基本能力。为了更好地把握、运用教材，语文教师还必须具备制订教学计划的能力、课型设计的能力、教学过程设计的能力和开发课程资源的能力，并能够编写较详细的教案。落实在课堂教学上要设计好导入语、板书和作业，还要注重课堂对话能力和言语分析能力的培养。

第一节　智力运作能力培养

一　言语感知能力的培养

言语感知能力可以简称为语感，这是人对言语的最直觉的、整体的感受，它是最基本的言语能力，同时也能够体现把握语言文字的较高层次的水平。语感能力强的人能迅速捕捉到语言文字信息的丰富内涵及其弦外之音、言外之意，甚至包括连作者自己也难以用语言确切地表达，然而又流淌在字里行间中的种种妙处。

叶圣陶先生说："文字语言的训练，我以为最要紧的是训练语感，就是对于语言的敏锐的感觉。"[①] 吕叔湘先生也曾指出："语文教学的首

---

① 叶圣陶：《叶圣陶论创作》，上海文艺出版社 1982 年版，第 163—164 页。

要任务是培养学生各方面的语感能力。"① 语感是言语活动的前提条件，语感能力的高低决定语文能力的高低，语感是语文能力的基础。《语文课程标准》中多次提到语感，如："语文课程应培育学生热爱祖国语文的思想感情，指导学生正确地理解和运用祖国语文，丰富语言的积累，培养语感，发展思维，使他们具有适应实际需要的识字写字能力、阅读能力、写作能力、口语交际能力。""语文课程还应考虑汉语言文字的特点对识字写字、阅读、写作、口语交际和学生思维发展等方面的影响，在教学中尤其要重视培养良好的语感和整体把握的能力。""具有独立阅读的能力，注重情感体验，有较丰富的积累，形成良好的语感。""有些诗文应要求学生诵读，以利于积累、体验、培养语感。""注意加强对学生平日诵读的评价，鼓励学生多诵读，在诵读实践中增加积累，发展语感，加深体验与领悟。"在语文教学中注重培养学生的语感已经成为语文教育工作者的共识。语文教师的言语感知水平直接决定学生的言语感知水平。语文教师应该具备较高水平的言语感知能力，教师对文体、言辞、篇章特征的感知能力是提高课堂教学质量的基础。

（一）文体感知能力

文体即文章体裁。作者在从事文章创作的过程中，为了表达感情的需要，选择一定的文章样式，使文章产生各种各样、各具特征的类别。各种文章体裁的选用，与作者的思想、作品的内容有着密切的联系，中学语文教学如能从文体入手，正确引导学生把握文本内容，这无疑增加了一条学习语文的途径。

从阅读的角度讲，文章阅读有一些基本规律，不同文体的文章，阅读要求方法也不同，要提高阅读效率，须因文而异，因文定法，根据不同文体、不同文章结构及不同的阅读目标，灵活地选用相应的学习方法，使之更好地适应阅读材料的特点。古人云："体不辨，则入于邪陋。"不知辨体，就有盲目性，就会走弯路。国外有研究者认为：阅读理解失败的情况之一是：读者没有合适的图式，没有关于所要理解的题目的足够知识，所以易走弯路，不能给课文以正确的解释。

教师在实际的教学过程中，要引导学生关注自己对不同文体的文本

---

① 吕叔湘：《学习语法与培养语感》，《语文学习》1985 年第 1 期。

进行阅读的体验。例如，在记叙文的阅读教学中，教师要特别注意引导学生对课文所涉及的"人"与"事"的把握。说明文的阅读教学中，要特别注意教导学生对课文中的"知识"的学习兴趣，运用各种教学手段，让学生直观地理解文本中介绍的知识。在议论文的阅读教学中，教师要注意引导学生对课文中所辨析的"理"的把握，启发学生关注身边的各种社会现象，并尝试从中提炼出自己的观点，用议论文的写作方法将其表达出来。总体而言，记叙文重"事情"，说明文重"知识"，议论文重"道理"。教师在教学过程中要有较好的文体感知能力，只有把握好不同文体的"个性"，引导学生从不同文体的特点出发，进行独特的体验和感悟，这样才能让学生的对文本感知的目标更加集中，体验更加深入，从而使学生具有分辨、把握文体的基本能力。

（二）言辞感知能力

在阅读中，字字关注，既不可能，也无必要。到底关注什么，教师要作出示范。语文阅读课的教学过程，应是教师引导学生自觉关注语言运用的过程。内涵丰富的段落，流畅多变的句子，形象生动的词语，精当巧妙的标点符号，这些都是语文教师应该高度关注的"感知点"。

例如，《藤野先生》开篇就是一句"东京也无非就是这样"，莫泊桑《项链》开头"她也是一个美丽动人的姑娘"，《〈呐喊〉自序》开头"我在年轻时候也曾经做过许多梦"，这开篇中的"也"是非用不可的吗？再如，《故乡》中有这么一段描写：

　　　　我这时很兴奋，但不知怎么说才好，只是说：
　　　　"啊！闰土哥，——你来了？……"
　　　　……
　　　　他站住了，脸上现出欢喜和凄凉的神情；动着嘴唇，却没有作声。它的态度终于恭敬起来了，分明地叫道：
　　　　"老爷！……"

情节很简单，文章也不长，却用上了9种不同的标点符号。有何深刻含义？

《荷花淀》中"你走，我不拦你。可家里怎么办？"中的句号能不能改为逗号？

《祝福》中四婶的一句"你放着吧，祥林嫂！"就使祥林嫂面如死灰。不用倒装句有这样的效果吗？

《记念刘和珍君》中"我实在无话可说"，"我还有什么可说呢"，"我说不出话"。真的没话可说吗？作者想说什么呢？

为什么课文的题目叫《死海不死》，可是课文的最后一句话却是"死海真的要死了"呢？

巴尔扎克的小说《守财奴》中有一句经典的台词："你真是我的女儿。"这句话是何意思？

臧克家的《有的人》，开头两句是："有的人活着，他已经死了；有的人死了，他还活着。"怎么理解？有的人到底是哪些人？

以上列举的例子都是言辞感知的重点，这些"感知点"中所蕴含的深刻的内容是解析语文教材时必须关注的。

（三）语篇整体感知能力

语篇是指实际使用的语言单位，是一次交际过程中的一系列连续的话段或句子所构成的语言整体。它可以是对话，也可以是独白，它包括书面语，也包括口语。

"格式塔的学习理论"认为，人类的学习不是对个别刺激作出反应，而是一种整体性的把握，因为任何个别都离不开整体，个别是整体的一部分，失去了整体，个别便没有存在的价值，最通俗的解释就好像某人称赞我的手很灵活、很灵巧，可是这仅仅是因为手依附在我的身上，如果这双手离开我的身体，它也就失去存在的价值，也就无所谓灵活不灵活、灵巧不灵巧了。

张志公先生归纳了整体感知课文大意的两项内容：第一，文章主要谈了什么问题，或者说了件什么事情？第二，这篇文章是写给谁看的，为了什么目的而写的？也就是解决了"写什么"和"为什么写"的问题。叶圣陶在《认真学习语文》中曾说："看整篇文章，要明白作者的思路。思想是有一条路的，一句一句，一段一段，都是有路的。这条路，好文章的作者是决不乱走的。"

语文教师要有较强的语篇特征感知能力。阅读教学的语篇解析是从文章的布局入手，理解文章的主题思想，分析层次脉络，发掘深层含义，从而最大限度地获取作者想要传达的信息。而我们传统的阅读教学往往只注重辨析词义、分析语法结构、解释难句等表层方面，而忽视了语篇解析这一深层次分析方式，把本来完整的文章分解得支离破碎，这样便不利于对文章整体的理解，从而造成学生缺乏综合分析问题的能力。

一篇文章是一个整体，具有一定的语言美、思想美、情感美，就像一朵花，整体观赏十分美丽，一旦把花瓣、花蕊都拽开就失去了花朵的美丽。同样，一篇文章只有从整体上感知把握，才能体会出文章的思想感情和美感。在阅读中，每篇课文都以其独特的异质成为各自独立的个体，它是完整的，不可分割的，并且是作者心灵世界的描述和摹写，是作者人生观、世界观的外在显现。因此，课文是有知识、思维、情感、审美等各方面教育效益的综合体。下表是对人民教育出版社《语文》七年级上册部分篇目人文内涵的总结。

整体感知内容

篇　目	整体感知
《生命生命》	珍视生命，坚强勇敢地与命运抗争
《紫藤萝瀑布》	花和人都会遇到各种各样的不幸，但是生命的长河是无止境的
《行道树》	神圣的事业总是痛苦的，也惟有这份痛苦能把深沉给予我们
《落难王子》	厄运使人坚强
《羚羊木雕》	不能粗暴的伤害孩子的心灵和纯真的友情
《天净沙·秋思》	天涯沦落人的孤寂愁苦之情，念之断肠，想之凄美
《盲孩子和他的影子》	关爱残疾人，弱者在关爱下获得幸福（送人玫瑰，手留余香）

如果没有对文章的整体感知活动，就不能准确把握其内容的要点。

二　语义判别能力的培养

（一）语言的哲学分析

一切阅读和理解都离不开语言，语言使理解成为可能。同时，人也是具有语言的存在，通过艺术语言，阅读主体不仅理解了艺术作品，进而也理解了自身。语言不是派生的和次要的，它乃是人存在的前提，语言不仅是师生精神生活的一部分，而且是教育存在的"居所"，是师生心灵交往的意义所在。语言是师生存在的证明。教育得以进行的先决条件即是：教师运用语言向学生传递人类文化、发展学生的身心，从而促进学生的全面发展。因而，语言的产生是教育产生的前提。教师以美的语言诗意地言说，在言说中把枯燥的公式与生动的形象联系起来，把深奥的道理与熟悉的经验结合起来，将节奏与色彩渗透到教学中，将情感与期待寄予于语言里。学生也以美的语言诗意地言说，在言说中表达自己的疑问、好奇、不解、焦虑，表现自己的欢喜、快乐、兴奋、欣慰，把陌生的世界转化为内在的认知，把遥远的过去融入自己的生活。于是，教师就不仅使自己也使学生在经受着语言之体验中自己进入语言，并被这种体验所改变。师生就这样在语言中存在着、生活着、成长着、发展着。

正是通过语言，师生走进了书本、走进了历史、走进了心灵。语言打破了过去与未来之间的界限，拆掉了历史与现实之间的篱笆，架起了自然与社会之间的桥梁，跨越了教师与学生之间的鸿沟。语言使生命的存在成为必然，使教育与交往成为可能。教师用语言把自然世界的瑰丽绚烂、社会生活的多姿多彩、人类自身的神秘变幻展示在学生面前，引导学生去思考、去探索、去贡献。学生则通过语言感受历史的浩瀚，领略文化的深远，品味人类的智慧。教育便真正成为人类所特有的一种社会活动。

语言是我们语文阅读教学的灵魂，在语文阅读教学中，我们不仅要给学生提供充分体现语言本体意义的、表现真善美的经典诗文，而且还要启发引导学生带着情感和想象去品味语言，只有如此，我们的语文课堂教学才有望打破旧有的疲软局面，而逐步走向充满情感体验、充满生命张力的审美境界，也才能激发学生的审美想象力，让他们在美丽的语言中找到自己心灵可以栖息的家园。

语言就是生活，语言就是师生每时每刻都在运用，而且直接决定着师生交往的客观存在，语言自身就是我们每天都在进行的解释的游戏。学着说话并不是指学着使用一种早已存在的工具去标明一个我们早已在某种程度上有所熟悉的世界，而只是指获得对世界本身的熟悉和了解，了解世界是如何同我们交往的。这时，语言不再是师生借以同世界打交道的一种工具，而就是师生生活世界的一部分；语言不再是游离于、附着于学习活动的一种符号，而就是生命存在的本身。通过语言的理解，师生不断地检验各自原有的"前见"，寻找"历史视域"与"现今视域"的关联，并在理解的过程中真正产生"视域的融合"。通过语言的交流，师生共同发现那敞开的、变幻无穷的神秘世界，学着去"思"，并在"思"的追问中共享世界的无尽资源。

（二）"语义"概述

语言的意义，简称"语义"。语义是个含义较为广泛的概念，它可以指词语的意义，也可以指话语的内容。语言作为人类最重要的交际工具，人们运用语言交谈、交际，实际就是用语言交流语义，说话人要告诉听话人的，听话人要从说话人那里知道的，说到底并不是话语的读音和语法结构，而是话语的意思，即语义。语义指语言符号所蕴含的内容。按照索绪尔的理论，人类的语言可以分为"语言"和"言语"两个范畴。"语言"中蕴含意义，"言语"中也蕴含意义。

德国哲学家弗雷格认为，语言的意义和指称并非等同。往往同一个指称有两个或更多的意义。"金星"在早晨看见它叫"晨星"，在晚上看见它叫"暮星"，指称相同，但意义有所不同。

英国哲学家奥斯汀提出了著名的"言语行为理论"。他认为句子在交际中可以完成三种言语行为，即语意行为、语旨行为和语效行为。语意行为是"以言指事"，又可以称之为"言之发"，指说话者表达自己内心的意愿。语旨行为是"以言行事"，又可以称为"示言外之力"，指说的话带有某种力量。语效行为是"以言成事"，又可以称为"收言后之果"，指说话者利用言语行为要收到实效。奥斯汀的言语行为理论拓宽了人们研究语言的视野，把语言从思想领域转移到行为领域。

英国著名语言学家利奇在他的语义学中介绍了语言"意义"的七种类型：第一，概念意义。概念意义是语言交际中所要表达的最基本的意义，没有这种概念意义，就无法进行语言交际。这种意义被收录在词典里，不和客观世界中的事物和现象发生直接的联系。对概念意义的理解不会因人而异。第二，内涵意义。内涵意义是附着在概念意义上的意义。社会、阶层、阶级、集团或个人都可以给一个词附加上内涵意义。例如，"妇女"这个词就可能有"爱哭"、"脆弱"、"温柔"、"易动感情"等内涵意义。第三，风格意义。由于使用场合的不同，语言的实际运用可以分为几个不同的层次。词语在交际中会表达出不同的"风格意义"来。如：较为持久的风格（方言、个人特殊风格）、语段风格（口头语、对话）、较为短暂的风格（演讲词、广告用语）。第四，感情意义。感情意义是用来表达说话者的感情变化或态度的。这种感情意义不是独立的意义，他要通过概念意义、内涵意义、风格意义或借助语调、音色、感叹词等手段才能表现出来。第五，联想意义。联想意义是一种能引起听者（或读者）联想的意义，也就是说，有些词具有这样的特点：当你听到或读到它们时，会马上联想起别的事情来。第六，搭配意义。搭配意义是指适合用在某一个上下文中的意义，有些词（主要是一些同义词）尽管有共同的基本意义，但搭配能力不同，因而意义也有所不同。第七，主题意义。主题意义一般指通过词序和各种强调方式表达出来的意义，如主动结构和被动结构。

传统的"符号学三角形"语义理论认为：概念、所指物和表意符号之间组成一个三角形。概念是与所指物密切联系的，因为概念是客观事物在头脑中的反应；概念是个抽象的东西，它要通过表意符号才能表达出来；表意符号和所指物之间没有直接的、必然的联系，它们之间带有任意性（或者是"约定俗成"）。表意符号要通过概念才能与所指物产生联系。所谓意义就是表意符号与这个表意符号所代表的事物之间的关系。而要建立这种关系，在说话者和听话者的心目中必须有一个约定俗成的、双方都能理解的概念才行。比如，当说话者使用"马"这个词时，在他自己的头脑中就会有"马"这个概念，同时在听话者的头脑中也会引起同样的概念，只有这样，听话者才理解说话者指的是什么。

德国学者特雷尔提出的语义场理论为我们探求语言的意义提供了另一种途径。他认为，语言词汇中的词在语义上是互相联系的，他们共同构成了一个完整的词汇系统。我们只有通过分析、比较词与词之间的语义关系，才能确定一个词的真正含义。词只有作为整体中的一部分才有它自己的词义，只有在"语义场"中才有意义。比如"少校、中校"中的"中校"和"少校、中校、上校"中的"中校"意义是有所不同的。语义场可以分为分类义场、顺序义场、关系义场、反义义场、两极义场、部分否定义场、同义义场等。

1985 年，胡裕树、范晓在《新疆师范大学学报》上发表长篇论文

《试论语法研究的三个平面》，全文共分四个部分。前三部分分别论述句法、语义、语用这三个平面各自研究的主要内容和方法；第四部分着重探讨了三个平面之间的关系。他们认为，在语法研究中，存在着句法、语义、语用三个截然不同但又密切联系着的平面。其中句法平面主要研究语言符号和符号之间的关系，讲的是表层结构；语义平面研究的是符号和所指之间的关系，讲的是深层结构；语用平面研究的是语言符号和使用者之间的关系，讲的是语言应用与变换。在句子分析中，任何单一平面的分析都是有价值的，然而又都是不自足的，只有既区别句法、语义、语用三个方面，又把它们联系结合起来作综合的透视，才能达到科学的认识和把握。这一理论较全面地揭示了语言的内涵，推进了汉语研究中将形式和意义相结合原则的发展，促进了汉语语法研究的科学化。

（三）语义判别能力

如果说语文教学的目的在于培养学生的言语能力，那么教学就应该以意义为中心。但从语言结构到意义往往并不是那么直截了当的，因为结构与意义的关系并非一对一。词语是不可能孤立地学会的，词语的意义是和其他意义组合在一起而存在的。掌握了句法结构也并不能完全理解句子的意义，"你真聪明"有可能是"你真傻"的意思。句子的意思也不是由一个个的词的意思累加起来的，如"孔乙己大约的确已经死了"。

语文教师在进行课堂教学时，不要只是解析这个词语、这个句子、这个语篇说了些什么，而要尽可能地告诉学生这个词语、这个句子、这个语篇意味着什么。也不是一定要解释同一词语的所有意义，而是要说明一个词语同时有几个可能的"说话人的意义"。语文教师要研究特定情境中的特定话语，特别是研究在不同的语言交际环境下如何理解语言和运用语言。这就要求语文教师要有较好的语义判别能力。

《故乡》中有这样一句话："我就知道，我们之间已经隔了一层可悲的厚障壁了。"理解这句话的关键在于"厚障壁"这个关键词。"障壁"本义为"屏障、墙壁"，而在这里，则是指闰土与"我"之间由于阶级地位的不同而形成的鸿沟，这是无形但却难以逾越的障碍，所以文中用了"厚障壁"这个词组。

《拿来主义》中说："这种奖赏，不要误解为'抛来'的东西，这是'抛给'的，说得冠冕些，可以称之为'送来'，我在这里不想举出实例。"为什么"抛给"不同于"抛来"，但可称为"送来"？回答这个问题，既要考虑词语的概念意义，也要考虑词语的内涵意义，还要考虑词语语义场意义。"给"有明确的对象，犹如篮球场上，一个球抛给我与抛来一个球是不同的。但同为"抛"，在人家那里是剩余物资。"抛给"有如"嗟来之食"，那意味是轻蔑、侮辱，称为"送来"，那是接受者的自我安慰、自我粉饰，实际上并非如此。

语文教师解析文本的过程决不是学习教学参考资料的过程。必须养成一种"素读"文本的习惯——不借助任何参考资料，独立解析文本，并且能够运用有关语义理论判别语言的意义。叶圣陶先生说："审慎的作家写作，往往斟酌又斟酌，修改又修改，一字一句都不肯随便。无非要找到一些语言文字，意义和情味能表达他的旨趣……凡是出色的文艺作品，语言文字必然是作者的旨趣的最贴合的符号。"① 作为语文教师，在阅读备课的过程中一定要迅速而准确地筛选出关键词语，然后认真揣摩，理解其意义，体会其韵味，做到真正懂得作者的旨趣。

在语文阅读教学中，教师要指导学生多阅读优秀的语言艺术作品。优秀的语言艺术作品以语言为本创造了动人的审美形象和意境，它能够吸引学生渐渐步入神圣的语言之境，促使他们在不断的审美体验中丰富和完善自己的语言审美经验。简单地说，譬如我们孤立地去感受"江南"这个词，仅仅关注它的实际含义是无多大意思的，但是当我们在白居易的《忆江南》中去品味"江南"时，我们瞬间就会感悟到它无限的审美意义，并能形成这方面的审美能力。当然，我们不仅要阅读诗歌，还要阅读散文、小说和戏剧等其他优秀语言艺术作品，只有通过广泛地阅读，才能逐渐感悟到语言的审美意义，哪怕是很普通的词语也会在我们面前展露语言的神性，我们也才能使自己拥有语言的审美悟性。

三　教学语言构思能力的培养

语文课堂的讲析是用叙述、描写、说明、分析、解释的方法提高学

---

① 叶圣陶：《叶圣陶语文教育论集》，教育科学出版社 1980 年版，第 265 页。

生语文素养的途径和方法。讲析的形式是多种多样的，有示范性讲述、引导性讲述、升华性讲述、过渡性讲述、总结性讲述等。

教学语言是教师思考性、艺术性、创造性地运用语言进行课堂教学的实践活动。在语文课堂教学中，我们期待这样一种境界：教者通过情趣盎然的表述、鞭辟入里的分析、凝练精当的讲析、恰到好处的点拨，感染着学生的情绪、激扬着学生的思维、点燃着学生的思想、敲击着学生的灵魂，引领学生在流光溢彩、千奇百艳的母语世界里畅想遨游，学生犹如清流急湍中的一叶轻舟，在教师充满智慧的语言的推动下奋力前行，勇敢表达，积极思考，勤于锻炼。

（一）课堂教学语言的基本要求

1. 提高解析的言语质量

教师的口语风格可以是平易流畅、简练鲜明的，可以是自然朴素、言近旨远的，可以是生动形象、娓娓动听的，可以是庄重典雅、蕴藉含蓄的，可以是诙谐幽默、妙语连珠的，可以是情感激越、话语深沉的。每一种风格都是在长期的教学活动中刻苦磨炼逐步形成的，具有显著的个人特征。师范生要合理借鉴优秀教师的艺术风格，善于发现他们的特点与优点，进一步提高自己的课堂讲析能力。

准确、简洁、生动、流畅是课堂讲析能力的基本要求。准确就是教学内容与表达方式都必须准确无误，这是课堂讲析的基础。如果课堂讲析言语不科学、不准确，用语失误，那就会让学生产生歧义或误解，结果必然要违背教学的本意，也达不到预期的教学效果，可能还会损害教师形象。教师的课堂讲析言语还要"言简意赅"，力求简洁。切忌堆砌辞藻、滥用词语，防止词语和意思的不断重复。一个简单的问题，如果反反复复讲了很多遍，学生的学习积极性可能会降低。生动形象和富有感情的教师口语能激发学生的学习兴趣和上进心，在调动学生运用智力心理因素的同时也调动非智力因素参与，可能会大大提高课堂教学的效率。教师既要注重运用口语修辞，又要倾注充沛、真挚的感情，同时还要学会用姿态、表情、动作来增强言语质量。流畅是对课堂讲析言语的整体要求，语文教师的语言应该丰富、优美、畅达。这就要求教师在备课时要备出"系统"来，这样讲课才有可能讲出"系统"。

在语文学科的教材中，古今中外脍炙人口的优秀文学作品所占比例不小，在这些作品中，作者不仅从多方面描绘了绚丽多姿、扑朔迷离的大千世界，展示了丰富多彩、复杂纷繁的社会生活，而且作者还通过托物言志、借景抒情等手法将自己的情思、理趣寄寓其间。作为教师要引导学生体味这些作品的真谛，真切感受文学形象的魅力所在及作者的情感运动，并在得到审美感受的同时陶冶情操、净化心灵；而且还应在课堂教学中，用最能表现作品特点的表述语言生动、形象地激活他们审美感受中的想象功能。一旦学生展开了想象和联想的双翅，翱翔在作品所展示的广阔天地之中，他们就能超越时空的局限，让思绪纵横驰骋，并与自身的旧知、经验融为一体，连成一片，产生"思接千载""视通万里"的感觉。这样，既能加深对知识的理解，也能使所学的知识在想象的过程中扩展深化。

著名散文家秦牧谈到文学语言的运用时曾说，作者"若不能引导我们走进作品中的情节境界，和作品中的人物同其喜怒哀乐，更无法激起我们感情的巨澜。"同样，教师的教学语言若缺乏高尚的激越的情感，就无法吸引学生，将他们引进作品的情节境界，也无法激起他们的审美情感展开想象，因为语文教学活动也是一种审美活动，而在审美活动中，"情感则是一种内驱力，影响和制约着其他心理因素"。心理科学的研究也表明"人的情感对言语有着不小的影响"。富于情绪表现力的言语，是能够使孩子和成人受到感动的最有效的手段之一。因此，在阅读教学中，要想调动起学生的情感，教师则首先应"披文以入情"，"进入角色"，只有将蕴含在作品中的作者的情思理趣化作了自己的真情实感，并用凝聚着这些情感的声情并茂的言语进行教学，才能叩动学生的心扉，使他们为之动情，进而迸发出更高涨的求知热情。

2. 要注重对话和交流

在新课程背景下，知识不再是简单的客观存在，教师不再是知识的占有者，学生也不再是知识的被动接受者。教师、学生只有加强与知识的"交往"，才能促使新的知识生成。正如《普通高中语文课程标准》中强调的："阅读是学生、教师、教科书编者、文本之间的多重对话，是思想碰撞和心灵交流的动态过程。阅读中的对话和交流，应指向每一个学生的个体阅读。教师既是与学生平等的对话者之一，又是课堂阅读活动的组织者、学生阅读的促进者。教师要为学生的阅读实践创设良好环境，提供有利条件，充分关注学生阅读态度的主动性、阅读需求的多样性、阅读心理的独特性，尊重学生个人的见解，应鼓励学生批判质疑，发表不同意见。教师的点拨是必要的，但不能以自己的分析讲解代替学生的独立阅读。"第斯多惠说："教学的艺术不在于传授的本领，而在于关于激励、唤醒、鼓舞。"① 据研究测试，讲解 15 分钟，学生能记住讲解内容的 41%；讲解 30 分钟，学生能记住讲解的前 15 分钟内容的 23%；而讲解 40 分钟，学生则只能记住讲解的前 15 分钟内容的 20% 了。也就是说，一个单位的讲解所持续的时间越长，讲解的保持率就越低，而且在这个时段后的讲解往往没有什么接受率可保证。因此，应特别指出的是：语文课堂教学中的讲解是一种对话中的解说，它的单位时间一般不宜太长。

（二）课堂教学语言举例

1.《孔乙己》

孔乙己就这样在人们的笑声中死去了，孔乙己静悄悄地死去了。他的死一点也没有惊动这个社会，他的死就像树上无声地落下一片叶子，就像荒野中枯死了一棵草。他在笑声中度日，最后在笑声中死去。他活着的时候，封建社会公开地侮辱他、损害他，用封建意识毒害他、麻醉他。他盲目地挣扎了一辈子，被别人践踏，也在自我践踏。这个可悲的下层小知识分子啊，被那个社会吃得干干净净，他的人格、尊严、价值被剥夺得干干净净，他成了封建教育制度下的一个牺牲品。

2.《乡愁》

师：同学们，离开家十天半个月，你们会想家吗？（学生齐声回答：会。老师微笑，亲切的俯身询问）想家的感觉是什么样的？（学生交头接耳，举手回答："想哭又哭不出来。""鼻子酸酸的，涩涩的。"）

师：老师和你们一样。想当年老师在异地求学，每当夜深人静，就想起家中年迈的父母，想起家中门前屋后的小树。那时老师心里总是默

---

① 张焕庭：《西方资产阶级教育论著选》，人民教育出版社 1979 年第 2 版，第 387 页。

默地吟诵着王慧玲的一首短诗《想家的心情》，其中有两句老师特别喜欢，至今还记忆犹新。同学们有没有兴趣听呢？（声齐声答：有）

师：（深情地朗诵）"想家的心情，是母亲倚栏凝望的眼睛；想家的心情，是游子凭窗凝眸的憧憬；想家的心情，谁都感受得到，谁也说不清。"（学生热烈鼓掌）

师：谢谢同学们的掌声。是啊，想家的心情，谁也说不清。同学们想家的时候还可以回家看看，可是那些远离祖国、漂泊异乡的游子，还有台湾同胞，因为海峡的阻隔，亲人们长期不得相见，那才是真正的乡愁呀，真正的痛啊！我们一起学习台湾诗人余光中先生的抒情诗——《乡愁》，一起倾听诗人内心的呼唤。

第二节　读解教学设计能力的培养

一　制订教学计划能力的培养

这里所说的教学计划是指教师自己制订的学科教学计划。这种教学计划应该在每学期开学前一周内制订出，一式三份，教导处、教研组和教师本人各执一份。

（一）教学计划制订的原则

第一，坚持以教学为主，理顺教学程序；

第二，要树立正确的教育思想，指导教学的进程；

第三，坚持教学改革，坚持创新精神；

第四，抓教学中的倾向性问题；

第五，制订计划，任务要明确，措施要具体、时间要界定清楚。并且要在教导处、教研组工作计划的指导下制订。

（二）教学计划的内容

第一，教学目的（不同于课时计划即教案的目的）；

第二，教学任务、进度和具体内容、考查、考核和考试的时间安排及有关范围；

第三，提高教学质量的措施；

第四，课外活动的安排；

第五，教研、科研专题；

第六，其他有关教学活动。

（三）教学计划执行中应注意的问题

第一，如何根据课程标准中所列出的重点去进行讲授；

第二，简要说明各章节的讲授方法和讲授深度、广度；

第三，从改革角度建议灵活使用教学顺序和进度；

第四，明确教具及其使用方法；

第五，应列出参考书目，以便随时查阅。

二　课型设计能力的培养

所谓课型，就是教学过程的基本形态，一般指根据教学任务而划分出来的课堂教学的类型。可以说，课型是由"课"的教学内容、教学目标、教学方式、师生双方在教学中的地位所决定的一种课堂教学结构；也可以说，一节课中，主要的教学活动方式是什么，这节课就可以称为是什么课型。

课型的划分因分类标准的不同，可以有不同的结果：

1. 按完成教学任务划分，有单一课和综合课。在一节课中完成一项特定的教学任务的课叫单一课。在一节课中完成集中教学任务的课叫综合课。

2. 按课文在单元中的不同作用分，有教读课、自读课、课外阅读课等。

3. 按教学内容和教学方法分，有预习课、讲读课、作业练习课、作文指导课、评改课、试卷分析课、自学辅导课、问答课、讨论课、研究课、观察课、欣赏课等。

饶杰腾老师主编的《中学语文单元教学模式》一书中把单元教学划分为：单元导入课型、单元预习课型、讲读课型、课内自读课型、课外自读课型、单元写作训练课型、单元知识课型、单元总结课型、检测矫正课型、单元补偿课型。

课型设计是为了更好地实现教学目的，每一位教师都应该掌握一些常用的课型。切忌不管什么文体、不管什么教学内容都用一种课型。应该发扬课型多元化的优势，融合多种资源，设计丰富多彩的课型，最终实现教学过程的最优化。

以下是人教版八年级上册第三单元"单元说明"。

本单元以建筑园林、名胜古迹为主题。所选的五篇课文中，《中国石拱桥》、《苏州园林》、《故宫博物院》是比较规范的说明文，《桥之美》、《说"屏"》则是带有一定说明性的小品。这样编排，既方便进行比较教学，又能使本单元不至于单调、枯燥。

《中国石拱桥》的作者茅以升是一位桥梁专家，他虽然只是向普通读者介绍有关中国石拱桥的一般性的知识，却显得高屋建瓴，游刃有余。抓特点，举例证，要言不烦。多处运用具体数字来说明问题，体现了作者谨严的治学态度。

《桥之美》是著名画家吴冠中的一篇美学小品。文中诗意的描写性文字与带有说明性的文字相间杂出，让人在受到美的熏陶的同时，也获得了一些美学常识。而文章极具个性色彩的表达与《中国石拱桥》平实的语言形成鲜明的对比。

《苏州园林》先总说苏州园林的特点，再分别从几个方面加以说明，总说与分说相结合，给读者以全面、具体的印象。在文章中，无论是说明道理还是描摹景致，作者都没有用任何一处具体的园林作例证，作者所谈的特点是苏州各处园林所共有的特点。

《故宫博物院》以空间为顺序，着眼于纵贯紫禁城的中轴线，由南到北，由中间到两侧，逐次介绍建筑物。这种顺序安排，既符合一般的游览参观习惯，也符合故宫各建筑物之间的主次关系。

《说"屏"》是一篇小品，不太讲究章法，也不注重介绍关于屏风的比较完整的知识，是作者对屏风由来已久的着迷、热爱之情，让他着眼于向读者介绍屏风的实用功能与艺术装饰功能，对如何使用屏风提出建议和希望。文中多处引用古诗文，增添了"屏风"的文化意味。

本单元的阅读教学目标是：

1. 了解我国传统的建筑、园林所取得的光辉成就，激发对祖国文化的自豪感。

2．了解什么是说明文。教师可以拿记叙类文章与说明类文章作比较，引导学生初步认识说明文的特点，以及读写说明文应注意的问题。

3．认识到说明事物要抓住事物的特征。某一事物如何与其他事物区别开来？就在于这个事物的特征。要让别人认识、了解这个事物，就得抓住它的特征来介绍。

4．理清文章的说明顺序。一般说来，说明顺序有三种：时间顺序、空间顺序、逻辑顺序。

5．了解常用的说明方法，如下定义、举例子、作比较、打比方、分类别、画图表、列数字、引用等。要求学生能说出采用了什么说明方法，并能说出其作用。

6．体会说明文准确、周密的语言。说明文不求以情动人、以理服人，而重在给读者以知识，所以说明文的语言讲求科学性。

本单元写作训练主要是写作说明文，综合性学习《说不尽的桥》里以及《苏州园林》的课后练习中都有写作说明性文章的要求。

综合性学习《说不尽的桥》贴近学生生活实际，活动层次清晰，内容丰富全面，学生在活动中可以获得科学与文化知识，锻炼观察与思考的能力，以及搜集和处理信息的能力。

结合课文内容可以对本单元作如下课型设计：

《中国石拱桥》设计为讲读课型。教师要详细讲解说明文的特征以及重点的说明方法和说明顺序。

《桥之美》设计为讨论课。可以与《中国石拱桥》作比较。从两篇文章所使用的主要表达手法的不同以及给人的阅读感受的不同等方面来进行比较。

《苏州园林》设计为欣赏课。教学时，可以给学生提供一些苏州园林的图片或音像资料，也可以准备一些其他地方的园林的图片作对比，如我国"古代的宫殿"，被"修剪得像宝塔那样的松柏"，"阅兵式的道旁树"、北京园林的彩绘等，帮助学生增加感性认识。

《故宫博物院》是比较规范的说明文，设计为自学辅导课。课前让学生从各方面了解故宫，课堂上以"我所知道的故宫"为题进行交流。学生在对故宫的修建经过、规模、作用、地位等有了较全面的了解后，对本文的说明对象——故宫——也就觉得熟悉起来，阅读本文时也就觉得心里有数，不至于眼花缭乱。

《说"屏"》是一篇比较轻松、随意的小品式的说明文，设计为自读课。对于屏风，作者不是从专业工作者的角度，用一些专业术语详细介绍屏风，使读者获得比较全面的关于屏风的知识，而主要是从欣赏者的角度，介绍有关屏风的功用及如何使用屏风，教学时不要以传授关于屏风的知识为目的。

三　教学过程设计能力的培养

教学过程设计是对于一门课程或一个单元甚至一节课或某几个知识点的教学全过程进行的教学设计。我们把对一门课程或一个单元的教学设计称为课程教学设计；把对一节课或某几个知识点的教学设计称为课堂教学设计。

课程教学设计根据课程标准规定的总教学目标，对教学内容和教学对象进行认真分析，在此基础上得出每个单元、章节的教学目标和各知识点的学习目标，以及该课程的知识和能力结构框架，形成完整的目标体系。

课堂教学设计根据上述目标体系，选择教学策略和教学媒体，制定课堂教学过程结构方案，付诸教学实践，然后作出评价和修改。

课程教学设计一般由教师或教研组来做，也可以由相应的教研机构组织教师、学科专家共同进行，以保证课程标准中规定的总教学目标的实现。课堂教学设计由任课教师进行。应该充分发挥每位教师的主动性、创造性，同样的教学内容可以而且应该有不同的课堂教学设计方案。①

四　编写教案能力的培养

教案是教学设计的具体化、条理化、书面化，是教学设计的成果。在编写教案的过程中，可以进一步优化教学设计，因为在书写的时候，

---

① 李龙：《教学过程设计》，内蒙古人民出版社2001年版，第27页。

常常会暴露出构思的缺陷，以便发现问题，从而进一步加以完善。语文教案一般可以分为详案和简案。详案要把知识点能力点作详细的交代，并要求详细写出教学程序的各项内容，还要写出重点的课堂语言及教学步骤间过渡的语言。师范生、新教师或老教师教新课文时均应写出详细教案。简案则在交代清楚教学思路的同时对问题的答案及思考问题的过程不作详细阐述。简案的特点是简明扼要，要求突出重点和难点，内容集中，便于教师临场发挥。但详案和简案在项目要求上是相同的。

教案没有固定的写法，一般包括以下内容：

第一部分：课题计划

1. 课题。单元题目、课文题目、作文题目或语文活动题目。

2. 教学目标。一般从知识与能力、过程与方法、情感态度价值观三个方面写出分类要点，要注意尽可能把三者融为一体，以体现全面提高学生的语文素养这一核心理念。

3. 教学设想。包括确定教学重点、提出重点解决难点的设想，对学生学习情况的估计，以及要采用的教学方法、教学媒体等的总体设计。

4. 教学进度。也可以简称为课时安排。

第二部分：课时计划

1. 教学课型。明确本课时的课型，可以做适当的说明。

2. 教学重点。根据不同的教学内容，结合学生的具体情况灵活确定。比如在甲乙两个层次不同的教学班级里，某一个知识点在甲班可能是教学重点，在乙班可能就不是教学重点。要时刻关注受教育对象的特点，备课时要"备学生"。

3. 教学难点。是教学中比较抽象隐晦的部分。要注意和教学重点的关系，重点不一定是难点；难点也不一定是重点。

4. 教学步骤。一般分条写，这是教案的主体。

5. 作业练习。写清楚是书面作业还是口头作业，课内作业还是课外作业。重要的作业或练习要有参考答案。

6. 板书设计。尽量做到结构鲜明、重点突出、形象直观，达到加深学生的理解和记忆的目的。

7. 教后记。要在教案的后面留有一定的空白，在课堂教学结束后书写。不拘形式，主要记录教学的具体情况和教后的心得体会。写教后记是教师成长的重要途径。

五　开发课程资源能力的培养

课程资源是新一轮的国家基础教育课程改革提出的一个重要概念。没有课程资源的广泛支持，再美好的课程改革设想也很难变成中小学的实际教育成果。课程资源是指形成课程的要素来源以及实施课程的必要而直接的条件。例如，知识、技能、经验、活动方式与方法、情感态度与价值观以及培养目标等方面的因素，就是课程资源的要素来源。按照课程资源空间分布的不同，大致可以把课程资源分为校内课程资源和校外课程资源。凡是学校范围之内的课程资源，就是校内课程资源，超出学校范围的课程资源就是校外课程资源。校外课程资源主要包括图书馆、科技馆、博物馆、网络资源以及乡土资源等。

对于学校教师而言，不仅校本课程的开发需要大量课程资源的支持，而且实施国家课程和地方课程也离不开广泛的课程资源的支持，特别是综合实践活动，它虽然是国家规定课程名称和课时、制定综合实践活动指导纲要，但具体实施的内容和形式则完全要由学校来决定，是在实践过程中动态生成的，这就需要对课程资源有充分的认识和便捷的获取途径。课程资源的开发和利用对于转变课程功能和学习方式也具有重要意义。

《全日制义务教育语文课程标准》从四个方面谈到语文课程资源的开发与利用：

（1）语文课程资源包括课堂教学资源和课外学习资源，例如：教科书、教学挂图、工具书、其他图书、报刊，电影、电视、广播、网络，报告会、演讲会、辩论会、研讨会、戏剧表演，图书馆、博物馆、纪念馆、展览馆、布告栏、报廊、各种标牌广告，等等。

自然风光、文物古迹、风俗民情，国内外和地方的重要事件，以及日常生活话题等也都可以成为语文课程的资源。

（2）各地区都蕴藏着自然、社会、人文等多种语文课程资源。要有强烈的资源意识，去努力开发，积极利用。

（3）学校应积极创造条件，努力为语文教学配置相应的设备；还应当争取社会各方面的支持，与社区建立稳定的联系，给学生创设语文实践的环境，开展多种形式的语文学习活动。

（4）语文教师应高度重视课程资源的开发与利用，创造性地开展各类活动，增强学生在各种场合学语文、用语文的意识，多方面提高学生的语文能力。

《普通高中语文课程》从六个方面谈到语文课程资源的开发与利用：

（1）高中语文课程要满足多样化和选择性的需要，必须增强课程资源意识，重视课程资源的利用和开发。各地区都蕴藏着自然、社会、人文等方面的语文课程资源，应积极利用和开发。

（2）语文课程资源包括课堂教学资源和课外学习资源，例如：教科书、教学挂图、工具书、其他图书、报刊，电影、电视、广播、网络、报告会、演讲会、辩论会、研讨会、戏剧表演，图书馆、博物馆、纪念馆、展览馆，布告栏、报廊、各种标牌广告，等等。

自然风光、文物古迹、风俗民情，国内外的重要事件，学生的家庭生活，以及日常生活话题等也都可以成为语文课程的资源。

（3）各地区、各学校的课程资源是有差别的，各学校应该认真分析本地和本校的资源特点，充分利用已有的资源，积极开发潜在的资源。

（4）学校应积极创造条件，努力为语文教学配置相应的设备；还应当争取社会各方面的支持，与社区建立稳定的联系，给学生创设语文实践的环境，开展多种形式的语文学习活动。

（5）学校在充分利用已有资源、逐步推动语文课程新资源生成的同时，也应该注意学校之间资源的互补与共享。

（6）语文教师应高度重视课程资源的利用与开发，充分发挥自身的潜力，参与必修课和选修课的建设，创造性地开展各类活动，增强学生在各种场合学语文、用语文的意识，多方面地提高学生的语文素养。

第三节　课堂读解教学能力的培养

一　课堂导入能力的培养

在一节课开始的时候，教师往往要用简短的话语引入所讲的课题，这就需要设计导入语。导入语，或称导语，是教师上课时的"开场白"，是引导学生登上知识宫殿的台阶，是开启学生兴趣闸门的金钥匙，因而是课堂教学中不可或缺的重要环节。导语精彩得法，片刻之间就能营造一种浓郁的学习氛围，学习上课的积极性得到充分调动，进入良好的学习状态，这就为学生讲授新课内容缔造了良好的开端；导语枯燥无味，学生听而生厌，学习兴趣骤减，陷入被动接受状态，影响整堂课的学习。可见，设计好的导入语是非常重要的。导语的设计必须有明确的目的性和针对性，不能为了导语而导语。

常见的导语设计可以从以下角度切入：作者、背景、题目、作品人物、作品主题、重点内容、旧知识、作品表现手法、作品语言情感等。也常常用以下方式切入：叙事式、描述式、抒情式、议论式、说明式、图画式、古诗名句引用式、问题悬念式、激发情绪式、诱发兴趣式、讨论式等。

导入举例一：《鸿门宴》

可先挂出刘邦项羽进军路线图，再介绍刘邦与项羽相争时的军事形势。在秦末农民起义军中，有两支声势浩大的队伍，一支是刘邦的队伍，一支是项羽的队伍。楚怀王曾与他们约定"先入定关中者，王之"。刘邦先破咸阳，项羽大怒，欲击刘邦。当时，项羽兵四十万，刘邦兵仅十万在灞上。项羽欲击刘邦易如反掌。刘、项两军相距四十里，战争大有一触即发之势。《鸿门宴》就是在这样的情况下举行的一次宴会，它揭开了楚汉之争的序幕。这次宴会包藏杀机，是一场明争暗斗、扣人心弦的政治斗争。请看伟大史学家司马迁的笔下是如何描写的吧。

导入举例二：《荷塘月色》

文章描绘了月色下的荷塘美景，却表达了作者苦闷的内心。这样学生就难以理解，因此教师在开头导入时就须介绍当时的背景：1927年，蒋介石叛变革命，中国处于黑暗之中，许多爱国的知识分子不满现实，但又不知如何改变现状。因而内心苦闷、彷徨，朱自清就是其中的一员，这篇文章正是他这种心情的流露。这样学生学起来就轻松多了。

导入举例三：《春》

一年四季，最美的要数春天。阳光明媚，万紫千红，生机盎然，给人以无限希望。古往今来，多少诗人曾经描写过春天醉人的景色。杜甫笔下的春雨善解人意，"润物细无声"，王安石笔下的春风，浩荡千里"又绿江南岸"，那么在散文家朱自清的笔下，春又是怎样的呢？这则导语本身就是一首优美的春题散文诗，接下来让学生背诵了两首描写春光美丽的富有优美意境的古诗。学生听了这段导语，已到了未见其人先闻其声的境地，还没读《春》，就已沉浸于浓浓的春意之中了，这样顺势一引，学生自然而然地进入了《春》的艺术意境之中。

也可以这样设计导语：在一个季节里，桃树、杏树、梨树你不让我，我不让你，都开满了花赶热闹。这些花有的红得像火，有的粉红像云霞，有的洁白像雪花，花里带着香甜的气息，花下成百上千的蜜蜂嗡嗡地闹着。大小的蝴蝶飞来飞去，这是什么季节呀？"是春季。""春天里还有哪些景象呢？"让学生自由回答，然后印证课文。

导入举例四：《岳阳楼记》

可简介岳阳楼（江南三大名楼之一），然后举出以前学过的《桃花源记》、《小石潭记》、《核舟记》等，讲解"记"在古代是一种不定体，写法可分两类：一类是由景物之中自然生发出情理，而常以"卒章显志"的方式表现出来，本文即属这类；一类是寓情理于景物中，如《桃花源记》、《核舟记》。而《核舟记》的"记"相当于说明文体。

导入举例五：《乡愁》（反例）

有位教师教《乡愁》，设计了一个导语，目的是想让学生说出课题《乡愁》来。于是他叫起一个学生，启发道：如果有个人到了一个遥远的地方，时间长了，他开始想念自己的亲人，这叫做什么？学生答道："多情！"师：可能是我问错了，也可能是你理解有错，好，我换个角度再问：这个人待在外乡的时间较长，长夜里，他只要看见月亮就会想起自己的家乡，这叫什么？学生干脆说："月是故乡明。"老师急了，急忙否定："不该这样答吧！"学生立即改口：那就是"举头望明月，低头思故乡"。说完，学生把头抬起来，看见老师满脸阴云，立即感到自己的答法有不合老师的想法，于是再度改口：那就是"月亮走，我也走"。这时，老师再也控制不住自己，武断地说：我只要你用两个字回答，而且不能用"月"字。学生嗫嚅道："深情。"又说得不合老师的胃口。好在此时下面有学生接口：叫做"乡愁"。教师这才如释重负。

二 课堂对话能力的培养

（一）课堂提问能力的培养

提问是语文课堂教学的重要组成部分，在教学中具有重要的意义和作用。课堂提问不仅能激发学生的学习兴趣、锻炼学生的语言表达能力、提高学生的思维水平，而且能通过师生之间、生生之间、师生与文本之间的对话，使师生一起发现问题、探讨问题、创造性地解决问题。因此，语文课堂提问的有效性直接决定教师教学的质量水平。

1. 提问的误区

在实际教学中，有部分教师由于没有抓准提问的契机，或者不懂提问的艺术，走入了不少提问的误区。

（1）提问过于简单

有些老师喜欢问"是不是"、"好不好"、"对不对"等，也有的老师经常问"作者是谁"这一类问题，这样的提问毫无价值，学生的思维得不到训练。

（2）提问不明确

如教师问小学生："你头上是什么？""是帽子。""不对。""是屋顶。""不对。""是……"老师一着急，说出了答案："是天空！"这就是问题不明确的典型表现。

（3）提问空泛、难度大

如一开篇就问学生"课文写的是什么"、"写作特色是什么"，对学生只能启而不发，让学生丈二和尚摸不着头脑。因为他们对课文内容还没有感性的全面的认识，怎么会回答上来呢？

（4）提问过于急于求成

有些教师发问后，还没有给学生足够的思考时间就要求立刻作答，这样只会压抑学生的思维训练。

（5）提问没有新意

有的老师篇篇文章都是雷同的提问，"文章分几段"、"各段大意是什么"、"文章中心是什么"，长此以往，让学生生厌。

（6）提问对象过于集中

一些老师提问时只顾优等生，忽略后进生，很容易挫伤后进生的积极性。

　　以上种种提问的做法，都是不科学的，它不仅收不到预期的教学效果，还会扼杀学生学习的积极性，更不用说锻炼思维能力了。

　　2. 提问的基本要求

　　"发明千千万，起点是一问；智者问得巧，愚者问得笨。"（陶行知语）有效的课堂提问应是从实际出发，根据教学的知识内容与思想内容，考虑学生的知识水平与心理特点，把握教材的重点、难点来精心设问、发问，使得思考不再是学生精神上的负担，而是一种身心上的欢乐和享受。

　　（1）提问的角度要新

　　提问要从新的角度巧妙切入，问题的设计要尽量避免概念化、一般化的老生常谈，而是采用比较新颖的说法，使问题具有形象性、启发性，以激起学生的兴趣，激活学生的思维。

　　鲁迅名篇小说《祝福》是中学课本上的传统篇目，为突破重、难点，教师一般会提类似的问题：（1）祥林嫂本来是一个什么样的人（在她的性格中有哪些良好的品性）？（2）祥林嫂一生中受到了哪些迫害和打击？这些迫害与打击的根源是什么？它使祥林嫂发生了怎样的变化？（3）谁是杀害祥林嫂的凶手？这些问题很好，但效果未必有这则教例好。

　　【教例】学生读懂课文后——

　　师：同学们，读了《祝福》，我认为祥林嫂是一个没有春天的女人，大家能否在对课文的研读之中，证实老师的看法呢？

　　"没有春天的女人？"学生颇感惊讶，继而自读思考，兴致勃勃地议论起来。

　　生甲：她是春天没了丈夫的。

　　生乙：她是春天被迫改嫁的，她婆婆借口"开春事务忙"，将她绑架回去，"是早已许给了贺家墺的贺老六的"。回家之后不几天，用绳子一捆，塞到花轿里，抬到男家"她一路只是嚎，骂……"拜天地时，她一头撞在香案角上，头上碰了一个大窟窿，鲜血直流……身心均受到了巨大的摧残。

　　生丙：她后来的丈夫又得伤寒死了，"幸亏有儿子；她又能做……

本来还可以守着，谁知道那孩子又会给狼衔去呢？春天快完了，村上倒来了狼——现在她只剩了一个光身了。

生丙：祥林嫂，是在迎春之日死去的，"鲁镇年终的大典，致敬尽礼，迎接福神，拜求来年一年中的好运气的"。在鲁镇的一片祥和的祝福声中，在漫天风雪的街头，她带着对魂灵的有无的疑问悄然无声地离去。实际上，她也是在对春天的向往和对春天的绝望中离开人世的。

好一个"没有春天"，学生对祥林嫂悲剧命运的发展轨迹了然在心，自会水到渠成探讨其悲剧命运的根源。

（2）提问要富有思考性

也就是说问题要拐个弯儿，富有思考性。人们对提问必须具有思考性，还有个比喻，好像摘桃子一样"跳一跳，够得着"。"跳一跳"，指问题有一定的思维价值；"够得着"，指问题须难易适度，学生思考后应该回答出来。赞可夫也认为："教师提出的问题，课堂内三五秒钟就有多数人'刷'地举起手来，这是不值得称道的。"提问要有思考的价值，没有思考价值的问题，对教学是毫无作用的。

【教例】教《愚公移山》，讲到"邻人京城氏之孀妻有遗男，始龀，跳往助之"时，钱梦龙老师有一段教学实录：

师：那么，那个遗男有几岁了？（曲问）

生：七八岁。

师：你又是怎么知道的呢？

生：从"龀"字知道。

师：噢，龀。这个字很难写，你上黑板写写看。（学生板书）写得对。"龀"是什么意思？

一生：换牙。换牙时，约七八岁。

师：对，换牙。你看是什么偏旁。（生答："齿"旁）孩子七八岁时开始换牙。（同学们不但看得很仔细，而且都记住了）

那么，这个年纪小小的孩子跟老愚公一起去移山，他爸爸肯让他去吗？（曲问）

生：（一时不能答，稍一思索，七嘴八舌地）他没有爸爸！

师：你们怎么知道？

生：他是寡妇的儿子。孀妻就是寡妇。

生：这个孩子死了爸爸，只有妈妈。

这段实录中，有两处是典型的曲问，有较大的思维价值，值得提倡。

（3）要善于追问

追问是一种帮助学生理解教学内容、推进教学程序的提问方法。追问由一连串的提问组成，有方向、有步骤地引导学生寻找答案。追问教学法的倡导者是古希腊的苏格拉底。他认为，教师的使命就是启发学生自己去发现存在于本性中的真理。

色诺芬在其《回忆录》中，记述了苏格拉底与欧蒂德谟有关正义的对话。苏格拉底说，让我们列出两行，正义属于一行，非正义属于一行。首先，虚伪归于哪一行？欧蒂德谟说，归入非正义一行。苏格拉底问，偷盗、欺骗、奴役等应归于那一行？回答应归于非正义一行。苏格拉底反驳道，如果一个将军必须惩罚那极大损害其国家的敌人，它战胜了这个敌人，而且奴役他，这对吗？答道，不能说不对。苏格拉底说，如果他偷走了敌人的财物，或在作战中欺骗了敌人，这种行为如何呢？答道，当然正确，但我指的是欺骗朋友。苏格拉底说，好吧，那么就来专门讨论朋友间的问题。假如一个将军所统率的军队已经丧失了勇气，处于分崩离析之中，如果他告诉他的士兵，生力军即将来增援。他欺骗了士兵们，使他们鼓起勇气，取得了胜利。这种欺骗行为如何理解呢？回答说，也应算是正义的。苏格拉底乘胜直追，说道，如果一个孩子有病，不肯吃药，他父亲欺骗他说药好吃，哄他吃了，他的病因而好了，这能算是欺骗吗？回答说，也应划为正义一边。苏格拉底仍不肯罢休，继续问道，假定有人发现其朋友发了疯，因怕他自杀，就偷了他的枪，这种偷盗是正义的吗？欧蒂德谟说，应该算作正义。苏格拉底反问道，你不是说过不能欺骗朋友吗？欧蒂德谟说，请让我全部收回。

这种苏格拉底法，一方面在使学生跟教师共同寻求最正确的答案，另一方面则在发展他们的自动性。他想用这种方法唤醒人们的意识，使他们了解它所认为是真的东西，原来是假的；它所认为是对的，原来是错的。这样便产生了努力求知的欲望。这种方法是一种较好的思维训练，使人克服思维的混乱，学会逻辑地思考问题。后来的"启发法"或"发现法"便是从苏格拉底的这个方法中发展出来的。

（4）要注意问题之间的思维框架

课堂教学过程中，教师往往要提若干个问题，但问题与问题之间的关系容易被忽略。教师要根据教材内容和学生认知实际，将与实现教学目标有关的问题排列成一个由浅入深、由易到难的系列，从而给学生提供一个连续的思维框架。

《孔乙己》问题设计框架

为什么说孔乙己大约的确死了	大约死了	（1）孔乙己处在什么样的环境中？
		（2）孔乙己有着怎样的特殊身份？
		（3）哪些人笑孔乙己？为什么会取笑他？
	的确死了	（1）孔乙己两次出场，在外貌、神态、动作、语言上有哪些变化？
		（2）为什么会有这些变化？
		（3）孔乙己的必然下场说明了什么？

《装在套子里的人》问题设计框架

概述部分	（1）别里科夫是怎样一个人？	可憎
	（2）"套子"一词可加几个定语？	
	（3）怎样理解它的口头禅"千万不要闹出什么乱子？"	
爱情故事	（1）为什么他决定结婚？	可悲
	（2）"第一个待他诚恳而亲热"是什么意思？	
	（3）为什么要有这种心态描写？	
别里科夫之死	（1）别里科夫是怎么死的？	可怕
	（2）为什么他死了，大家高兴而又表现不出来？	
	（3）没有这个爱情故事，会不会有这样的结果？	

三　言语分析能力的培养

（一）解析词语意义能力的培养

词义教学是词语教学的重点。只有确切理解词义，才能深刻理解课文内容，有效提高学生的阅读和表达能力。然而，在实际的词义教学中，存在着两种错误倾向：一是"囫囵吞枣"式。新课标反对"支离破碎"式的繁琐分析与讲解，强调阅读要注重学生"整体感知"、"整体把握"的能力。因此，教学中，很多教师把组成文章基本单位的

"词语"笼统模糊地随课文"整合"了。二是"生吞活剥"式。即依照字典、词典的注解或成人的理解作解释,以词解词。比如,把"跑"解释为"两只脚或四条腿迅速前进","物体离开了应该在的位置"。这样,就把简单的搞复杂了,把具体的搞抽象了,本来很容易懂的,却使学生更糊涂了。这两种错误的方法,都使学生不能真正理解词义,势必造成作文中的"用词不当"、"词语搭配不当"等诸多问题,影响到学生阅读和表达能力的提高。

1. 理解词的本义、引申义和比喻义

本义指词最初常用的基本含义。引申义指由基本义发展而来,同基本义相类似、相对立或相关联的意义。如"深"的本义是从表面到底部或者从外面到里面的距离大。而发展出的引申义是:深入(如"道理深");深挚(如"友谊深");时间久(如"夜深人静");浓重(如"颜色深")等。比喻义是由本义通过打比方而产生的新义。如"桎梏"本义指脚镣和手铐,又可用来比喻束缚人或事物的东西(如"思想桎梏")。

2. 理解词语的特指意义

言语中的词有明确的意义和确指的对象。例如,常用词"人"在不同的语境中能显示出不同的含义。"人的正确思想是从哪里来的?"这句话中的"人"是个全称概念,泛指所有的人。"凡真理都不装样子吓人,它只是老老实实地说下去和做下去。"这句话中,"人"指别人、他人。"杀死了人,又不敢承认,还要诬蔑人。"在这里,"人"指李公朴先生。"三面都是山,像半个环拥着,人如在井底了。"这里的"人"指游人。教师要引导学生理解言语组合中的词语的确指对象。

3. 理解词语的感情意义

言语所反映的讲话者的个人感情,包括他对听话者和他所谈事物的态度,这就要涉及言语的感情意义。他经常通过所用的词的理性内容或内涵内容明确地表达出来。感情意义除了用某些感情色彩姓名的词语外,还可以用语气、语调来表达。有一些语言成分,如感叹词,其主要功能是表达感情意义。即使没有其他词语的支持,感叹词也可以表达感情意义。不过,语言中的感情意义基本上是依附性的。

鲁迅在《记念刘和珍君》一文中有这样一段话:"我向来是不惮以

最坏的恶意来推测中国人的。但这回却有点出于我的意外。一是当局者竟会这样地凶残，一是流言家竟至于如此之下劣，一是中国的女性临难竟能如是之从容。"这里对于"当局者"、"流言家"用了"凶残"、"下劣"，而对刘和珍君等女性就用了褒义感情的"从容"，鲜明地表达了鲁迅的爱憎。

（二）解析句段意义能力的培养

1．结合语境

语言的运用不是孤立的，词语用的是否恰当，是否富有表现力，要看词语所在的环境。同样，有深层含义的句子，在一定的语言环境中语意也是非常明确的。所谓"词不离句"，"句不离篇"，说的就是不能孤立地理解词语和句子的意义，只有把词语和句子置于具体的语境中，才能准确把握它们的含义。如房龙在《〈宽容〉序言》开头一句写道："在宁静的无知山谷里，人们过着幸福的生活。"如果脱离语境单纯地理解这句话的含义，就完全背离了作者的本意。联系下文便知："宁静"在这里是指无知山谷里村民们的那种封闭、守旧的生活状况。"幸福"在这里是指村民们安于"饮毕牲口，灌满木桶，便心满意足的坐下来，尽享天伦之乐"的生活状况。这种状况对于愚昧落后的村民来说是幸福的，但不是真正的幸福，所以这句话应理解为：在封闭落后的山村里，愚昧无知的人们，过着在外人看来并不是真正幸福的守旧生活。离开了这个特定的语言环境，这个句子的含义就无法理解，因此，理解句子含义，就应该以语言为载体、为中介，联系文章整体，品味语言所表达的内容和思想感情。

2．联系中心内容

任何一篇文章都有中心，因为无论记人、叙事、状物或抒情，都是为了表达作者对生活的一定看法或情感，作者通过文章内容所表达的基本意思和情感就是文章的中心。而文章的选材、结构的安排、语言的运用，又岂能离开中心而独立存在？因此，理解重要句子含义，必须联系文章的中心。例如 2005 年《课外阅读》中选录的《生命常常如此之美》一文，在课后第三题：认真品味画横线句子，谈谈你的理解。"听着她絮絮的温语，我就会感到一波波隐隐的暖流在心底盘旋"。她是卖菜人，我是买菜人，只是因路过相遇而数次寒暄，便有温暖之感，这该如何理解才合情合理呢？联系文章的中心，我们知道：本文记述了"我"和三个普通劳动者交往的故事，表现了蕴涵在他们身上乐于助人、心地善良的优秀品质，作者告诉人们的是：要善于发现平凡生活中的美，美在人与人之间互相关爱和勤勤恳恳的工作中。那么这句话便可以理解为：这个普通的卖菜妇人和我拉家常，使我对她产生了亲近的感觉，从而感受到人与人之间互相关心、互相帮助的温暖。

3. 联系背景和人物

任何作品都是一定时代一定感情的产物，与作者一贯的情感、态度、价值观在某种程度上保持一致。如果了解了作者写作文章的时代背景和特定情景，了解了人物的身份和特定的思想动态，就为准确理解重要句子的深层含义打下了基础，从中思考作者在句子中想要告诉读者哪些信息。例如：美国著名民权领袖马丁·路德·金在 1963 年发表的《我有一个梦想》演讲中说："我有一个梦想，这个梦想是深深扎根于美国的梦想中的。"要理解这句话，关键是了解"这个梦想"和"美国梦想"的含义。而这就必须理解社会背景、人物身份和思想性格。当时美国正值战后经济发展的巅峰时期，然而黑人却在政治上受到歧视和压迫。面对现实，作为民权领袖的马丁·路德·金有一个梦想，这个梦想是指黑人和白人一样能拥有自由、平等的权利。而美国的梦想只是一个通用的"口号"，即美国所宣传的赖以立国的民主、平等、自由的理想。马丁·路德·金这样说，既为自己领导的斗争提供了依据，也讽刺了美国民权的现状。经过如此思考，我们就可以知道他为何有如此一番言论了，真正用义便不言自明了。

4. 抓住修辞方法

在理解句子深层含义时，一定要抓住修辞方法，思考其运用的效果或目的。例如《在马克思墓前的讲话》中有一句话："3 月 14 日下午两点三刻，当代最伟大的思想家停止思想了。"句子中运用讳饰的修辞方法，其效果是突出马克思是一个当代最伟大的思想家，又表达了自己对马克思逝世悲痛之极的感情。再如本文中另一句话："他对这一切都毫不在意，把他们当作蛛丝一样轻轻拂去。"该句子中运用比喻"像蛛丝一样"，是说敌人的诬蔑、诽谤、诅咒像蛛丝一样，对马克思来说显得那么无力、不起作用，其目的是让读者理解到马克思那种对敌人的攻击不放在心上的大无畏的气概。

因此，在阅读文章时，要在总体把握文章中心的基础上，结合具体的语言环境，联系文章的背景、人物的性格，抓住修辞方法等，仔细揣摩文章的语言，体会语句的深层含义，品味作者遣词造句的精当。如果不能把握这些内容，也就不能全面理解句子的含义和把握文章的中心内容。

四　板书设计能力的培养

板书是指教师根据教学的需要在黑板上以书面语言或符号进行表情达意、教书育人的活动。板书是课堂教学的重要组成部分，是教师完成教学任务的重要手段，通过板书，学生能够较好地把握教材的重点、难点，有利于学生理解和掌握教师讲授的内容。板书是微型教案，具有浓缩的"提炼"艺术。在设计过程中，应当抓住最主要的内容，做到少而精、以少胜多、以简驭繁。

板书一般有正板书和副板书之分。正板书是教师的讲课提纲，它既体现了教材的行文思路，又体现了教师的教学思路，借以引导学生的学习思路。副板书是正板书的补充和说明。正板书的位置选择在黑板的中央偏上位置，或者光线最亮、最醒目的地方。副板书的位置可放在正板书的右边或下边。但无论是正板书还是副板书，都必须让全班学生每个人都能看得清清楚楚，才能发挥它的作用。

（一）板书设计的基本要求

1. 端正美观

板书是教师言传身教的重要途径，对学生具有榜样和示范作用。好的板书可以激励、启发、推动学生自觉效法教师，矫正自己的缺点和错误，在潜移默化中发展能力。一般来说，板书离不开文字，文字美首先是端正整齐的美。不能为了追求所谓的书写速度而"龙飞凤舞"。看起来"龙飞凤舞"的字书写有速度，殊不知，中小学是急需榜样和示范的，他们受教师潦草字的影响，忽视各种笔画、笔顺和间架结构的规范训练，日子一长，笔下的字也会"飞"起来。因此，板书用字切忌潦草，要避免错别字，也不要自造字，更不能随意简化，必须按照国务院文字改革委员会颁布的《简化字表》正确书写，以防误导，产生不良后果。板书字体的大小也直接关系到效果问题。字体太大，写不了几个字，影响板面的利用率；太小，学生看不清，失去板书的作用。一般认为，字体的大小，以后排学生能看清为标准。

设计板书时还要考虑：板书的内容要准确无误，重点突出，做到内容美；形式要排列有序、布局合理，做到形式美；结构要精巧匀称、注重整体，做到结构美。

2. 精心设计

一则精心设计好的板书是教师课前准备的心血凝结，它以简练、系统的特点体现了教学的重点与难点。教师板书的一个词语、一条线条、一个图案以及安排的位置和形式等，都要事先周密地计划。板书应伴随教学过程有条不紊地出现，不能兴致勃发，信手写来，东一条、西一条，杂乱无章。

板书用语要力求简明、精练。要在有限的板面上容纳较多的内容，传播更多的信息，这就要求教师在板书语句的选用上下工夫，力求简明、精练，争取用最简洁的文字表达出复杂的内容，要抓重点、抓关键，莫要不分重轻、不分主次，眉毛胡子一把抓，辛辛苦苦写了一黑板，到头来缺少的仍然是重点和关键，势必影响教学效果。

板书要做到干净、利落。教师在板书时要对板面上书写的位置、字体的大小、间距的宽窄、排列的次序以及标点的运用等细节问题都要周密考虑，合理分配，科学编排，力求做到干净、利落，发挥出它应有的辅助作用，收到良好的教学效果。

3. 讲求实用

板书是为教学目的、内容服务的，所以，在设计板书时，教师一定要依据教学目的、教学要点而定，或体现其结构，或表现其行文特点，或突出主题，不能为板书而板书。有的教师板书时滥用彩色粉笔勾、画、圈、连，黑板变得五彩缤纷，分散了学生的注意力，结果往往中看不中用。也有的老师过分追求形式的美观和新颖，忽视了板书的内容，结果也只能是好看不实用。

当然，课堂板书有法，但无定法。它是随着教学要求、课文特点、教师水平以及学生实际情况的不同而变化的。关键在于教师要灵活运用，巧妙构思，大胆创新，就能取得好的效果。

（二）板书设计举例

1. 提纲式板书：《拿来主义》

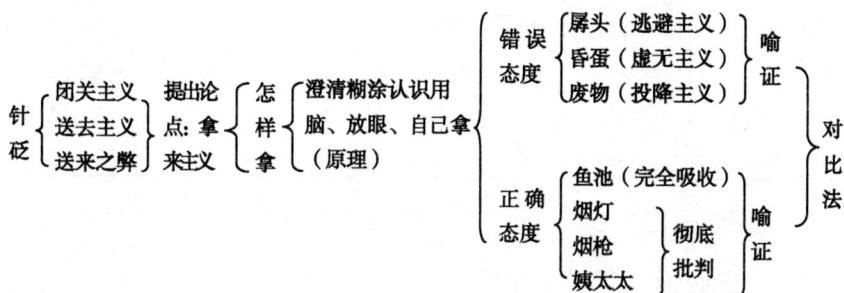

2. 图示式板书：《变色龙》

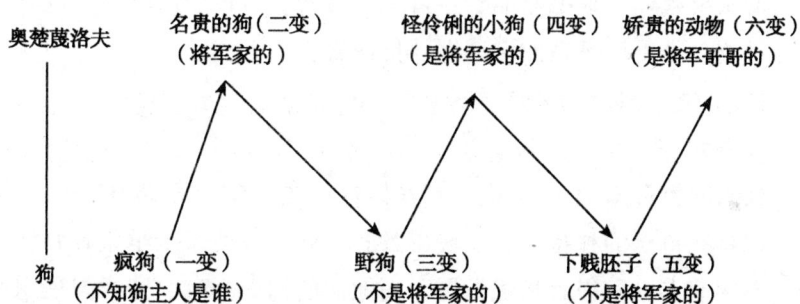

3. 情节式板书：《驿路梨花》

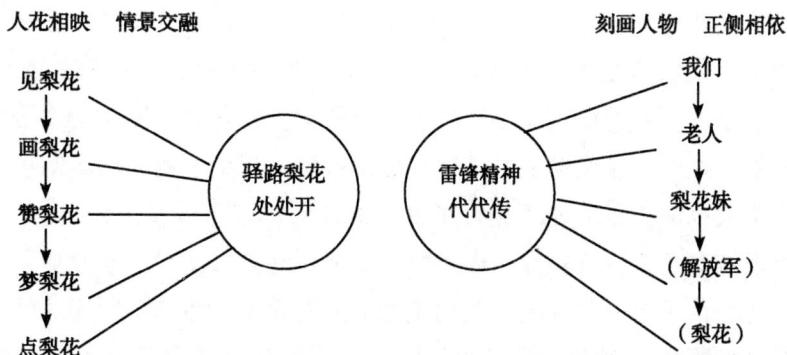

4. 表格式板书:《药》

结构	情节	场景	线索	
			明线	暗线
第一部分	开端	刑场	买药	壮烈牺牲
第二部分	发展	茶馆	吃药	献血被吃
第三部分	高潮	茶馆	议药	英勇斗争
第四部分	结局	坟场	上坟	寂寞悲凉

五　作业设计能力的培养

语文作业贯穿学生学习活动的始终。它是一种有目的、有指导、有组织的学习活动,是学生学习情况反馈的第一手书面材料。是提高学生素质的重要载体,最能凸显学生自主学习的能力,最能真实反映学生的学习过程,是不应忽视的形成性评价内容。

(一) 作业设计的基本要求

1. 层次性

我们的教育对象具有极大的差异性。每个学生都是独一无二的个体,都具有自己的独特性,发展也各有不同,应使每个学生在自己的基础、不同起点上,得到最优发展。而他们的知识基础、智力发展水平和个性特长都有较大的不同,他们对所需知识的程度也都不同。因此,作业的设计和布置必须多层次、有差异。对某些学习有困难的学生,适当减少他们的作业量或适当降低作业的难度,让他们做一些抄写、简单动手、有趣味的作业,一方面使这些"后进生"易学、乐学,另一方面也解决了他们"吃不了"的问题。对学习能力较强的学生适当拔高要求,设计一些积累语言文字、扩展课外阅读、提高动手操作能力等方面的作业。这样,学生的能力不但得到了锻炼,满足了他们渴求知识的心理,而且也解决了"吃不饱"的问题。

没有差生,只有差异。作为教师必须充分尊重差异,充分尊重每一个学生,信任每一个学生,帮助不同能力的学生,通过不同作业的训练引导他们吸取、探究知识,承认学生发展存在着差异性,不搞"大锅饭",让每一个学生在不同起点上获得最优的发展。

2. 多样性

《全日制义务教育语文课程标准（实验稿）》中提出："学生是学习和发展的主体。语文课程必须根据学生身心发展和语文学习的特点，关注学生的个体差异和不同的学习需求，爱护学生的好奇心、求知欲，充分激发学生的主动意识和进取精神，倡导自主、合作、探究的学习方式。"这就要求语文教师要改变单一的作业形式，设计出形式多样的语文作业。作业可以是文字式的、操作式、实物式和口头式的；可以是课内完成和课外完成相结合的；可以是教材和教师提供的，也可以是同学甚至学生本人拟订的；可以是由个人独立完成的，也可以是由学习小组合作来完成的，甚至可以是学生与教师、家长来共同完成的。

语文的学习无时不在，学校、家庭、社会处处皆有，报纸杂志、影视广播、网络资讯、标牌广告，报告会、演讲会、辩论会、研讨会、戏剧表演，图书馆、博物馆、纪念馆、展览馆……无不是语文的课程资源。于是，语文作业就可以有多种形式：如硬笔字帖临摹、电（视）台新闻记录、名篇名著选读、街头挑错别字、编手抄报、社会观察、心理联想、经典摘抄、自由写作、调查报告、编课本剧，等等。

3. 开放性

以"大语文"教育观为先导，《全日制义务教育语文课程标准（实验稿）》中"努力建设开放而有活力的语文课程"及综合性学习的要求，都暗示语文作业的设计要具有开放性的特点。当然，多姿多彩的自然社会及网络的普及又为语文作业的开放性提供了诸多条件。开放性的语文作业，应努力实现课内外联系，校内外沟通，学科间融合，使语文作业生活化、实践化、创新化，让作业成为培养和发展学生能力的一座桥梁，从而优化语文学习环境，既能提高语文课堂教学质量，又能使学生语文素养更上一层楼。

这也要求我们的教学要坚持以学生为本，充分尊重学生的兴趣爱好，把学生置于一个动态、开放的学习环境中，为学生提供多元、综合学习的机会，让学生在无拘无束的环境中，学得主动，学得积极，使每位学生都成为学习的主人，体现自主开放的学习过程。如学了《春》这篇课文后，老师可以把孩子们带出课堂走出校门，到小河边游玩，到田野去观察，瞧一瞧杨柳的婀娜多姿，闻一闻花香，看一看春草色，听一听鸟语虫鸣。让孩子们在大自然的怀抱中，尽情饱览春色的同时，产生愤悱之意。此时，及时布置作业，让学生用自己喜爱的方式吟春颂春，答案肯定是"百花齐放"——"音乐能手"选择唱歌，"语文能手"选择配乐朗诵，"绘画能手"选择画画……学生在这样开放的作业中，自主参与，不仅丰富了春的知识，又使学生个性得以展示，潜能得以开发。

（二）作业设计举例

语文作业的内容和形式多种多样，一般可以分为：观察积累型作业（培养观察兴趣，丰富知识积累）、言语表述型作业（强化口语交际，提高表达能力）、搜集整理型作业（学会搜集信息，提高信息素养）、实验操作型作业（促进知识内化，激发探究兴趣）、热点调查型作业（引导关注生活，学会团结协作）、自主阅读型作业（激发阅读兴趣，增加知识储备）、体验服务型作业（乐于体验生活，培养生存能力）、综合运用型作业（多种形式并用，提高实践能力）。

1. 设计举例一：《从百草园到三味书屋》

（1）将你认为鲁迅先生写得好的词语或句子摘抄下来。

（2）比较鲁迅先生和我们的学习和生活环境，谈谈你的看法。

（3）三味书屋的教育是成功的还是失败的呢？

（4）描绘你童年时的乐园。

（5）谈谈你所知道的古代教育和现代教育。

（6）比较鲁迅先生的老师和你自己的老师，谈谈他们分别有什么特点。

2. 设计举例二：综合性学习专项训练（汪昌友）

[材料一] 网络中心记者郎峰蔚昨日与小记者对话，一问一答之间，小姑娘对"和谐"的理解跃然纸上，"大家团结友爱，互相帮助。比如说，每天早上大家都是微笑的，爸爸妈妈高高兴兴去上班，我们高高兴兴地去上学，爷爷奶奶高高兴兴地安度晚年……"

[材料二]《现代汉语词典》对"和谐"的解释是"配合得适当和匀称"，小姑娘没有引用词典里深奥的成人语言，而是用儿童语言表达了成人观点，用形容词解释了名词，用幼稚解释了深奥，用郎峰蔚的感慨来说，"多么简单而透彻的理解呀！"

（1）请你像小记者一样，用生动形象的语言谈谈对"和谐"的理解。

_____

（2）请你写出与"和谐社会"有关的成语及其出处。

示例：[政通人和] 宋代范仲淹《岳阳楼记》："越明年，政通人和，百废俱兴，乃重修岳阳楼，增其旧制，刻唐贤今人诗赋于其上……"

_____

（3）"和谐社会"是有史以来，我国人民特别是文人向往的理想社会。只要留意，便可从诗文、典籍及其传说中，见闻人与人、人与畜禽、人与大自然"贵和"，以及"贵和"的重要性和怎样构建"和谐社会"。辛弃疾的《西江月·夜行黄沙道中》描写："明月别枝惊鹊，清风半夜鸣蝉。稻花香里说丰年，听取蛙声一片……"词中的"鹊"惊、"蝉"鸣、"蛙"鼓，动中有静，静中有动。作者也并列于"鹊"、"蝉"、"蛙"中，好一个众生平和的世界！请你再写出一句古诗_____

（4）请你按照"自然和则美，生命和则康"仿写一句创建和谐社会的宣传语：

_____

（5）"天时不如地利，地利不如人和。"请你写出一个"人和"的典故。

_____

答案提示：（1）师生和和融融，夫妻团团圆圆。（2）[世外桃源] 晋陶渊明《桃花源诗并序》："土地平旷，屋舍俨然，有良田美池桑竹之属。阡陌交通。鸡犬相闻。其中往来种作，男女衣着，悉如外人。黄发垂髫，并怡然自乐。"（3）羌管弄晴，菱歌泛夜。（4）社会和则安，国家和则强。（5）将相和。

3．设计举例三：《逍遥游》

读庄子《逍遥游》不可避免要遇到一个难题，大鹏南徙在文中反复三次，蜩与学鸠（斥鴳）笑大鹏反复两次，奉行极简主义写作原则、以

《内七篇》寥寥万余字遍说天地万物的庄子，为何在短短的一段文字中如此地不避重复？这是不是庄子的败笔，出现了没必要的简单重复？

4. 设计举例四：语言实际运用训练（何常燕）

（1）请用一个单句来概括下面三句话的内容，不得超过 32 个字。

棱柱相邻侧面的公共边叫做棱柱的侧棱。

棱锥相邻侧面的公共边叫做棱锥的侧棱。

棱台相邻侧面的公共边叫做棱台的侧棱。

（2）下面的电报稿可以有几种解释？请用自己的话把它们分别表述出来，每种意思不超过 15 个字。

船已行二日即到

（3）阅读下面的报摘，按要求改正错误。

①37 岁的丹多是英国广播公司（BBC）的新闻播音员和英国《关注犯罪》节目的主持人。②1999 年 4 月，她在伦敦西部的住所被人近距离遭枪杀。③英国警方为此展开了历史上最大规模的刑事侦察。……④刚刚捕获的疑犯是警方逮捕的第 4 名疑犯。⑤在伦敦时间早晨 6：30 他以谋杀疑犯的罪名被捕，目前正在伦敦一所中央警局接受调查，但还没有被正式指控。

a. 句②用语有重复，应删去＿＿＿＿＿＿＿＿＿＿

b. 句④表达不简洁，请改写＿＿＿＿＿＿＿＿＿＿

c. 句⑤画线部分表意不清，有不同的理解，应改为＿＿＿＿＿＿＿

（4）几个不同身份的人围绕"世界上最宝贵的东西是什么"这一话题进行探讨，都从自己的角度去理解。国脚说："最宝贵的东西是激动人心的进球。"商人说："最宝贵的东西是源源不断的利润。"画家说："最宝贵的东西是绚烂丰富的色彩。"而对此，小孩和病人会怎么说？请你代他们回答。

小孩说：＿＿＿＿＿＿＿＿＿＿＿＿＿＿＿＿＿＿。

病人说：＿＿＿＿＿＿＿＿＿＿＿＿＿＿＿＿＿＿。

（5）运用下面的材料，补写两个句子，组成一组排比句，以赞誉丛飞的义举。

材料：2005 年度感动中国十大人物之一的丛飞，是深圳的著名歌手。他在 10 年里捐赠钱物近 300 万元。他四处筹措扶助资金，无暇照顾女儿。他资助了 178 个贫困学生，孩子们称他"丛飞爸爸"。他身患绝症时，负担不起医药费。

他每场演出费高达万元，家里却一贫如洗；他＿＿＿＿＿＿＿；他＿＿＿＿＿＿＿；他和他的歌声已经离我们远去，但他却得到了全国人民永久的敬意。

（6）有这样一条手机短信："不是所有的花都带刺，可玫瑰做到了；不是所有的树都挺拔，可白杨做到了；<u>不是所有的傻瓜都将这短信看完，可你做到了。</u>恭喜你！"请改动画线句的内容，使之成为一句祝福语。

第四章 课堂读解教学设计

课文是选入语文课本的书面语言作品的统称。世界各国的语文教学大都采用文章选读的形式，因为读解能力只有在直接感知、理解书面语言作品中，才能形成。根据文章的体裁设计教学过程，是读解教学应该遵循的规律，因为不同体裁的文章其内容、结构形式、构成要素和语言表达各有不同的特征。无论何种体裁的课文，都用一种方法进行教学，这是违反读解客观规律的盲目的教学行为。按照文体特征研究读解教学理论是语文读解课走向科学化的重要标志。

第一节 实用文读解教学设计

实用文，是相对于偏重审美功能的文学作品而言的概念，指以记叙、说明、议论这三种基本表达方式中的一种为主写成的文章，有记叙文、说明文、议论文以及应用文。实用文教学的主要目的是使学生熟悉书面语言作品的常用表达方式，了解文章的一般结构，培养学生的读写能力。

一 记叙文读解教学设计

记叙文指以记人、叙事、写景、状物为主要内容，以叙述和描写为主要表达方式的一类文章。在语文教学中，记叙文的范围有广义与狭义之别。初中阶段主要从广义上来使用，所以初中教材将《小橘灯》、《社戏》、《最后一课》、《夜走灵官峡》等都列为记叙文。高中教材使用记叙文这一概念较为严格，典型的文学作品一般单独组成单元。

（一）记叙文读解教学的功能

1. 培养对文体的把握能力

记叙文在语文课文中数量最多，它是通讯、报告文学、记叙性散文乃至小说等多种文体的常规模式。掌握了记叙文的章法、技法，就能为阅读和写作较为复杂的书面语言作品打下坚实的基础。叙述与描写是各种表达方式的基石，是人们传递信息的基本方式。在说明文中对事物的客观介绍，在议论文中对论据的列举、援引都离不开叙述。在学习记叙文的过程中，学生应注意积累材料，形成良好的叙述语感。

2．培养思维能力

记叙文是学生接触最早、最多的一类文章。在记叙文中，包含着众多作者对自然界、社会、人生和人的内心世界的陈述与描绘，这些都是培养学生形象思维能力的材料。记叙文以写实为基础，与典型化、艺术化的文学作品的宗旨有所不同。记叙文的陈述与描写更贴近实际，更适于学生模仿。因此，记叙文在培养学生的感受能力、观察能力、想象能力和联想力等方面，具有直接的示范作用。

3．陶冶品格情操

记叙文以写人记事为主，内容真实，题材广泛，是培育学生优良品格及高尚情操的不可或缺的精神营养品。在记叙文教学中，要引导学生向平凡而伟大的人学习，提高他们分辨是非美丑的能力。

（二）记叙文读解教学的要点

1．记叙文的构成要素

记叙文包含时间、地点、人物和事件的起因、经过、结果这六个要素。有了这六个方面，一般就能把人或事物介绍清楚。记叙文的六要素是语文教育工作者在长期实践中总结出来的，是记叙文读写训练的起点。

2．记叙文的结构

记叙文的结构有三种基本类型：纵式结构、横式结构、纵横交错式结构。

纵式结构指以时间的推移、事件发生发展的经过或情感变化的过程为线索的结构形式。例如，初中教材的《老山界》（以时间的推移为线索）、《小麻雀》（以事件发生、发展过程为线索）。横式结构指材料与材料之间并非有明显的先后顺序的一种结构方式。在这类文章中，场景的转换、一个人所做的几件事的横向排列等，都可作为文章的结构方式。例如，《菜园小记》（场景的转换）、《同志的信任》（几件事情的并列）。纵横交错式结构是较为复杂的结构方式。这种结构或以纵式为主，局部再穿插横向结构的布局；或者整体上是横向结构，局部穿插纵向结构的安排。例如，《为了六十一个阶级弟兄》，整体上以时间的推移为序，在每个阶段，都在空间横向展开叙述。掌握了记叙文的结构类型，才能理顺文章的思路，较快地把握文章的内容。

3. 记叙的顺序

记叙的顺序有五种：顺叙、倒叙、插叙、补叙和平叙。顺叙指按时间发展或空间移动的次序进行记叙，是最常见、最基本的记叙顺序。倒叙指不按时间的先后顺序，而是把事件的结局先写出来，然后再叙述发生在先的事件。插叙是在展开叙述的过程中，插入相关的内容作为补充。在叙述过程中，用少量文字对人物和事件作简短的补充说明的方法叫补叙。平叙一般用在对复杂事件的记叙中，记叙同时发生的几件事，或是一件事情的几个并列的方面。例如，《为了六十一个阶级弟兄》一文，叙述在同一时间、不同地点发生的事情，用的就是平叙的方法。

4. 记叙文的表达方式

顾名思义，记叙文的主要表达方式是记叙，包括叙述（或称为陈述）与描写。叙述是对人或事件、环境作较为概括的、有条理的讲述、介绍。描写是生动、形象地描绘人或事物，把描写对象的情貌、状态再现出来的表达方式。根据描写对象的不同，描写分为人物描写、景物描写、环境描写、场面描写等。人物描写最为复杂，分为外貌描写、语言描写、动作描写、心理描写等。记叙文之所以生动感人，一个重要的原因就是大量运用了描写的方法。

抒情是记叙文常用的另一种表达方式。抒情是抒情主人公（作者或作品中的人物）表述内心情感体验的一种方法。抒情分为直接抒情与间接抒情两种。直接抒情即不借助他物，直抒胸臆，这种方式在记叙文中用得较少。间接抒情是在状物、写人、记事的字里行间流露出真情实感的表达方式，这种方式在记叙文里经常使用。议论在记叙文中较少使用，有时用议论直接表明作者的观点，起到点明文章的中心或要点的关键作用。

5. 记叙文的语言

记叙文的语言风格总体上是明晰而流畅的。记叙文的写作目的是把人和事物记清楚、写生动，所以其语言比抒情散文朴实直白，比小说更少一些个性化的描写，表达方式最贴近生活，更适于学生模仿。

6. 记叙文的主题

主题是文章的灵魂。记叙文是学生接触最早、最多的一类文章，所以记叙文的主题教学要重视训练学生具有概括文章主旨的能力。记叙文的主题是作者对文章中所写的人和事的基本认识、理解与评价。以写人为主的记叙文，作者所要表现的是主人公的品格、情操；以记事为主的记叙文，作者所要揭示的是事件的意义、影响以及事件参与者的精神风貌。主题是作者选材、组材、布局和表达等全部创作活动的核心。记叙文的主题从文章的全部材料中，从作者的思路中，从作者对材料的详写、略写的安排中，从遣词造句的意向中表现出来。因此，主题的提炼、概括就是对文章分析过程的重新整合。有人说，语文教师分析课文，就好像把一只活羊解剖了：构造看清了，羊却死了。为了避免发生这种情况，语文教师必须做到：不但会阐释语句，讲解段落，尤其要有讲解后的整合本领。主题思想教学就是阅读教学中具有整合功效的重要步骤。任何行为都会有些负面影响，分析课文产生的副作用，通过概括主题时对内容的回顾、提炼和概括能够补救。

（三）记叙文读解教学设计示例

藤野先生

（一）导入新课

相信我们每一个人都有令自己难忘的老师，鲁迅先生是一位大文豪，他最尊敬的老师又是谁呢？我们已学过了《从百草园到三味书屋》这篇课文，从中了解到三味书屋中的老先生虽然施行的是封建书塾教育，但思想还算开明，因此，鲁迅对他"很恭敬"。尽管如此，却并不是很有感情，鲁迅在回忆中说："在我所认为我师的之中"，"最使我感激，给我鼓励的一个"却是另外一位日本人——藤野先生。大家知道，在鲁迅先生生活的年代，中日关系是非常紧张的，但他却敢于这样说，到底藤野先生是怎样的一个人？是什么让鲁迅这样深情感念呢？让我们来一起学习鲁迅的这篇散文《藤野先生》弄个明白。

（二）写作背景

这篇文章记述了作者1902年夏末至1906年初春在日本留学的生活

片断。写作年代则是在鲁迅离别藤野先生二十多年后的 1926 年 10 月 12 日。鲁迅到日本留学，本想以学医来救国救民，可在仙台医学专科学校学习时，有一次课间观看反映日俄战争的影片，片中日本枪毙给俄国人做侦探的中国人，而周围居然都是看热闹的中国人，他们的麻木神情给鲁迅以很大的刺激。从此，他弃医从文，决心用手中的笔作为武器进行战斗，从而唤起国民的觉醒。鲁迅写作此文时，正当"三·一八"惨案发生后不久，鲁迅积极支持爱国学生的正义行动，与反动军阀以及反动文人进行英勇斗争，用战斗的文章来抨击"正人君子"们，抒发自己强烈的爱国主义情感，歌颂藤野先生所代表的没有民族偏见、正直、热情的日本人民对中国人民的友谊。

（三）文章的线索与结构

通过指导学生读课文，明确以下问题。

1. 文章是按事情发生的时间先后顺序来组织典型材料的。

2. 文章以作者的思想感情变化为线索。

3. 变换了三个地点：①"我"在东京；②"我"在仙台；③"我"离开仙台后。

4. 段落层次的划分以"我"活动地点的变换为标志。可分成三个部分（全文共有 38 段）：

第一部分（第 1—3 段）写"我"在东京的见闻及感受以及转到仙台求学的原因。这为与藤野先生的相识埋下了伏笔。

第二部分（第 4—35 段），这是全文的主体部分，写"我"在仙台结识藤野先生，受先生教益，赞扬先生的崇高品质，以及"我"弃医从文的原因。

第三部分（第 36—38 段）写"我"离开仙台后对藤野先生的怀念之情，以及先生的崇高精神品德对我的激励与鼓舞。

（四）文章的表达方式

《藤野先生》一文中，主要的表达方式是记叙，但兼有抒情和议论的成分。在叙述完日本"爱国青年"污蔑作者得了教员泄露出来的试题一事后，有这样一段文字："中国是弱国，所以中国人当然是低能儿，分数在六十分以上，便不是自己的能力了，也无怪他们疑惑。"这是鲁迅悲愤的语言，简短而又深刻。它又是议论性的，用的是演绎推理法，大前提是"低能儿考试必定不及格",上面的话就是据此推出。这句话自然不是鲁迅的本意,而是为了揭露日本"爱国青年"们的丑恶灵魂。用这种议论方式结束上述事件的叙述,显得非常自然。

这篇文章的最后三段则属于抒情。因为上文已将作者跟藤野先生交往的全过程叙述完毕,即使不再说什么,读者也能看出藤野先生伟大的人格。但是作者抑制不住自己的感情,又以别后琐事为依托,抒发了自己对藤野先生由衷的敬仰和深刻怀念。

(五)语言特色

《藤野先生》语言精练准确,耐人寻味。常常在看似平淡无奇的语句中蕴含着丰富而深刻的含义,揭示出复杂深沉的情感。如:"他的脸色仿佛有些悲哀,似乎想说话,但竟没有说"。另外,文中许多地方的词语和句子巧妙地运用了讽刺手法,"形成一座富士山"、"油光可鉴"、"宛如小姑娘的发髻一般"、"精通时事的人"、"日本爱国青年"、"正人君子"这样的词是反语,具有很强烈的讽刺意味。

(六)课文的主题思想

课文以作者与藤野先生的交往为明线,以鲁迅思想感情的变化为暗线组织材料,体现了藤野先生崇高的精神和鲁迅深切的爱国情感。

(七)教学建议

首先,指导学生学习课文第一部分。

1. 学生自由朗读第一部分内容。

2. 思考:

(1)这部分文字所描写的对象是什么?明确:清国留学生速成班的其他成员。

(2)请标出最能表现清国留学生丑态的词语和句子?明确:对他们是一种厌恶之情,这从他们逛公园、赏樱花、梳辫子、学跳舞等事情中可以看出。这也许也是鲁迅为什么要离开繁华的东京的原因所在。

(3)对于这些清国留学生,"我"是持什么态度?哪些词语表明了"我"的态度?

明确:在文章的第一部分中,作者着重描写了清国留学生的不男不女、不伦不类的丑恶形象。"形成一座富士山"和"宛如小姑娘的发髻",加上"油光可鉴",生动形象地描绘与讽刺了清国留学生的奇特打扮。

（4）写"清国留学生"的外貌，作者抓住了什么特点？明确：盘着大辫子。

为什么抓这个特点？因为在当时，有无辫子可以区分对清王朝的态度。

教师可以补充介绍当时关于辫子的知识，以丰富知识，增强趣味。在清朝以前，我国讲究"身体发肤，受之父母，不可毁伤"，所以，头发终身不剪（和尚、尼姑除外）。20岁举行冠礼之后，把头发束在头顶，上面加"冠"。清人入主中原之后，强制推行清朝法式：将前额头发剃掉，后面留起辫子，当时有"留头不留发，留发不留头"之说。清朝末年，有反清思想的知识分子，例如鲁迅，率先把辫子剪去。所以当时仅凭辫子就可以辨别对清王朝的态度。也有的辫子剪掉后又后悔了，就续一条假辫子。鲁迅小说《阿Q正传》中的"假洋鬼子"就是这样。

清国留学生辫子盘在头顶，说明什么？——留着辫子，不肯剪掉，说明他们效忠清王朝，是思想腐朽的保皇党；而辫子盘在头顶，又说明他们追求时髦，显示自己赞成"维新"。一旦维新失败，还可以把辫子放下来，表示自己是保皇派。总之，不伦不类，不土不洋。教师评：鲁迅抓住"盘辫子"的特点写清国留学生的外貌，实际上是在揭示他们的灵魂。

（5）从"我"的态度，可以看出作者的什么思想？——极端憎恶的感情。

其次，指导学生学习课文第二部分。

1. 在去仙台的途中，作者对"日暮里"和"水户"这两个地点记得很清楚，这是为什么？

明确："日暮里"，触发了作者忧国忧民的思想感情，印象深刻；"水户"则是反清志士客死的地方。这两处作者牢记不忘，表现了爱国的思想感情。

2. 作者到仙台后，受到了哪些优待？

明确：不但学校不收学费，几个职员还为我的食宿操心。

3. 那么作者对这一优待有什么感受呢？请细心体会以下几个句子：

（1）大概物以稀为贵罢。

（2）我在仙台也颇受了这样的优待。

（3）在这呼吸不息的地方，蚊子竟无从插嘴，居然睡安稳了。

明确：（1）"大概是物以稀为贵罢"，"大概"有猜测、估计之意，表示似有此事，又不能完全肯定。它与句末的"罢"合用，更加强了不敢肯定的语气。"物以稀为贵"从字面上看是仙台"还没有中国学生"，鲁迅当算第一个。但这不是受优待的根本原因。作者用"大概"一词诙谐而含蓄地猜测其根本原因大概是出于日本人民的善良心地和对中国留学生的友好之情。

（2）受到的优待是"不收学费"，"几个职员还为我的食宿操心"。这段生活情况的描写反映了中日人民的友好情谊，又隐约让人感受到弱国国民的辛酸，这是作者强烈的民族自尊心的反映。这段生活情况的描写为下文中要写藤野先生的高贵品质埋下了伏笔。这段描写将作者在生活上的刻苦精神与东京"清国留学生"的醉生梦死的生活形成了鲜明对比。

（3）"居然睡安稳了"，"居然"表示出乎意料的意思。该词前面写的内容是说明这个客店的居住条件差，蚊虫多，晚上难以安睡，而作者采用了防护措施，竟出乎意料地睡得安稳，表达了作者对不好的生活环境并不在意，这种态度说明作者生活上的刻苦精神，用"居然"一词，还加强了整个句子的幽默感。

4. 作者抓住了哪些特征来描写藤野先生？这些描写揭示了藤野先生的什么品质？

明确：写藤野先生，作者抓住了他的外貌特征（黑瘦、八字须、戴着眼镜）、举止（夹着一叠大大小小的书）、声调（缓慢而有顿挫）等方面的主要特征，将一个正直的学者形象描绘得栩栩如生。然后作者又从目睹到先生夹着大大小小的书的情景和耳闻先生的衣着模样，来表现先生的严于治学和生活俭朴的崇高品德。

5. 作者着重写了藤野先生的哪几件事？这些事表现了藤野先生怎样的品质？

明确：作者在跟藤野先生的交往中，着重选写了他的四个典型事例。从四个方面来表现藤野先生的崇高品质。

（1）写藤野先生检查并从头到尾地修改"我"抄的讲义。表现了先生认真负责、一丝不苟的工作态度。

（2）写藤野先生指出"我"绘的解剖图中的错误。表现了先生热情关心、严格要求的工作作风。

（3）写藤野先生为"我"不信鬼神，敢于解剖尸体而感到高兴和放心。表现了先生的正直无私、真挚诚恳的工作精神。

（4）写先生向"我"询问，了解中国女人裹脚的情形。表现了先生的探索研究、实事求是的精神。

这四件事，（1）（2）两件是详写，（3）（4）两件是略写。通过这四个典型事例的记叙，赞颂了藤野先生认真负责、从严治学、热情关怀、正直诚恳、毫无民族偏见的高尚品质。这些也就是藤野先生为什么要满腔热情地教育鲁迅的原因。

6. 这一层次写了"匿名信"和"看电影"这两件事，这两件事情给作者怎样的刺激？反映了作者什么样的思想感情？

（1）这两件事对探索救国救民之道的鲁迅刺激很大。匿名信事件既用写匿名信者的卑劣行为来反衬藤野先生的高尚品格，又使作者深感弱国弱民备受歧视的悲哀，激发了作者强烈的民族自尊心和为拯救民族、富国强民的斗争精神。"看电影事件"更深深地刺激了鲁迅。使他的自尊心受到严重的挫伤，思想上受到了极大的震动，以致改变了志向，弃医从文。

（2）"他们也何尝不酒醉似的喝采"，"何尝"与"不"连用，以反诘的语气来加强肯定，说明"他们"的幸灾乐祸，麻木不仁，强烈地表达了作者对反动派长期统治下的人们精神麻木的痛恨。

7. 作者为什么要弃医从文，进一步了解作者的爱国精神。具体解释请参看课文有关注释。教师引导学生明确：

作者之所以这样做，是因为中国民众的愚昧、麻木，使他深感医学只能解救病人肉体的苦痛，要真正解救自己的民族，首先要救治人的精神，唤醒民众的觉悟。鲁迅的这种将个人的志愿与祖国的前途命运紧密结合在一起的精神，是强烈的爱国主义精神的体现。

上述两件事，尤其是后一件事情是鲁迅决心离开仙台，弃医学文的根本原因。同时，也给下文写与藤野先生的惜别作了铺垫。

8. 作者为什么说藤野先生是"最使我感激，给我鼓励"的教师之一？

学生讨论后明确：因为藤野先生品格高尚，尤其是他毫无民族偏见——他对"我"的热心期望，"小而言之，是为中国……；大而言之，是为学术……"。这种精神与品格，在"我"的"眼里和心里"怎能不感到伟大呢？怎能不感激他呢？又怎能不从中受到鼓舞、激励呢？一个"最"字分量极重，真挚地表达了作者的崇敬、感激和怀念之情。

二 说明文读解教学设计

说明是客观地介绍、讲解事物或事理的一种表达方式。以说明为主要表达方式写成的文章称为说明文。在叶圣陶、夏丏尊合编的《国文百八课》（开明书店 1935 年出版）中，第一次将说明文列为独立的文体，与记叙文、议论文并列。从那时起，说明文就成为语文教材的重要组成部分。

（一）说明文的特点

1. 知识性

说明文的写作目的是为了广泛传播知识，这是说明文同记叙文、议论文的主要区别。说明文的题材与内容在众多的文体中独树一帜，越来越引起人们的重视。普及科学技术知识是发展知识经济工作的一项重要任务。说明文适应时代的需要极其迅速地发展起来了。

2. 客观性

说明文的客观性有两重含义：一是指文章的内容具有科学性，符合客观实际；二是指文章的表达手段较少主观的描绘、议论，多为客观的介绍、阐释。叶圣陶先生说过：说明文说明一种道理，作者的态度是非常冷静的。道理本该怎样，作者把它说清楚了就算完事，其间掺不进个人的感情和绘声绘色的描写。

3. 实用性

说明文不像文学作品以塑造艺术形象为主，也不像议论文主要阐述道德规范和思想观点。说明文的社会价值在于它的实用性。有的说明文介绍科技知识，如《宇宙里有些什么》、《景泰蓝的制作》；有的介绍自然的或人文的景观，如《死海不死》、《故宫博物院》；有的介绍实用知识，如《贮存大白菜的方法》。

（二）说明文读解教学的功能

1. 使学生获得知识、信息

说明文按其内容分为两类：事物说明文和事理说明文。阅读事物说明文，就是要获得关于具体事物的各种知识。例如，《一次大型的泥石流》、《蝉》、《苏州园林》等。阅读事理说明文，重在明了抽象事物的内涵、成因及事物之间的关系。例如，《通向长寿的基因工程》、《台风的成因》、《花儿为什么这样红》等。说明文读解教学的首要功能就是使学生学会从说明文中汲取知识、信息。

2. 引导学生掌握说明的方法

说明，是传播知识类信息的主要方式。人们在生活、工作和学习中经常使用这种表达方式交流经验，传递信息。例如，教师讲课、机关办公、科技服务、商业贸易活动和撰写科技论文，都要运用说明的方法。常用的说明方法有：下定义、作诠释、分类别、举例子、作比较、列数据、用图表、引材料、设比喻、摹状貌等，科学小品经常使用拟人的方法。在这些说明的方法中，定义与诠释容易混淆。定义指科学定义，是揭示概念内涵的逻辑方法，包括定义项和被定义项，定义项由种差和属概念构成。作诠释是对词语意义的一般性的解释，所以又称为语词定义。说明方法中的摹状貌与记叙文中的描写相似，其差别在于说明文的摹写是简短的，只将事物的某一局部描写清楚即可，不会成为主要的表达方式。记叙文中的描写是集中的、大量的，是一种主要的表达方式。比喻、比拟和引用本来是修辞方法，因为经常用于说明文中，也列为说明的方法。其余的方法一般只出现于说明文中。说明的方法是对说明这种表达方式的分解，学生只有弄清了具体的说明方法，才能在整体上把握这种表达方式。

3. 培育良好的思维品质和科学精神

良好的思维品质包括思维的客观性与思维的能动性。思维客观性的核心是思维的科学性，即思考问题时能够自觉地排除错觉、诡辩、随意断定及弄虚作假、自欺欺人等主观性成分。思维的能动性指思维的积极、主动与勤奋。科学精神包括热爱科学的品质、为科学献身的抱负、探索科学奥秘的毅力和实事求是的科学态度。个体所具有的良好思维品质与所接受的科学教育密切相关。说明文的阅读教学，能使学生受到良好的思维训练和科学精神的熏陶，说明文作者的治学方法、科学态度、渊博的知识会对学生产生深刻的影响。

（三）说明文读解教学设计示例

苏州园林

1. 背景知识

苏州园林是我国园林建筑中的一朵奇葩。作者叶圣陶（1894—1988），原名叶绍钧，苏州人，现代著名作家、教育家。本文是他为一本苏州园林图片册写的序。1979年初，香港一家出版社打算出一本介绍苏州园林的摄影集，约叶圣陶写一篇序文。叶老22岁以前，一直生活在苏州，常和好友游览苏州园林，对苏州园林的情趣和特征有深刻的体会，写作这篇序文时又参阅了陈从周教授编撰的《苏州园林》一书。序文写好后交给了香港那家出版社，但图片册一直不见出版。《百科知识》编辑部知道后便要求让他们先发表，于是，这篇序文发表在《百科知识》1979年第4期上。发表时删去了序文最后的几句话。人民教育出版社把它编入语文课本时，又删去他序文的第一段，原题"拙政诸园寄深眷——谈苏州园林"也随之改为"苏州园林"。

2.《苏州园林》的特征

在课文中苏州园林总的特征是：游览者无论站在哪个点上，眼前总是一幅完美的图画。文章然后根据园林的组成部分，分类加以说明：讲究亭台轩榭的布局，讲究假山池沼的配合，讲究花草树木的映衬，讲究近景远景的层次，讲究园林角落的配置，讲究雕镂琢磨的匠心，讲究色彩调配的协调。其中前四个方面主要说明，后三个方面次要说明。

3.《苏州园林》使用的说明方法

（1）下定义

"我觉得苏州园林是我国各地园林的标本，各地园林多少都受到苏州园林的影响。"

（2）做比较

"苏州园林与北京的园林不同，极少使用彩绘。"

（3）分类别

"为了达到这个目的，他们讲究亭台轩榭的布局，讲究假山池沼的配合，讲究花草树木的映衬，讲究近景远景的层次。"

（4）举例子

"或者是重峦叠嶂，或者是几座小山配合着竹子花木，……"

"阶砌旁边栽几丛书带草。墙上蔓延着爬山虎或者蔷薇木香。"

（5）引用

"……游览者来到园里，没有一个不心里想着口头说着'如在画图中'的"。

这里需要说明的是，教师在讲说明文所用的说明方法时，不只要找出使用了什么说明方法，还要分析出为什么用这种说明方法说明这部分内容，用这样的说明方法在课文中有什么作用。

4.《苏州园林》的说明顺序

对读者并不陌生的事物或事理，说明时可先说一般，再叙说个别现象，这种说明的顺序属于逻辑顺序。这种写法一般先写性质特征，后写状态，让读者先获得事物或事理的总体认识，然后具体理解。如《苏州园林》，一般读者都知园林这一事物，但苏州园林与其他园林有所不同，因此，写作时宜先说出它与其他园林不同的性质特征，然后具体说它的形态。这种结构安排有利于读者尽快地认识事物。

好文章不一定有一种顺序。这篇说明文从主到次，先总后分的写法，一般说成逻辑顺序。从说明内容上看，由亭台轩榭写到园林角落的配置，是从一个空间位置写到另一个空间位置，这是空间顺序。所以《苏州园林》这篇课文的说明顺序是逻辑顺序中有空间顺序。

5.《苏州园林》的语言特点

准确简练、耐人寻味是本文的特色。叶老的文字清浅平实，用词严谨准确。如文中的"标本"一词，这里有"范本"的意思，说明苏州园林对别处园林的影响重大。又如第二段中，四个"讲究"构成的句子用词很恰当，"讲究亭台轩榭的布局，讲究假山池沼的配合，讲究花草树木的映衬，讲究近景远景的层次"。这里的"布局"指整体的结构，"配合""映衬"指各部分的作用，"层次"指次序的安排，这些词都准确地说明了苏州园林的独特之处。

在举例说明苏州园林每个角落都注意图画美时，用了恰当的动词，避免了呆板，又饶有风趣。"墙上蔓延着爬山虎或者蔷薇木香。""蔓延"一词写出了爬山虎或者蔷薇木香的繁茂，使平板的墙头有了活气。再如"如果开窗正对着白色墙壁，太单调了，给补上几竿竹子或几棵芭蕉"。一个"补"字，又写出匠师们是多么善于化单调为多彩。

文章介绍的虽是幽美如画的园林，但是文字仍旧朴实如话，表达得极为真切，这也是叶老的语言特点。全文只用了有限的几个描写性词语，它们都表现出景物特有的状貌，很难用其他词语替换。如"盘曲嶙峋"形容古老藤萝枝条的弯曲枯干，满眼"珠光宝气"又写出藤萝花的典雅风韵，描绘出了生意盎然的画面。"高低屈曲"状写了池沼河道的边沿很少有砌得整齐的石岸，总是任其自然的特色。

文章用词准确，还表现在说明事物时表达得很有分寸，留有余地。如：池沼"大多引用活水"，苏州园林"极少使用彩绘"。有时语气很肯定，毫不含糊，如"总之，一切都要为构成完美的图画而存在，决不容许有欠美伤美的败笔"，"屋瓦和檐漏一律淡灰色"，这些表示范围、程度的词语都抓住园林的特点，表达得十分准确。

除了语言准确外，作为说明文，语言还不乏生动，耐人寻味，这表现在多种修辞手法的综合运用上。第二段中四个"讲究"构成了动宾式排比句，突出了布局的特色，也加强了语势。文中还用了对偶句："生平多阅历，胸中有丘壑。"写出了生活经历的丰富与堆积假山技艺的高超之间的关系。本文还运用了比喻的修辞手法，形象地说明了苏州园林不讲究对称，讲究自然之趣。这些，都使本文的句式多变，文章更加生动，意趣隽永。

三　议论文读解教学设计

（一）议论文的特征

以议论为主要表达方式的文章是议论文，又称为论说文。议论文的特点是以逻辑论证的方式直接表述作者的思想主张。写议论文时，作者运用概念、判断、推理等抽象思维方式揭示事物的本质规律，证明或反驳某种理论观点，以此表明作者的认识、立场。议论文的种类很多，常见的类别有政治评论、思想评论、文艺评论、短论、学术论文、杂文和演说辞等。

（二）议论文读解教学的功能

1. 培养读解议论文的能力

社会生活中的重大事件大都是用议论文体传播。例如，国际、国内的时局与党和国家的政策，一般用评论、社论的形式发布；社会科学、自然科学的研究成果，一般用学术论文的方式发表；人们对现实生活的思考、认识，多用短评、杂文形式表述。人们要参与社会生活，实现人生的社会价值，就必须具有阅读、写作议论文的能力。阅读、写作议论文，可以使作者与读者的思想观念直接融合或撞击，促进思想的成熟与完善。

2．培养议论的能力

议论是在正式场合经常使用的一种表达方式。演讲、谈判、会议发言和论文写作都要使用它，议论的能力直接制约着人的社会化程度与工作、学习的质量。

3．提高逻辑思维能力

逻辑思维是运用概念、判断、推理的形式，遵循同一律、排中律、矛盾律和充足理由律等思维规律而进行的思维活动。逻辑思维比形象思维更具概括性，应用的范围更广泛。议论文教学是提高学生逻辑思维能力的重要途径，应该让学生明确作者是如何准确地运用概念，揭示概念的内涵，限定外延；如何正确地作出判断，展开推理；如何遵循思维规律的。在运用分析、综合、分类、比较的逻辑方法上，议论文都是可资借鉴的蓝本。

（三）议论文读解教学的要点

1．议论文的三要素

议论文由论点、论据和论证过程构成，议论文的三要素是人的逻辑思维形式在议论过程中的显现。论证与推理有直接的联系。推理是根据一个或一些判断得出另一个新判断的思维形式。根据思维进程的不同，可以分为演绎推理、归纳推理和类比推理。论证是根据已知为真的判断，确定另一判断的真实性或虚假性，或某一论证不能成立的思维过程。论证包括证明和反驳。论证在结构上与推理相对应。论证中的论题（论点）相当于推理的结论，论据相当于推理的前提，论证方式相当于推理形式。这就是说，论证实际上是推理的逆向运作过程。由正确的推理所得出的正确结论，是论证时的论点；得出这一观点的前提，成为论证时的论据；推理所用的方式：或演绎，或归纳，或类比，就是论点与论据的联系方式，即论证方式。对议论文构成要素的教学应该与作者思想中的推理过程联系起来，这样才能搞清"三要素"的本质。

2．议论文的类型

论证分为证明和反驳。议论文根据论证的两种类型分为立论与驳论。立论是证明某一观点正确的论述过程。课本中的议论文多为立论型，这类文章由论点、论据和论证方式构成。驳论是反驳一种观点的过程。驳论由被反驳的论点、用来反驳的论据和反驳所用的方式构成。反驳的方式分为直接反驳论点、反驳论据和反驳论证三种。无论哪一种反驳，最终都是为了推翻论敌的论点。只不过是针对论敌逻辑错误最明显的地方不同，所以在敌论点、敌论据和敌论证这三个方面，任选其一作为反驳的切入口。有些驳论文章采用了驳论与立论相结合的方法，增强了文章的说服力。

3．论证方式

在构成议论文的三个要素中，论证方式最抽象，最复杂。立论文章的论证方式指证明过程中所包含的推理方式，共三类：演绎论证、归纳论证和类比论证。演绎论证中包括三段论论证、假言论证、选言论证和联言论证。归纳论证中包括完全归纳论证、简单枚举论证。类比论证是由类比推理演化来的，比喻论证可以看作是一种特殊的类比论证。

反驳论证中的反驳论点可以分为直接反驳论点、间接反驳论点和引申反驳论点（即归谬法）三种。反驳论据就是证明对方论据是虚假的。反驳论证是在对方论据真实的前提下，追踪对方的论证过程犯有逻辑错误时使用的方法。论证过程犯有逻辑错误称为"推不出"。

论证方式教学是议论文教学的重点，也是难点。无论讲析何种议论文，都应该指明文章使用了哪种论证方式。

（四）议论文读解教学设计示例

拿来主义

1．写作背景

这篇文章写于 1934 年 6 月 4 日。当时，由于国民党反动政府推行"攘外必先安内"的卖国反共政策，对日本侵略者实行"不抵抗主义"，致使日本侵略者很快地占领了东三省，并把侵略的魔爪伸向华北。国民党反动派投靠英、美帝国主义，对外更加肆无忌惮地出卖国家的领土主权，在政治上、经济上、军事上、文化上都执行一条卖国投降路线。同时对中国共产党所领导的革命根据地则实行残酷的、疯狂的反革命"围剿"。为了强化法西斯的思想统治，蒋介石还提倡以"四维"（礼、义、廉、耻）和"八德"（忠、孝、仁、爱、信、义、和、平）为内容的"新生活运动"，妄图用封建伦理道德来抵制无产阶级革命理论和思想的传播。

文化界也有一些反动文人，叫嚷"发扬国光"，掀起一股复古主义的逆流。在革命阵营内部，由于帝国主义长期的军事侵略、经济侵略和文化侵略，一些人特别是青年人对外来的东西产生了恐惧心理，甚至有一种盲目排外的情绪。在左翼文化界，曾于1934年前后展开关于民族形式、文艺大众化问题的讨论。由于当时"左"倾机会主义路线的影响，有人指责采用和改造旧形式是"机会主义"，是"类乎投降"。在对待外国文化上，也有人采取一概排斥的态度。当时在对待古代文化和外国文化的问题上，实际存在着两种错误态度：一种是全盘肯定，全盘吸收；一种是全盘否定，盲目排斥。这两种态度，都是不利于我国革命文化的发展的。鲁迅针对敌人破坏新文化发展的种种罪行，针对革命阵营内部某些人对待古代文化和外国文化的错误态度，运用马克思主义观点写了两篇文章。一篇是《论"旧形式的采用"》，阐明正确对待古代民族文化遗产的态度；一篇就是《拿来主义》，着重阐明对待外国文化遗产的态度。这两篇文章可以说是"姊妹篇"。

2. 文章的论点

在教学过程中我们一般认为本文的中心论点是：对待外来文化我们要运用脑髓，放出眼光，自己来拿，取其精华，弃其糟粕。

但是也有一些教师认为《拿来主义》不存在中心论点，其文只有议题与一个观点。这种观点认为，文章发表了一整套深刻而且全面的创造性意见、见解。文章意在解决怎样正确对待外国文化的问题（至于它兼及中外古典文化的问题，应当视为读者的拓展理解）。

根据文章的内容来看，本文的结论当然不是一点，也不是正反论证得出的一个固定的结论。文化守旧的背景，救亡图存的目的，爱国反侵略的性质，独立自主的原则和分类挑选的办法，自强自新的价值等，这一系列的见解，都是学生应当掌握的文章内容。所以我们认为，后一种观点也是很有道理的。

3. 文章的论据

本文中的形象有正面的，也有反面的；有写实的，也有虚拟的。只要能表现观点，增强文章的说服力，作者可以信笔勾勒，展示各类形象。为了批判"什么都是'送去主义'"的做法，作者列出三个形象："送一批古董到巴黎去展览"，"几位'大师'"在西欧各国举办"发扬国光"的画展，"要送梅兰芳博士到苏联去，以催进'象征主义'"。尤其是写所谓的"画展"，作者用"'大师'们捧着几张古画和新画，在欧洲各国一路的挂过去"一句来形容，使其形象逼真，丑态尽现。

"拿来主义"是作者的主张，怎样实行"拿来主义"则是作者必须阐述的一个重要问题。为此，作者虚构了"我们之中的一个穷青年"面对"一所大宅子""拿来"的正面形象。青年"因为祖上的荫功"而"得了"（或说"占有"）"大宅子"，也不管"大宅子"原先是怎么来的，他"首先是不管三七二十一"地"拿来"。"不管三七二十一"的形象恰到好处地表现了青年"拿来"的态度坚定果决，毫不迟疑。为了将观点表述全面，作者又用"如果"虚拟出一组反面形象：面对"大宅子""徘徊不敢走进门"，"勃然大怒，放一把火烧光"，"接受一切，欣欣然的蹩进卧室，大吸剩下的鸦片"。反面形象是作者否定的，因而特缀"孱头""昏蛋""废物"等名号，以示憎厌。接下来作者刻画"穷青年""占有""大宅子"之后所进行的"挑选"："看见鱼翅"，就"吃掉，只不用它来宴大宾"；"看见鸦片"就"送到药房里去""供治病之用"，"却不弄""玄虚"；看见"烟枪和烟灯"，就"送一点进博物馆"，"其余的""毁掉"；看见"一群姨太太"，就"请她们各自走散"。这一"挑选"的过程，正是作者对待文化遗产观点的具体体现，即"取其精华，弃其糟粕"。同时，也是对"拿来主义"者应具有的品质所提出的要求，即沉着、勇猛、有辨别、不自私。

4. 论证方法

《拿来主义》主要的论证思路是先破后立，主要的论证方法是比喻论证和对比论证。

（1）论证思路

文章首先批判了"闭关主义"和"送去主义"。"闭关主义"和"送去主义"有着必然的因果联系。正因为闭关锁国，盲目排外，才导致了国家的落后。落后就要挨打，挨打之后，就由排外变成了媚外。"闭关"是历史，"送去"是现状，批判二者是为了提醒人们不忘历史，关注现实。又因为"送去主义"和"拿来主义"是相对立的，"送去主义"的实质就是卖国主义，揭露批判"送去主义"是为了澄清人们的模糊认识，使人们认识到其危害性，为提出"拿来主义"作了必要的铺垫。

文章接着分析"送来"的东西。"送来"的东西不过是"残羹冷炙"，而且不是善意的施舍，表面上是"送来"，实质上是变相侵略和掠夺。"送来"和"拿来"有本质的不同："送来"是别人强加给自己的，自己没有选择的余地，没有要与不要的自由，只能被动地接受；"拿来"是"运用脑髓，放出眼光，自己来拿"，自己可以选择，有要与不要的自由，主动权掌握在自己手中。认清"送来"的本质，也是为了澄清认识，擦亮人们的眼睛，只有这样才能正确地"拿来"，批判错误现象、错误观点正是为了更好地阐述正确观点。

在论证"如何拿来"这部分时，作者首先列举了对"大宅子"的三种态度并批判了这三种态度。文中的"大宅子"比喻文化遗产。"反对这宅子的旧主人，怕给他的东西染污了，徘徊不敢走进门"指的是那种面对旧的文化遗产惊慌失措不敢接受的懦弱无能的态度；"勃然大怒，放一把火烧光，算是保存自己的清白"指的是故意毁坏文化遗产显示自己革命彻底的极"左"态度；"羡慕这宅子的旧主人"，"接受这一切"，"欣欣然的蹩进卧室，大吸剩下的鸦片"指的是那种对旧的文化遗产不分好坏而全盘继承的态度。这三种对待文化遗产的做法和态度都是错误的，不利于我们正确地继承旧文化、创造新文化。同时，批判这三种错误态度也是为阐述"拿来主义"的正确态度做铺垫，二者是"破"和"立"的关系。

（2）论证方法

在中学语文教材中，鲁迅的《拿来主义》最突出的是运用了比喻论证的论证方法。

通观全篇，每小节几乎都采用了喻证法。教学中，教师应引导学生分析领会文章比喻论证的方法和重点词句的含义，讨论文章中所用"形象"的作用。让学生掌握灵活多样的比喻形式，通篇运用比喻说理的写作特色。

　　课文中鲁迅先生善于运用形象来说理，能深入浅出地把抽象的论点具体化，既有感情色彩，又强化了概括效果。第三段中，文章用尼采来类比"送去主义"，是说明两者本质上的相似都是无视现实、盲目、狂妄自大。第八段中，鲁迅先用犀利、幽默的语言，嘲讽和鞭挞了对待文化遗产的三种错误态度，分别用"孱头"、"昏蛋"、"废物"比喻逃避主义者，虚无主义者和投降主义者。第九段中，又用"鱼翅"、"鸦片"、"烟枪烟灯"、"姨太太"来比喻文化遗产中的各种利弊部分，真是生动形象而又深刻含蓄。

　　通过比喻来阐明自己的观点较之直接明白地阐述更加生动形象，避免了艰深与枯燥，也增强了文章的文学性和趣味性。

　　除了喻证法，文章还运用了对比论证，体现在以下几方面。

　　文章对比分析了"抛给"、"送来"和"拿来"。"抛给"、"送来"是指帝国主义对我国的经济文化侵略。"抛来"是指把无用的东西抛弃，或无代价地施舍，一般不怀有什么不良的动机或目的。"抛给"是指有目的地、带恶意地输出。一句"不要误解为'抛来'的东西"，把"抛来"和"抛给"之间的善恶分得十分清楚。"送来"是帝国主义对我国进行的经济、军事、文化侵略和掠夺，是"抛给"的同义语；"拿来"是根据需要自己去拿，二者本质不同。文章通过对比论证得出结论，我们要"拿来"。

　　5. 语言特点

　　（1）形象描述

　　文章在列举"送去主义"的表现时，有这样一句话："还有几位'大师'们捧着几张古画和新画，在欧洲各国一路的挂过去，叫作'发扬国光'"。"几位"、"几张"说明大师不多，作品极少，几乎到了少而无奈、寒碜可怜的程度。"捧"字颇具意味，陈述对象是国民党政府的御用文人——"几位大师"，呈送对象则是帝国主义殖民者，"捧"字活画出"大师"们对殖民者毕恭毕敬，谄媚讨好的奴性心理。"欧洲各国"点明此次画展涉及的国家之多，"一路"点明此次展览路线之长。"挂"则勾画"大师"们大张旗鼓、自鸣得意的丑陋之态。引用"发扬国光"实则是顺手讽刺国民党"大师"们一味"送去"作品，不以为耻、反以为荣的丑恶嘴脸。简单的一句话，用精练、传神的动词，恰如其分的修饰语和限制语，惟妙惟肖地刻画出国民党政府卑躬屈膝，崇洋媚外的奴性和媚相。

文章在阐述"送去主义"的危害时说："要不然，则当佳节大典之际，他们拿不出东西来，只好磕头贺喜，讨一点残羹冷炙做奖赏"，"磕头贺喜"描绘亡国奴点头哈腰、摇尾乞怜的奴才相。"残羹冷炙"既勾画出亡国以后人们无以为生、乞讨度日的可怜可悲，又形象地揭示出帝国主义在榨干了殖民地半殖民地人民的血汗后，用剩余物资进行经济侵略的事实。"奖赏"自然不是奖励、赏赐之意，而是勾勒出一旦做了亡国奴的子孙后代面对帝国主义居心不良的施舍可能表现出来的无知和麻木。几个关键词语形象地揭示出"送去主义"亡国灭种，危及子孙的实质。

（2）妙用反语

作者运用了大量的反语使文章生动形象，如在列举了"送去主义"的三种表现之后，有这样一句议论："总之，活人替代了古董，我敢说，也可以算得显出一点进步了。""进步"讽刺"送去主义"之风愈演愈烈，日益猖獗，大有执迷不悟、愈陷愈深之势。"算得"一词体现了作者的情感态度，表明"活人替代了古董"，不是学术进步、文化昌明，而是学术退步、文化堕落，作者对此是不屑的。揭示"送去主义"的危害，作者又写道："当然，能够只是送出去，也不算坏事情，一者见得丰富，二者见得大度。"这句话也是反语讽刺。"丰富"是欺世惑众的自夸，媚外求荣的借口，事实上的贫乏已经戳破了这个谎言。"大度"在这里当然不是"慷慨大方"的意思，它的含义只是"送去主义"者对民族利益的无耻而彻底地背叛和出卖。与之相对的是作者倡导"拿来主义"的主张："我只想鼓吹我们再吝啬一点，'送去'之外，还得'拿来'，是为'拿来主义'"。"鼓吹"这里不是贬义，不是唆使、煽动别人去干坏事，而是理直气壮，义正词严地宣扬真理。"吝啬"也不是财迷小气的含义，而是贬词褒用的反语，意为"珍惜"，表明对经济、文化财富应有的正确态度，而且对"送去主义"那些媚外求荣的败家子行径也是一种嘲弄、揶揄。

（3）巧用比喻

　　运用比喻说理可以化深奥为浅显，化抽象为具体，变枯燥为风趣，从而增强文章的形象性和感染力。如何对待中国文化遗产，这是一个抽象繁复的话题。鲁迅先生化繁为简，举重若轻，先把中华文化遗产比作一所大宅子，然后从正反两方面设喻。先反面设喻批判对待文化遗产的三种错误态度：把拒绝借鉴、害怕污染、不敢选择的逃避主义者说成是"孱头"；把割断历史、盲目排斥的虚无主义者说成是"昏蛋"；把全盘继承、顶礼膜拜的投降主义者称作"废物"。设喻新颖风趣，讽刺深刻犀利，令人折服。而后正面设喻阐述对待文化遗产的正确态度——取其精华，去其糟粕。"鱼翅"比喻文化遗产中有益无害、高贵典雅的内容，要"拿来"而且"使用"；"鸦片"比喻文化遗产中既有益处又有害处的东西，要吸取、使用它有用的方面，清除它有害的方面；"烟枪"、"烟灯"、"姨太太"比喻文化遗产中的糟粕，要"毁掉"（只留少许送博物馆）。三类比喻把如何对待文化遗产阐述得深入浅出、清楚明了。除了整体设喻论述"拿来主义"之外，文章局部许多地方也广泛使用比喻来增强文章的说服力和感染力。例如阐述"闭关主义"的危害时，作者这样写："自从给枪炮打破了大门之后，又碰了一串钉子，到现在，成了什么都是'送去主义'了。""打破大门"、"碰钉子"形象地揭示出清政府闭关锁国落后挨打以至与帝国主义签订一系列割地赔款、丧权辱国的不平等条约的事实，较之于直陈史实来得风趣、幽默。批判"送去主义"的危害时，作者把"送去主义"者类比尼采，这样评述尼采："尼采就自诩过他是太阳，光热无穷，只是给与，不想取得。然而尼采究竟不是太阳，他发了疯。"以太阳自喻的尼采，自命不凡、思想错乱，让人联想到主张中国地大物博的"送去主义"者也是狂妄自大，不自量力。批判的锋芒犀利而且深刻。

第二节　文学作品读解教学设计

　　文学作品读解教育是培养学生对文学作品的理解、鉴赏、评价能力与健康、高尚的审美情趣的教育行为，是语文素质教育不可缺少的环节。

一　诗歌读解教学设计

　　我国传统的语文教育特别重"诗教"。从孩童时起，就以朗读、背诵等形式督促他们学诗，使之从小熟悉诗的旋律与意境，习惯于用诗人的眼光与情趣观察世界，描写世界，以培养孩子灵敏的语感与丰富的想象。我国古代的诗歌教育是成功的，我们应该继承这一优良的语文传统。

（一）诗歌的特征

诗歌简称"诗"，是与小说、散文、剧本并列的一种文学体裁。在多种文学作品中，诗歌是人类最早创造出来的文学样式，具有悠久的历史。诗歌具有艺术概括性，诗的语言是优美的、凝练的；诗歌富有形象性，蕴含着丰富的想象和优美的意境；诗歌具有抒情性，诗的感情比其他文学作品更集中、更浓烈；诗歌具有音乐性，其节奏和韵脚形成了一种韵律美。我国古代的诗歌是人类文学宝库中璀璨的明珠，我国的新诗亦积累了许多优秀作品。

（二）诗歌读解教学的要点

1. 重视涵泳

涵泳即反复吟诵，深入领会。诗歌这种文学体裁的种种优势必须化为有声语言才能显现出来。诗歌语言的音乐美，诗歌蕴含的激情，诗人呕心沥血所营造的神奇的意境，须经朗读、背诵才能化为真实的乐音、真切的情感和身临其境般的体验。涵泳，是诗歌教学的第一要点。

2. 鉴赏意境

意境，是中国美学的一个独特的范畴，是情与景、意与境在诗人心中的交融会合，是诗人凭借想象力创造出来的一种独特的景象。这种景象是诗人用自己的全部热情与智慧对真实生活进行艺术加工的结果，是真、善、美凝结在一起而形成的高妙的艺术境界。诗歌教学的核心就是引导学生进入诗的意境，使学生在自己的心灵中再现这一意境，并能够领悟意境中蕴含的生活内容和理想、情操。

3. 学习语言

与其他文学体裁相比，诗歌的语言最精练。诗歌教学应该讲析诗歌字句的含义，尤其应抓"诗眼"。教师要用生动的语句补充跳跃的诗句，引申被压缩的意义。让学生读懂简约的诗的语言，获得完整的艺术形象。

（三）诗歌读解教学设计示例

再别康桥

1. 作者及创作背景

（1）作者介绍

徐志摩（1897—1931），现代诗人、散文家。名章垿，笔名南湖、云中鹤等。浙江海宁人。1915 年毕业于杭州一中，先后就读于上海沪江大学、天津北洋大学和北京大学。1918 年赴美国学习银行学。1921年赴英国留学，入伦敦剑桥大学当特别生，研究政治经济学，在剑桥两年深受西方教育的熏陶及欧美浪漫主义和唯美派诗人的影响。1921 年开始创作新诗。1922 年回国后在报刊上发表大量诗文。1923 年，参与发起成立新月社，加入文学研究会。1924 年与胡适、陈西滢等创办《现代评论周刊》，任北京大学教授。印度大诗人泰戈尔访华时任翻译。1925 年赴欧洲，游历苏、德、意、法等国。1926 年在北京主编《晨报》副刊《诗镌》，与闻一多、朱湘等人开展新诗格律化运动，影响到新诗艺术的发展。同年移居上海，任光华大学、大夏大学和南京中央大学教授。1927 年参加创办新月书店。次年《新月》月刊创刊后任主编，并出国游历英、美、日、印诸国。1930 年任中华文化基金委员会委员，被选为英国诗社社员。同年冬到北京大学与北京女子大学任教。1931年初，与陈梦家、方玮德创办《诗刊》季刊，被推选为诗会中国分会理事。同年 11 月 19 日，由南京乘飞机到北平，因遇雾在济南附近触山，机坠身亡。著有诗集《志摩的诗》、《翡冷翠的一夜》、《猛虎集》、《云游》，散文集《落叶》、《巴黎的鳞爪》、《自剖》、《秋》，小说散文集《轮盘》，戏剧《卞昆冈》（与陆小曼合写），日记《爱眉小札》、《志摩日记》，译著《曼殊斐尔小说集》等。他的作品已编为《徐志摩文集》出版。徐诗字句清新，韵律谐和，比喻新奇，想象丰富，意境优美，神思飘逸，富于变化，并追求艺术形式的整饬、华美，具有鲜明的艺术个性，为新月派的代表诗人。他的散文也自成一格，取得了不亚于诗歌的成就，其中《自剖》、《想飞》、《我所知道的康桥》等都是传世作品。

（2）创作背景

对于本诗的写作背景有两种说法。一种是说此诗作于 1920 年。当时徐志摩远渡重洋，从美国到英国研究文学。在伦敦剑桥大学，他度过了一年多真正悠闲自在的日子。据他后来回忆，这是他一生中最幸福的日子。在风景秀丽的康河两岸，他完全陶醉于大自然的怀抱里，临到他要离开伦敦的前夕，在一个美丽的黄昏，他在康桥上漫步，流连忘返，写下了这首诗。另一种说法是：此诗作于徐志摩第三次欧游的归国途中。时间是 1928 年，地点是中国海。7 月底的一个夏天，他在英国哲学家罗素家里逗留一夜之后，事先谁也没通知，一个人悄悄来到康桥找他的英国朋友。遗憾的是他所熟悉的英国朋友一个也不在，只有他所熟悉的康桥，在那里静静地等待他。于是他就在曾经生活过的每一个地方、每一个角落，静静地散步。那一幕幕过去的生活图景，又重新在他的眼前展现。由于他当时比较忙，又赶着要去会见另一位英国朋友，故未能当场写下自己的感慨，直到乘船离开马赛的归国途中，面对汹涌的大海和辽阔的天空，才展开纸笔，记下了这次重返康桥的切身感受。

2. 教学步骤

诗歌是各类文学作品中表达情感最为丰富的一种文学体裁，它把诗人无限丰富的思想情感，融入有限的诗歌意象当中，给人无限的美感享受。如果我们做个比喻，把文学比作一顶王冠的话，那么诗歌就是这顶王冠上最为璀璨的明珠。今天我们就来学习一首现代诗名篇——徐志摩的《再别康桥》，感受现代诗带给我们的美感和惬意。

【诗歌教学很重要的目的是培养学生的审美情趣，感受诗歌的语言美、结构美、韵律美。此教学设计从导语开始就让学生感受到了美感的熏陶。】

诗歌从整体上看，用韵不一致，但每节内部用韵基本相同，这样，通篇章节错落有致，诵读时自然会有一种旋律感。这也正是徐志摩乃至整个新月派诗歌音乐美的追求和实践的体现。整首诗读来带给人梦幻般的美感。

　　　　轻轻的我走了，正如我轻轻的来。

我们说了这首诗主要是表达诗人即将离开自己就读的剑桥大学，而抒发的一种离愁别绪。那么作者说"轻轻的我走了，正如我轻轻的来"，这里的"轻轻"表达了作者的什么思想感情？

轻轻的离开表达了作者对康桥的无限热爱和留恋，不忍打扰。对于作者来说在康桥的日子就像梦幻般美好，现在要离开了，所以这一节主要作为一个铺垫写了作者的"康桥别梦"，因为别梦所以他要去追梦，因为这种惆怅和不舍，所以他要继续去追寻。那么诗人想要追寻的梦到底是什么样子的呢？我们接着往下读。

【用优美的语言，阐释出作者的笔触是对康桥无限的热爱和留恋。解析语言，承上启下，优美动人。】

那河畔的金柳，是夕阳中的新娘；波光里的艳影，在我的心头荡漾。

诗人首先看到了河畔的金柳。那么随着诗人的角度我们也来想象一下：康河在夕阳的照射下，落日余晖里，映出一片辉煌，而河畔的金柳它又是什么样的呢？在夕阳的照射下，河畔的金柳也镀上了一层妩媚的金黄色，同时它的枝条又随风荡漾，摇曳多姿，具有绰约的风姿，就如盛装的新娘一样，即娇羞默默，又多彩动人，它的艳影不仅倒映在康河水里，也映照在诗人的心中，吸引着诗人，当然也吸引着我们。使得我们跟随诗人一起走进了这个康河美景，走进了这个美妙的人间奇境。他梦中一景先写到了"金柳"像"新娘"（板书）或许是新娘的美丽与温柔，太打动人心了，以至于诗人不敢正视她。正在这个时候，他低头又看到了什么呢？

【用优美的语言，带领学生想象出一幅美丽的图景，充分激发学生的想象力，培养他们的创造性思维。】

软泥上的青荇，油油的在水底招摇；在康河的柔波里，我甘心做一条水草。

目光流转之间，他又看到了康河水里的青荇，油油的在水底招摇。招摇的意思是"逍遥"，可以说用逍遥来形容水草更体现了水草的那种无拘无束，自在与安闲。同时作者似乎觉得用招摇来形容水草还不足以充分的描绘出水草的姿态，于是又用了"油油"的，"油油"使我们联想起什么样子？是"和悦"的样子，还有"水流"的样子。那么用油油来形容招摇进而来形容水草，就更表达出了水草的自在情态。同时"油油"使我们联想到了水流。微风过处水波微涌，在如此清澈的康河水里青荇随波轻摆，多么悠然自得的图景啊。青荇那样的悠闲自在，使得"我"都想做康河水里的一条水草。

【用有形的语言，描绘出了水底植物悠然自得的姿态，对于"诗"的解析也要用诗性的语言。】

　　　那余荫下的一潭，不是清泉，是天上的虹；揉碎在浮藻间，沉淀着彩虹似的梦。

他又注意到了清泉，诗人眼中清泉是什么样的？他用十分肯定的语气告诉我们那"不是清泉，是天上的虹"。虹是什么样子的？五彩斑斓、绚丽多姿的，赤橙黄绿青蓝紫，自然界的基本色彩它都具备了。那么一般来说清泉色彩是单一的，诗人眼中的清泉怎么会像虹呢？但是诗人那样肯定的告诉我们：是天上的虹，不是清泉。在自然光线下，水底是绿色的，呈现出一片碧绿，在夕阳中它被映上了一层红光。同时在这一潭水上漂着很多浮萍，夕阳中霞光映照下来，被浮萍挡住的泉水，就具有了浮萍的绿色，那么没被浮萍挡住的泉水，就具有了霞光的颜色，或者也许有的浮萍也被染上了夕阳的金黄色，这样这些颜色组合在一起，一眼望去，清泉似乎就有了"虹"的绚丽多彩，具有了虹的样子。虹这个事物寄托着人们美好的意象，多是和美好事物相联系的。但是就这样一个寄托着无限美好的事物，诗人却用了一个十分残酷的词来形容它，他说"揉碎在浮藻间，沉淀着彩虹似的梦"。诗人为什么忍心揉碎他心中这样美丽的虹呢？其实这就要结合诗人当时的经历了。在短短两年的剑桥大学求学期间，可以说带着诗人无限的欢欣与快乐，也寄托着诗人无限的梦想。但是由于种种原因梦想不得不幻灭。所以说他的这些美丽的梦就被揉碎在浮藻间，沉淀着彩虹似的梦。

在这样的彩梦中诗人掠去了在尘世中的喧嚣和一切苦恼，剩下的唯有自由与纯净。那么沉浸在灵魂深处的自由与纯净中的诗人就不禁要放歌要寻梦了。

【解析过程中，加入了诗人的经历，不仅使学生更加容易理解诗的语言，而且使解析更加深入、完整。】

寻梦？撑一枝长篙，向青草更青处漫溯；满载一船星辉，在星辉斑斓里放歌。

诗人要寻找他这彩虹似的梦了。向青草更青处漫溯；满载一船星辉，在星辉斑斓里放歌。诗人想驾一叶轻舟，撑一枝长篙，向青草更青处去追寻他那彩虹似的梦。在傍晚放舟寻梦归来时，水波与星辉交相辉映，满载一船星辉，在星辉里诗人按捺不住内心的情感，想要放歌。可以说诗人的快乐情绪，在这一刻达到了一个顶点。正当诗人的快乐情绪也感染了我们的时候，诗人的情感却忽然由高峰跌落下来。

【随着诗歌的情感起伏，解析语言也随之达到高潮，感情充沛，使学生精神振奋。】

但我不能放歌，悄悄是别离的笙箫；夏虫也为我沉默，沉默是今晚的康桥。

诗人那样快乐，但是又从幻想回到了现实：今晚我还是要与康桥作别，所以我不能放歌，我无法放歌。笙箫是在离别的时候才吹响的，它寄托着离愁与思念。它的声音那样的哀婉，但是诗人就连这样哀婉的笙箫也不能吹起。为什么诗人要悄悄的别离呢？他对康桥有着久久的爱恋，有着难舍的情思，他不忍心打搅，即便是要离开，也要悄悄的别离。"夏虫也为我沉默，沉默是今晚的康桥"。不仅是诗人，还有康河的一草一木、一虫一鸟。就算是康河边的小虫子，似乎也感受到了诗人离别在即，它也不再鸣叫，在沉默中体味着阵阵的惆怅。"沉默是今晚的康桥"，就连往日欢腾的康桥也因为诗人的离别沉寂了。一切都是那么沉静，萦绕着缕缕别情、重重离愁。

【柔美的解析语言，使学生再次沉浸其中。】

　　　悄悄的我走了，正如我悄悄的来；我挥一挥衣袖，不带走一片云彩。

　　在前面几节诗的感情铺叙之后，诗人的这种离别之情可以说是在最后一节达到了高潮。尽管他用的是"悄悄的"，但我们能感受到诗人心中的那种爱流，他内心的感受是激烈而澎湃的，但是流淌出来的诗句却是"悄悄的我走了，正如我悄悄的来"。诗人在最后还是要悄悄地与康桥作别。

　　这样我们就把这一首诗读完了。任何一种对于诗的解读，跟诗本身相比它都是苍白无力的。但是不同的人读同一首诗却有着不同的情感体验，这里只是列举了一种。最后请大家结合现在的心境，我们似乎也沉浸在我们曾经消逝的梦中，一起背诵《再别康桥》。

　　【最后指出诗歌解析的真谛。解析结束后师生一起背诵全诗，使学生在美好的情绪中结束这堂课，回味无穷。】

二　散文读解教学设计

（一）散文的特征与分类

　　人们对散文的理解有广义与狭义之分。广义的散文是指韵文（诗、赋等）以外的用散行文字写成的文章。包括记叙文体、议论文体等各类。狭义的散文指一种与小说、诗歌、戏剧并列的文学体裁名称。语文教学中所说的散文是狭义的散文。散文的主要特点是篇幅较短、题材广泛、章法自由、文笔优美、内容基本真实且有意境。根据散文的取材与表达方式的不同，可以将散文分为三类：叙事散文、抒情散文和议论散文。以叙述事件、叙写人物为主要内容的散文叫叙事散文。例如，《雨中登泰山》、《内蒙访古》、《藤野先生》、《背影》等。抒情散文着重于作者个人的抒怀。这类散文大都通过"触景生情"、"托物言志"的途径，从即景、即物的描摹中生发联想，抒写情志，阐述哲理。在抒情散文中，作者对客观事物的审美发现与主体的精神追求结合为一个整体。景物与情志交织融会，亦此亦彼，相得益彰。例如，《绿》、《荷塘月色》、《白杨礼赞》、《茶花赋》等。议论性散文指在语言和手段上富有文学色彩，将议论的逻辑性与文学的抒情性融为一体的文章。如培根的随笔、鲁迅的杂文等。

（二）散文读解教学的要点

1. 理清思路，抓住线索

散文材料丰富，巧于布局。散文读解教学首先应该缕析作者起笔、行文、收笔的路线，理顺思路，遵路识文。在理顺思路的过程中，有两项工作：一是点数材料，二是把握线索。在学生通读文章之后，首先应该对全文所写的材料有个总体认识，对全文的内容心中有数，并开始思考材料之间的关系。这样自然就要把握散文的线索了。要理解散文，就要缕析文章的线索。因为散文没有小说的情节、戏剧的场次这样的结构特征，所以散文作者在组织材料时，总是用某一线索将那些丰富的、貌似零散的材料组织起来。读者弄清了文章的线索，才能理解作品的构思，进而把握文章的题旨。散文的线索主要有以下几种：以物为线索，以空间位置的联系或以时间的次第为线索，以情感或理念为线索。例如，冰心的散文《樱花赞》是以樱花（物）为线索的；杨朔的《茶花赋》以理念（画一张能够象征祖国的图画）为线索；鲁迅的《藤野先生》以事件的时间次第为线索；翦伯赞的《内蒙访古》以古迹地理位置的相关为线索。散文的线索或明晰，或隐蔽；或沿着某一线索行文，或时空结合，物情交织，呈复杂状态。散文的线索与思路不同。思路是材料排列的顺序，是材料之间的关系，是作者由此及彼的联想路线。线索是所有材料共有的某一特征，是材料的连缀物。如，秦牧的散文《土地》的思路是从古到今，从中国到外国，纵横交错，而这篇文章的线索是土地。作者以土地为线索，将广袤时空中发生的事情连缀成整体，表达他对时代，对生活的热情讴歌。有些以时间空间为线索的散文，思路与线索易重合，但仍然可以从材料排列的顺序和材料环绕的中心这两个角度区别散文的思路与线索的关系。

2. 品味材料，把握立意

散文的材料丰富、精美而又基本真实，加之散文的语言优美、隽永，因此文中的材料值得细细品味。散文的"散"道出了它取材的独特魅力。散文的作者在写作时，往往是一题到手，便骋怀放笔。尽量开发知识与生活的库存，鼓动联想、想象的翅膀，将写作对象放到深广、辽阔的生活背景中进行审美观照，于是散文就具有了"思接千载，视通万里"的活力。了解散文的材料,可以开阔眼界,丰富见闻,增长知识;品味散文的材料,可以提高生活的情趣,获得智慧的启迪。散文教学,千万不能将散文的材料丢弃不顾,而抽象地演绎所谓的"思想感情"。

散文的笔触尽管奔放不羁,但是作者对于自己的写作内容,都有真切的感受和独到的见解,这便是散文的立意。散文的立意就是散文的主题。我们在欣赏散文的内容时,必须把握散文的主题。只有这样,我们才能透彻地理解材料,弄清作者思想的基点,理解、鉴赏、评价散文。在把握散文立意时,应该注意"文眼"在文中的作用。所谓"文眼",就是散文中最富表现力,最能提示读者准确理解作品内涵的关键语句,这是作者点"睛"理"脉"之处。"文眼"大都设在文章结尾处,如《岳阳楼记》中的"先天下之忧而忧,后天下之乐而乐"。有的设于开头,统领全篇,如《荷塘月色》的首句:"这几天心里颇不宁静。"还有的贯穿全文,如《白杨礼赞》中的"我赞美白杨树"。研读散文的材料与把握散文的立意不可能分开:品味散文的材料,可以发现文章的主旨;把握了散文的立意,才能更深刻地领会散文丰富而精致的材料的内涵。

3. 探求意境,体会情感

首先应该明确,并非所有的散文都有意境,但是大多数散文都营造了使人难忘的画面或场景,一部分散文充满了诗情画意。散文教学不应忽视对文中画面、场景和意境的赏析。散文中的形象不是单纯的客观描写,而是作者情怀的显示,是作者审美感受的流露。散文读解教学应该引导学生探求渗透于具体描写中的意蕴。例如,读了方纪的《挥手之间》,谁能忘记作者所描述的那个象征着中国命运重大转折的镜头:毛泽东同志站在飞机舱口向群众举帽致意。解读了这一场景,也就把握了全文的精髓。有些散文具有诗一般的意境,如《绿》。在这篇散文中,朱自清先生创造了一个神奇、美丽、生机盎然的"绿"的艺术境界。这一境界不仅是温州梅雨潭美景的再现,更是对梅雨潭绿色具有的独特魅力与神韵的传达。作者讴歌自然、热爱生活的激情完全融入了对"绿"的描绘,使这自然景色升华为具有永恒审美价值的艺术境界。真实的梅雨潭可能会干涸,但是朱自清笔下"绿"的艺术境界必将久远流传。不探求散文的画面、场景和意境，就不可能领会散文的情怀、情致和情思，也就没有读懂散文。

4．推敲语句，学习言语

散文没有情节，没有矛盾冲突，主要以精妙的构思和富有表现力的言语取胜。与其他文学作品相比，散文的语言最自然。它无须像诗歌那样，顾及韵律；也不像小说和剧本，把作者的面目掩藏起来，替故事中的人物"立言"。散文的取材贴近生活，而且最便于显示作者的个性和语言素养。散文用词丰富、讲究；语句流畅、隽永；句式整齐而错落有致；修辞方法多样且运用自然；语音富有节奏，读来朗朗上口。指导学生认真学习散文的语言，能有效提高学生的言语质量。

（三）散文读解教学设计示例

风　筝

【教学目标】

1．整体感知课文，理解文章主要内容和中心意思；

2．感悟、理解矛盾冲突中的手足情；

3．理解、学习鲁迅严于自省的精神。

【教学重点】

感悟、理解矛盾冲突中的手足情。

【教具学具】

多媒体课件

【教学步骤】

1．创设情境，导入新课

（1）导语设计：大家喜欢风筝吗？

几乎所有的人都喜爱风筝，因为它承载了我们最初的梦想，在三月阳光明媚的日子，借一缕清风，就那么飘飘然地飞上了蓝天，让我们为之奔跑，为之欢腾，为之愉悦。那些灵动的风筝是我们在天空美丽的影子。此刻，就让我们在这间有着音乐的教室里，一起先来欣赏一组漂亮的风筝。

（多媒体播放关于风筝的短片后，请几位学生讲一讲自己放风筝的心情和感受）

风筝是我们灿烂童年里最可爱的玩具了，可是，在很多年前，却有一只小小的蝴蝶风筝，正当它准备腾空而起，展翅飞翔的时候，却在一间堆积杂物的小屋里，被粗暴地撕毁、踏扁了……今天，就让我们一起来学习一篇记叙这段悲伤往事的文章——《风筝》。

（多媒体显示）：风筝 鲁迅

（2）作者、作品简介

提问：小学时，同学们曾经学过一篇介绍鲁迅先生的文章《三味书屋》，哪位同学能给大家介绍一下鲁迅先生？

（学生介绍后，然后多媒体显示）：

作者简介：鲁迅（1881—1936），文学家、思想家和革命家。原名周树人，字豫才，浙江绍兴人。

其代表作有中国现代文学史上第一篇白话小说《狂人日记》，中篇小说《阿Q正传》，散文集《朝花夕拾》，散文诗集《野草》等。本文选自《野草》，是一篇散文，因它具有诗一般的语言，也可以说是一篇散文诗。

2. 探究性学习

（1）阅读（整体感知）

①扫清生字障碍，请同学注意加点字读音。

（多媒体显示）：

伶仃（líng dīng） 憔悴（qiáo cuì） 诀（jué）别 嫌恶（wù）
什（shí）物 虐（nüè）杀 苦心孤诣（yì） 惩罚（chéng fá）

②下面让我们一起来欣赏这篇文章的配乐朗读，在聆听的时候，请同学们思考下面两个问题：

（多媒体显示）：

是什么东西引起了鲁迅先生的回忆，这里采用了记叙顺序中的哪一种？

课文讲述了一个关于_____的故事？

（要求从时间、人物、事件、情感等角度各用一句话概括）

（2）析读（走进往事）

一个如此简单的故事，多年以后"我"却依然如此清晰地记得，现在请让我们一起来研读这篇《风筝》，随作者的文字走进那段童年往事。

（多媒体显示）：

①对于风筝，弟弟和"我"有着哪两种截然不同的态度？

②你们是从文中哪里看出来的？

③不同的态度导致不同的行为，由于弟弟喜爱风筝，他后来做了什么？对于弟弟做这种没出息孩子才会做出的行为，哥哥又有怎样的举动？

讨论明确：

①弟弟：非常喜欢；哥哥：十分嫌恶。

②弟弟——"他那时大概十岁内外罢，多病，瘦的不堪，然而最喜欢风筝，自己买不起，我又不许放，他只得张着小嘴，呆看着空中出神，有时甚至小半日。远处的蟹风筝突然落下来了，他惊呼；两个瓦片风筝的缠绕解开了，他高兴得跳跃。"

"我"——"但我是向来不爱风筝的，不但不爱，并且嫌恶它，因为我以为这是没出息孩子所做的玩艺。"

③弟弟：偷偷制作；哥哥：怒极撕毁。

（多媒体显示）：

风筝

人物：　　　弟弟 ——　—— "我"

矛盾

态度：　　非常喜欢　　　十分嫌恶

行为：　　偷偷制作　　　怒极撕毁

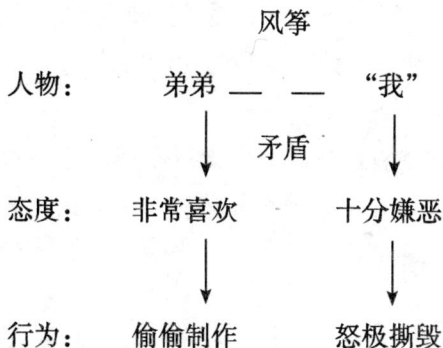

④弟弟被哥哥发现自己制作风筝时，他有着怎样的反应？哥哥踏扁他的风筝后傲然走出，他又怎样？

讨论明确："很惊慌地站起来，失了色瑟缩着。""留他绝望地站在小屋里。"

⑤准备表演课本剧：请前后四位同学分为一组，编排表演文中"精神虐杀"的这一幕，注意设计演员的语言、动作、神态，请两位同学分别扮演哥哥和弟弟。

（选定两位演员）老师加入话外音：盼望着、盼望着，春天的脚步近了，弟弟的蝴蝶风筝也快要完工了，耳旁似乎响起了呼呼的风声，弟弟仿佛看到了自己牵着他的风筝在碧绿的草地上奔跑，天空中，他的那只蝴蝶风筝展开美丽的翅膀越飞越高……

（学生表演完）老师采访"弟弟"：此时你有着怎样的心情？

老师提问同学：你们觉得哥哥的做法对吗？

⑥通过分析，我们可以看出弟弟是一个怎样的孩子？

（多媒体显示）：

弟弟是个怎样的孩子？

"我"是个怎样的哥哥？

学生各抒己见，讨论明确：弟弟是一个瘦弱多病、天真可爱、心灵手巧、胆小怕事的孩子。

⑦"我"又是一个怎样的哥哥呢？

（老师加以提示：放风筝肯定不是坏事，但哥哥认识到自己的不对没有？）

讨论明确：

"我"是一个蛮不讲理、霸道专横、知错就改、严于自省的哥哥。

（鲜明的对比表现出"我"强烈的愧疚之情）

（3）品读（品味情感）

在这段往事中，尽管从始至终都笼罩着一层淡淡的哀伤氛围，但我们却依然可以触及鲁迅先生和他小兄弟之间的脉脉温情，有许多真挚而又隽永的细节值得我们去咀嚼、去品味……

（多媒体显示）：

①哥哥是怎样发现自己的错误的？他认识到什么？

②哥哥是讨厌哥哥的行为还是讨厌弟弟？

③发现错误后，哥哥的心情怎样？

④是什么原因使弟弟对此事全然忘却，毫无怨恨？

讨论明确：

①"我不幸偶尔看了一本外国的讲论儿童的书，才知道游戏是儿童最正当的行为，玩具是儿童的天使。"

②弟弟的行为。当时社会上流行着一句话"万般皆下品，唯有读书

高"，"我"受封建思想的影响认为风筝是没出息孩子所做的玩艺儿，他希望弟弟好好读书有出息。

③"而我的心也仿佛同时变成了铅块，很重很重地堕下去了。"而且这种沉重心情因弟弟的"全然忘却"而无法得到解脱。

④哥哥对弟弟的爱。

⑤至此我们通过品读，品味出文章体现出兄弟间在矛盾冲突中怎样的情感？（多媒体显示）：

　　　　矛盾
小兄弟————————"我"
　　　　亲情

（4）悟读（理解主旨）

写一篇文章，就是为了表达一些情感及人物的精神品质，这就是文章的主旨。而同一篇文章我们从不同的角度阅读就会有不同的感受和收获。那么，在今天我们的学习探究后，你认为本文要表达什么主题思想呢？

（多媒体显示）：

请根据自己对文章的理解，谈谈对本文主旨的认识。

学生各抒己见，老师总结：本文的主旨含蓄而深邃。本文选取的是一件在小兄弟的心里早已忘却的儿时琐事，但在"我"醒悟到这件事是对小兄弟心灵、精神的残酷虐杀后，强烈的愧疚之情体现的不仅是兄弟间真挚的亲情，还包含着"我"善于反省和自责，严于自我解剖的精神。这篇散文，作者将亲情与自省的精神融为一体，将自我批判与社会批判成功地加以结合，体现了含蓄而深沉的立意美。

3. 作业（表达与交流）

（多媒体显示）：

模拟情景：一次期末考试即将来临，你却因迷恋上飞机模型而荒于复习。有一天晚上，你又在房里偷偷制作模型，眼看就要完工了。这时，门开了，你的姐姐走进来，看见你没在学习大发雷霆，当即把你的飞机模型摔在地上……押着你拿出书本……

学完本课后，你拿出手机给姐姐发了一条短信。

请写出这条短信内容。

4. 结束语

在《风筝》这个小小的故事里，在你们的短信中，我们读到了一份浓浓的关爱、一份浓浓的亲情。爱，可以化解我们之间的仇恨，让心与心可以靠得更近。同学们，如果我们能够推己及人，把对亲人的这份宽容、这份关爱与这份真情也用来对待我们身边的每一个人，那我们的校园、我们的社会将会是多么的美好，我们的人生故事也定然会更加生动与精彩。让我们感谢鲁迅，感谢这位人类情感的描摹者，给我们带来震撼心灵的篇章《风筝》，让我们无比清晰地明白：游戏是儿童的天使，亲情是天使的翅膀！我相信，如果你们此刻手中有一只风筝的话，它一定会高高地飞翔在你青春的天空之上。

谢谢你们与我一起经历了这样一次心灵的旅行！

三　小说读解教学设计

小说以叙述和描写为主要表达手段，在环境描写的基础上，通过比较完整的故事情节塑造具有典型意义的人物形象，广泛而深刻地反映社会生活。小说有三个构成要素：环境、情节、人物。

（一）小说读解教学的目的

小说读解教学的目的有三个方面：第一，培养学生阅读、理解、欣赏小说的能力。第二，学习写人、状物、描景等各种表现方法和生动的语言，提高写作能力。第三，从小说中汲取丰富的社会知识，学习作家敏锐的观察力和深邃的思想，提高自己对历史、对社会、对生活的认识水平。小说教学是中学文学教育的重要内容，主要在高中阶段进行。

（二）小说读解教学的要点

1. 背景材料的补充

为了使学生能全面、深刻地领会小说的思想内容，应该向学生介绍必要的背景材料，如作者的生活经历、小说创作的时代、故事发生的前因后果等。

2. 分析环境描写

小说的环境是人物活动的场所，是典型性格赖以存在的条件。要解析小说，应首先分析小说的环境描写。典型环境包括社会背景、周围人们的精神风貌和自然环境。教师应讲解环境描写的技巧，揭示典型环境存在的意义。

3．分析小说的情节

情节是以矛盾冲突显示事件或生活的过程。小说主要以情节塑造人物的性格，表现主题。小说教学应从情节入手，揭示人物性格发展的脉络，发现人物的性格特征。情节教学要注意以下三个方面：第一，从情节展开的过程入手，即分析故事的开端、发展、高潮、结局和尾声。第二，注意分析场面，场面是构成情节的基本单位。第三，注意理清贯穿整个故事的线索。有的以事件为线索，如鲁迅的《故乡》；有的以人为线索，如《孔乙己》；有的以具体的物品为线索，如《药》。

4．分析人物形象

小说通过塑造人物反映社会生活，表达作者的思想感情。分析人物形象是小说教学的中心环节。分析人物形象，首先，应该分析人物活动的典型环境，包括历史背景和特定的形势，自然环境与社会环境，以及具体的生活环境等。让学生了解典型环境对人物性格的形成和发展所起的作用。其次，注意小说刻画人物所使用的多种表达手段。再次，综合以上所涉及的情节因素、非情节因素，以及细节描写等各个方面，考察、确定人物的性格。分析人物的性格，可以揭示人物形象的社会意义和认识价值。

5．分析思想内容

优秀的小说之所以有巨大的艺术价值，首先是因为它提出并努力解答了生活中的重要问题，对人的思想产生了强烈的震撼与深刻的启迪。因此，小说教学不仅要欣赏艺术形式和表达技巧，也要重视对思想内容的阐释。小说的主题是对小说思想内容的概括和总结。从分析思想内容到提炼作品的主题，应该注意分析小说的全部题材和主要的生活场景，把握典型形象的性格特征及这一形象的社会意义。同时要特别注意作者的生活经历、创作道路、思想倾向和时代背景对小说思想内容的直接影响。

6．鉴赏表现形式

教材中所选的小说大都是传世佳作，小说的作者很多是举世闻名的语言巨匠。阅读这些语言艺术珍品，应该引导学生鉴赏其描写景物和人物的技巧，学习富有表现力的语言艺术，提高运用语言的能力。

（三）小说读解教学设计示例

祝　福

1. 导入

鲁迅先生曾在《灯下漫笔》中将中国封建社会概括为两个时代，在《狂人日记》中他说："中国的历史满本都写着两个字'吃人'"。在浸透了封建文化的环境当中生活着的中国百姓，不敢对生活有什么奢求，他们只求生能存命，死后安魂。可就是如此可怜的要求，也被社会冷漠地拒绝。这即鲁迅先生所说的"想做奴隶而不得"。在天地圣众歆享牲醴的爆竹声中，一个"想做奴隶而不得"的可怜女人，躺在了写着"吃人"二字的历史上！

（这篇教学设计的导入是成功的，使学生在受到触动后，带着好奇进入课文学习）

2. 背景

《祝福》写于1924年2月7日，是鲁迅短篇小说集《彷徨》的第一篇，最初发表于1924年3月25日出版的上海《东方杂志》半月刊第二十一卷第6号上，后收入《鲁迅全集》第二卷。

鲁迅以极大的热情欢呼辛亥革命的爆发，可是不久就失望了。他看到辛亥革命以后，帝制政权虽被推翻，但代之而起的却是地主阶级的军阀官僚的统治。封建社会的基础并没有彻底摧毁，中国的民众，尤其是农民，日益贫困化，他们过着饥寒交迫的生活，宗法观念、封建礼教仍然是压在人民头上的精神枷锁。鲁迅在《祝福》里，深刻地展示了这一时期中国农村的真实面貌。

（课文写作背景的精彩介绍，有助于为学生的进一步学习奠定感情基调，加深他们对课文的理解。尤其是20世纪二三十年代那个特殊的历史时期，新旧思想强烈撞击，社会混乱。了解了当时环境才能准确把握文章的主题）

3. 故事情节

情节	内容	起讫段落
序幕	祝福景象与鲁四老爷	1—2
结局	祥林嫂寂然死去	3—33
开端	祥林嫂初到鲁镇	34—53

发展	祥林嫂被卖改嫁	54—65
高潮	祥林嫂再到鲁镇	66—110
尾声	祝福景象与我的感受	111

（对情节的几个关键部分作出梳理，了解作者的情节安排和设计，从整体上把握小说主题的表现过程）

4. 人物形象解析

（1）祥林嫂

祥林嫂的悲剧是一场发人深思的社会悲剧，是一出令人同情的人生命运悲剧，值得我们细细地体味、深思。探讨：①祥林嫂几次不幸遭遇都发生在什么时间？教师概括：立春之日，丈夫死亡孟春之日，被卖改嫁暮春之日，痛失爱子迎春之日，一命归天。引导学生得出结论：祥林嫂真是一个没有春天的女人。②是谁剥夺了祥林嫂的春天？让我们从祥林嫂的死因来探寻她的悲剧命运。教师概括：死于贫穷，祥林嫂是个乞丐；死于悲伤，祥林嫂失去了爱子；死于恐惧，她惮于死后的酷刑；死于绝望，她认识到虽然捐过门槛也无法赎回生前罪孽；死于孤独，她的周围没有同情，只有冷漠；……那么，这些责任是不是应由祥林嫂来承担呢？引导学生结合文中的具体描写来具体分析。教师总结归纳：谁剥夺了祥林嫂的"春天"？是封建礼教和吃人的宗法制度害死了祥林嫂，具体说来，是族权、夫权、神权、政权害死了祥林嫂。她被迫改嫁是族权的唆使；她的再嫁被认为"败坏风俗"，是夫权的影响；而她这"耻辱"到"阴司"还洗不掉，是神权的控制；鲁四老爷对她的迫害和侮辱，依靠的又是封建政权。

（2）鲁四老爷

鲁四老爷是地主阶级知识分子的典型，迂腐、保守、顽固。他反对一切改革和革命，尊崇理学和孔孟之道，自觉维护封建制度和封建礼教。他自私伪善，冷酷无情，对祥林嫂的迫害大都是他授意或得到他默许的，是导致祥林嫂惨死的人物。

（3）我

小说中的"我"是一个具有进步思想的小资产阶级知识分子的形象。"我"有反封建的思想倾向，憎恶鲁四老爷，同情祥林嫂。对祥林嫂提出的"魂灵的有无"的问题，之所以作了含糊的回答，有其善良的一面；同时也反映了"我"的软弱和无能。

在小说的结构上，"我"又起着线索的作用。祥林嫂一生的悲惨遭遇都是通过"我"的所见所闻来展现的。"我"是事件的见证人。

（4）柳妈

明确：柳妈和祥林嫂一样都是旧社会的受害者。但是，由于她受封建迷信思想和封建礼教的毒害很深，相信天堂、地狱之类邪说和"饿死事小，失节事大"的理学信条，所以她对祥林嫂改嫁时头上留下的伤疤，采取奚落的态度。至于她讲阴司故事给祥林嫂听，也完全出于善意，主观愿望还是想为祥林嫂寻求"赎罪"的办法，救她跳出苦海。只是结果适得其反。她的主观愿望和客观效果的矛盾说明柳妈是以剥削阶级统治人民的思想——封建礼教和封建迷信思想为指导，来寻求解救祥林嫂的"药方"的，这不但不会产生"疗效"，反而给自己的姐妹造成了难以支持的精神重压，把祥林嫂推向更恐怖的深渊之中。同情她的人，也把她推向深渊，这更显示出悲剧的可悲。柳妈正是这样一个同情祥林嫂而又给她痛苦的人。

（小说读过之后，给人印象最深的可能就是小说的人物形象。人物的分析是小说解析的重要环节，所以教师要结合课文，结合时代背景，指导学生对人物作出恰当的分析和定位）

5. 环境描写

作者巧妙地把祥林嫂悲剧性格上的几次重大变化，都集中在鲁镇"祝福"的特定的环境里，三次有关"祝福"的描写，不但表现了祥林嫂悲剧的典型环境，而且也印下了祥林嫂悲惨一生的足迹。

第一次是描写镇上各家准备"祝福"的情景。

祝福是"鲁镇年终的大典"，富人们要在这一天"迎接福神，拜求来年一年的好运气"，而制作"福礼"却要像祥林嫂一样的女人，没日没夜地付出自己的艰辛，可见富人们所祈求的幸福，是建立在榨取这些廉价奴隶的血汗之上的。这样通过环境描写就揭露了人与人之间的矛盾冲突，预示了祥林嫂悲剧的社会性。同时，通过"年年如此，家家如此"、"今年自然也如此"的描写，也显示了辛亥革命以后中国农村的状况：阶级关系依旧，风俗习惯依旧，人们的思想意识依旧。一句话，封建势力和封建迷信思想对农村的统治依旧。这样，通过环境描写，就揭示出祥林嫂悲剧的社会根源，预示了祥林嫂悲剧的必然性。

第二次是对鲁四老爷家祝福的描写。

祝福本身就是旧社会最富有特色的封建迷信活动，所以在祝福时封建宗法思想和反动的理学观念也表现得最为强烈，在鲁四老爷不准"败坏风俗"的祥林嫂沾手的告诫下，祥林嫂失去了祝福的权利。她为了求取这点权利，用"历来积存的工钱"捐了一条"赎"罪的门槛，但所得到的仍是"你放着罢，祥林嫂"。这样一句喝令，就粉碎了她生前免于侮辱，死后免于痛苦的愿望，她的一切挣扎的希望都在这一句喝令中破灭了。就这样，鲁四老爷在祝福的时刻凭着封建宗法思想和封建礼教的淫威，把祥林嫂一步步逼上死亡的道路。

第三次是结尾通过"我"的感受对祝福景象的描写。

祥林嫂死的惨象和天地圣众"预备给鲁镇的人们以无限的幸福"的气氛，形成鲜明的对照，深化了对旧社会杀人本质的揭露，同时在布局上也起到了首尾呼应，使小说结构更臻完善的作用。

（鲁迅小说的环境描写，也是解析的重点。在当时特殊的年代里，人物会有其相应的命运和遭遇。在表现主题、展现人物性格特点的过程中，环境描写起到渲染、烘托的作用。特定的环境描写，推动了情节的发展，同时也增加了人物形象的真实感与感染力。所以教师对于环境描写的解析，对学生深入理解课文、揭示主题具有重要意义）

6. 小说主题

以《祝福》为题的意义：

（1）小说起于祝福，结于祝福，中间一再写到祝福，情节的发展与祝福有着密切的关系。

（2）封建势力通过祝福杀害了祥林嫂，祥林嫂又死于"天地圣众""预备给鲁镇的人们以无限的幸福"的祝福声中。通过这个标题，就把"凶人的愚顽"的欢呼和"悲惨的弱者"的不幸，鲜明地摆到读者的面前，形成强烈的对比，在表现主题方面更增强了祥林嫂遭遇的悲剧性。

（通过对文章的逐层解析，结合背景信息，小说的主题已被揭示出来。学习小说的最终目的是深刻理解小说所表现的主题及社会意义）

四　文学剧本读解教学设计

文学剧本读解教学的目的是：学习欣赏戏剧的基本方法，了解戏剧常识，从剧本中学习丰富、简练的个性化语言，提高学生的文学素养。

（一）文学剧本的特点

戏剧是综合性艺术，剧本是戏剧的基础。要发展戏剧，必须从剧本抓起。剧本这种文学体裁的特征是：矛盾冲突激烈，场面高度集中，对话、唱词是塑造人物的主要手段。

（二）文学剧本读解教学的要点

1. 剧本的结构方式

文学剧本中的幕是较大的单位，依据剧情的时间、地点而划分，一幕便是故事情节进展的一个相对完整的阶段。在舞台上，一幕便是一组布景。场是包括在幕中的较小的单位，可以按时间的变化来划分，也可以按人物的上场下场划分。剧本与小说有相似之处，都可以分为序幕、开端、发展、高潮、结局和尾声。指导学生分析剧本的结构，弄清每一幕、每一场的内容，也就基本了解了剧情的发展。

2. 分析剧本的矛盾冲突

戏剧是冲突的艺术。戏剧文学随着一个个冲突的产生、发展和解决不断将剧情推向高潮。矛盾冲突是构成戏剧的基本因素。剧本是舞台演出的脚本，受到舞台条件和演出时间的严格限制。因此，剧本的矛盾冲突比其他文学形式表现得更突出、更集中、更激烈。例如，《雷雨》中的矛盾冲突集中在几个人物身上，三十年来这个旧家庭不断积存、膨胀的内部、外部矛盾，统统集中到从"郁热的早晨"到"当天后半夜"的一天之内，而且把人物间的纠葛都集中到大客厅里展现。剧中人物的矛盾冲突尖锐、激烈而复杂。这些矛盾交织于一处就构成了地主兼资本家的周朴园大家庭的衰亡史。

（三）文学剧本读解教学设计示例

《雷雨》节选

1. 创作背景解析

曹禺出生于一个没落的封建家庭。青少年时代就目睹了半封建半殖民地中国社会的黑暗现实，产生了强烈的反抗情绪，经过几年酝酿、构思，1933 年在清华大学四年级时，完成了他的处女作《雷雨》。作者在谈到写作意图时说，《雷雨》是在"没有太阳的日子里的产物"，"那个时候，我是想反抗的。因陷于旧社会的昏暗、腐恶，我不甘模棱地活下去，所以我才拿起笔。《雷雨》是我的第一声呻吟，或许是一声呼喊"（《曹禺选集·后记》）。又说："写《雷雨》是一种情感的迫切的需要"，"仿佛有一种情感的汹涌的流来推动我，我在发泄着被压抑的愤懑，毁谤着中国的家庭和社会。"（《雷雨》序）

2. 线索与结构解析

四幕话剧《雷雨》，是曹禺的第一部剧本，也是他的成名作和代表作。煤矿公司董事长周朴园出身封建世家，曾留学德国。三十年前作少爷的时候，为迎娶一位富家小姐，遗弃了为他生下两个儿子的婢女鲁侍萍。长子周萍留在周家，而侍萍怀抱次子大海，投河遇救，后嫁与鲁贵，生下女儿四凤。周家后来从无锡迁居北方某大城市，周朴园又娶繁漪为妻，生下儿子周冲。他们与鲁家共居一地。鲁贵与四凤在周家帮佣，大海在其生父周朴园的煤矿上当工人，但两家各不相知。周朴园当年在包修哈尔滨江桥时，故意让江堤出险，淹死了二千二百多名小工。从死者身上榨取了钱财，后来又不断地破坏工人的罢工运动，并指使警察开枪打死矿工。他独断专行，压制繁漪的个性，夫妻矛盾尖锐，视同仇人。繁漪苦闷抑郁，与周萍发生了乱伦关系。后来周萍遗弃繁漪，又和四凤相爱，当繁漪获悉周萍、四凤要相偕出走，在绝望中当众宣布了她和周萍的乱伦关系，周朴园也公布了侍萍的真实身份。隐秘暴露，真相大白。四凤无法承受这突如其来的打击，冒雨冲入花园，触电身亡。周冲为救四凤，也触电而死。周萍开枪自杀。侍萍、繁漪在巨大打击下也先后疯癫。周朴园孤苦伶仃。剧作在一天之内集中写了周鲁两家历时三十年的生活史，表现了新旧两种思想斗争和阶级矛盾，揭示了悲剧的根源。结构严谨，矛盾集中，戏剧性强，形象鲜明，语言性格化。在现代文学史上占有重要地位。

节选部分以周朴园的丑恶面目逐步揭开，周鲁两家的矛盾逐渐激化为线索。通过对于线索的分析，节选部分可以划分出以下几部分：

第一部分为，开头至"不是你拿钱算得清的"。这一部分鲁侍萍没有想到在周公馆偶遇周朴园。从相见到相认，逐步揭露了周朴园的卑鄙和丑恶。

剩下的为第二部分。第二部分通过鲁大海和周朴园之间的尖锐斗争与鲁侍萍和周萍母子之间的矛盾冲突，进一步揭露了周朴园的贪婪和阴险。

3. 矛盾冲突解析

（1）周朴园和鲁侍萍之间的矛盾

这组矛盾是全剧的核心矛盾，它包含着两方面的内涵：一是主子和仆人之间压迫和被压迫之间的矛盾；二是纨绔子弟和天真女子之间玩弄和被玩弄的矛盾。剧本写这组矛盾的展开和爆发，主要是从私生活的角度，从个人的人格品质上来撕去周朴园"社会上的好人物"的伪装的遮羞布。在剧本中它是这场悲剧产生的根源。

（2）周朴园和鲁大海之间的矛盾

这组矛盾对于本剧本来说，并不是贯穿于始终的关键矛盾，但是，它对于揭示周朴园这个封建式的资本家的本质却有极为重要的作用。如果作品只写一组矛盾，而没有第二组矛盾，那么本剧本只能限于伦理纲常、性爱纠葛的俗套，它的社会意义和艺术价值会大大降低。

周朴园在剧本中是一个封建的暴发资本家。剧中的鲁大海是一名工人代表。刚烈勇敢的鲁大海显然不是老谋深算的周朴园的对手，这样真实地再现了当时工人斗争的实际，它并不影响这组矛盾存在的实际意义。剧本中的其他七个人物由于种种原因都存在着局限，唯有鲁大海是真正的未来，是观众希望的寄托。从艺术上而言，鲁大海这一形象不如其他形象丰满，但是因为有这个人物出现使整个剧本带有了一些令人鼓舞的亮色。如果说，鲁侍萍与周朴园的矛盾是孕育这场雷雨的根源，鲁大海与周朴园的矛盾则是雷雨后的未来。

4. 人物性格解析

（1）周朴园的性格特征

对话由口音讲到无锡，讲到三十年以前，归结到在无锡发生的"一件很出名的事情"。这时，侍萍知道眼前的这位老爷就是周朴园，周朴园却不知道眼前这个下人就是侍萍。"梅家的一个年轻小姐，很贤惠，也很规矩……"他把被自己凌辱过的侍女说成是"小姐"，为的是美化自己，按照剥削阶级的意识，少爷与下人有这种关系是可耻的，要门当户对，要维护面子，自然就把侍萍说成是"小姐"。然而侍萍却说："可是她不是小组，她也不贤惠，并且听说是不大规矩的。"她平静地、原原本本地说出了事实。这话犹如利刃，触及了周朴园对侍萍始乱终弃的丑恶行径，他"汗涔涔地"，显出一副狼狈相。这时，周朴园想知道侍萍的究竟，便用"亲戚"来遮掩，并说要给她修坟，以此作为打听的理由，同时在别人面前表示自己的"仁慈"和乐于行善的"美德"。当他知道在自己的意念中已经死去的侍萍还活着，而且她的孩子也活着时，便神经质地惊愕起来，说"什么？"时而"忽然起立"紧张地问"你是谁？"表现出他极度的惶恐和不安。当他明白眼前站着的就是三十年前被他遗弃的侍萍时，他"忽然严厉地"问道："你来干什么？"立刻就显出了他的狰狞面目。因为他认为侍萍的出现，会对他的名誉和地位构成威胁。这句话撕去了刚才用来伪装"善人"的面纱，露出了他凶恶的本相。接着又凭他三十多年从尔虞我诈的争夺中积累起来的经验提出质问："谁指使你来的？"他对侍萍软硬兼施，先是翻脸不认人，说什么"三十年的工夫你还是找到这儿来了"。为了怕家人知道，他竟提出不许侍萍"哭哭啼啼"。接着想哄骗侍萍忘记"从前的旧恩怨"，叫她"过去的事不必再提"，企图掩盖自己的罪恶。他花言巧语，要侍萍"不要以为我的心是死了"，想以他过去那廉价的感情打动侍萍，拉拢侍萍。他担心侍萍告诉鲁贵，揭穿他的老底，他还担心侍萍利用鲁大海、鲁贵和四凤的关系对他进行敲诈，他终于使出用金钱收买的手段："好，痛痛快快的，你现在要多少钱吧！"在他看来，金钱能化却侍萍的愤恨，金钱能赎回他的罪恶，金钱能使受害者微笑，金钱能使造孽者心安，金钱能永远消除这件事对他的威胁。这些集中暴露了他的世界观，反映出他的老奸巨猾和阴险。为确保自己的名誉地位不受威胁，他不许侍萍同自己的亲生骨肉相认，并勒令"以后鲁家的人永远不许再到周家来"，还以五千元支票进行收买，以策万全。

　　这些性格特点，在鲁大海同周朴园面对面的斗争中进一步地揭露了出来。周朴园使用了卑鄙的手段，一方面血腥镇压工人，一方面瓦解工人的团结，并且开除了工人罢工的领头人鲁大海。鲁大海在愤怒斥责周朴园时，揭露他血淋淋的发家史，在哈尔滨包修江桥时，故意让江堤出险，淹死2300个小工，每一个小工的性命他扣300块。还揭露他血腥镇压煤矿工人罢工，"叫警察杀了矿上许多工人"。

　　以上通过周朴园对侍萍的态度，深刻地揭露出他虚伪、自私、冷酷、残忍的本性，说明他是一个地地道道的伪君子。

周朴园冷酷、自私、虚伪，是残酷剥削无产阶级的资本家。可我们也可以从剧本中看出周朴园也是封建制度下的牺牲品。他年轻时与鲁侍萍相爱，本是一件冲破封建礼教束缚的伟大爱情，他本是一个阶级意识淡薄的富家少爷，却被封建礼教下的门当户对和资本家的唯利是图意识所毒害，而逐渐沦为一个冷血的、始乱终弃的纨绔子弟。直至后来他逐渐习惯了资本家的不择手段，骗取名誉、金钱、地位。他自己也被教化成一个无情虚伪的资本家。但就在他已成为冷血动物之时，他却还保留着侍萍留给他的旧衬衣、旧家具以及相片。他残酷的性格背后，保留着一丝对年轻时爱情的留恋。周朴园的本性中善良的一面，被封建意识所毒害，他既要赶走现在的鲁侍萍，却又保留着梅侍萍的相片，这本身就充满着矛盾。他受到现实中自身利益与内心深处真性情的强烈冲击，最后利益占了上风，要求他必须冷酷地对待现在的鲁家。周朴园是那个黑暗社会造就的可悲的"宠儿"。

（2）鲁侍萍的性格特征

鲁侍萍是一个旧中国劳动妇女的形象。她正直、善良，但是在周公馆却备受凌辱和压迫。大年三十的晚上，被周家赶出家门，她走投无路，痛不欲生，跳河自杀。遇救以后，一直挣扎在社会最底层，含着怨愤生活了三十年。生活磨炼了她，使她认清了周朴园的本性，勇敢地控诉周朴园的罪行。她以撕毁五千元支票的举动，表现了她的骨气和尊严，表达了她对周朴园的蔑视。她唯一的要求就是"见见我的萍儿。"表现出她那纯洁、崇高的母爱。

鲁侍萍是一个下层劳动妇女，既善良温柔婉约，又不乏坚强。三十年前被周朴园始乱终弃之后，曾投水自尽，所幸获救，在接下来的三十年里，为了生计，鲁侍萍带着孩子流落他乡，尝尽了世间冷暖，终于使她逐渐坚强。三十年后与周朴园不期而遇，她深刻地认识到周朴园自私虚伪的本质，拒收周朴园的钱。这表现了她对残酷现实的清醒认识。她心地的磊落及对周朴园的轻蔑和愤恨体现了她的尊严、骨气以及对命运的抗争。

（3）鲁大海的性格特征

鲁大海是一个思想觉悟较高的工人。虽然他的斗争经验不足，但是他所表现出来的工人阶级的大公无私的精神是值得肯定的。

5. 语言解析

戏剧语言有两种，一是舞台说明，二是人物语言。

戏剧作为一种综合舞台艺术，它是借助文学、美术、音乐、舞蹈等艺术手段来塑造人物形象、反映社会生活的。我想，戏剧的定义，把文学与美术等诸类艺术并列一起却又放在首位，其实并非从广义的思维语言的角度解释戏剧，而是单单抽其以完成塑造人物形象、构建矛盾冲突之任务为主体的剧本创作而言；在搬上舞台或银幕之前，戏剧可以说是绝对优势的文学艺术。文学是语言的艺术，因此，戏剧特别是以对话为主要特质的话剧语言，就更是艺术中的艺术了。

《雷雨》的人物语言有以下三个特点：

（1）高度个性化

所谓人物语言个性化，就是什么样的人说什么样的话；语言成为人物个性、性格、心理的外化声音。

> 周朴园　（忽然严厉地）你来干什么？
> 鲁侍萍　不是我要来的。
> 周朴园　谁指使你来的？
> 鲁侍萍　（悲愤）命，不公平的命指使我来的！

刚才还是一个温情脉脉，俨然在感情中不能自拔的性情中人，但立即就撕破了多情的面纱，露出了冷酷的本质。以周朴园之心度之，他感到了名声和利益的威胁。这个转变完全是人的本质使然，语言无法掩饰得了。

> 周朴园　那么，我们就这样解决了。我叫他下来，你看一看
> 　　　　他，以后鲁家的人永远不许再到周家来。
> 鲁侍萍　我希望这一生不要再见你。
> 周朴园　（由内衣取出支票，签好）很好，这是一张五千块钱
> 　　　　的支票，你可以先拿去用。算是弥补我一点罪过。

无情又无义，再也伪装不下去了，便化为语言上的决绝，摆架子，

树威信，即使不是在自家人面前，也无法自持。既封建，又资本家；他本能地以为钱是可以解决一切的。在这里，语言是灵魂的直裸。

人物语言不需经过修饰，本质而又本能，非他莫属，这是高度个性化的基本特点。

鲁大海的语言是他倔强、鲁莽、幼稚个性的写照：

> 鲁大海　可是你们完全错了。……
> 鲁大海　（看合同）什么？　（慢慢地）他们三个人签了
> 　　　　字？……
> 鲁大海　（如梦初醒）这三个没有骨头的东西！……

个性化语言的好处是：作家通过它展示人物的性格特征，读者通过它直观（实际上是"直听"）人物的性格，生动可感，真实可信。

（2）丰富的潜台词

潜台词即是言中有言，意中有意，弦外有音。它实际上是语言的多意现象。"潜"，是隐藏的意思，即语言的表层意思之内还含有别的意思。通过潜台词可以窥见人物丰富的内心世界。《荷花淀》中的水生嫂这样说：

"你总是很积极的。"

这是个经典的潜台词。自豪，埋怨，理解，嗔怒……妙就妙在不言中；若"言"，那就白了。

潜台词的特点是语言简练而有味。简练而无味不是潜台词，有味不简练也不是潜台词。

下面的潜台词使语言简练，情形是当事人不便说：

> 周朴园　（汗涔涔地）哦。
> 鲁侍萍　她不是小姐，她是无锡周公馆梅妈的女儿，她叫
> 　　　　侍萍。
> 周朴园　（抬起头来）你姓什么？
> 鲁侍萍　我姓鲁，老爷。

"你姓什么?"的言外之意就是:你怎么知道的这么多?也是同样的道理。

又如,下面一段对话的潜台词,鲁侍萍其实是同时扮演两个角色,一实一虚,一口一心,很有意味:

　　鲁侍萍　老爷问这些闲事干什么?①
　　周朴园　这个人跟我们有点亲戚。
　　鲁侍萍　亲戚?②
　　周朴园　嗯,——我们想把她的坟墓修一修。
　　鲁侍萍　哦,——那用不着了。③
　　周朴园　怎么?
　　鲁侍萍　这个人现在还活着。④

另一个角色的意思就是:

①她现在与你已经没有什么关系了。②根本就无所谓什么亲戚。③她没有死,现在就立在你面前。④那次她母子被人救起了。

潜台词之所以与戏剧特别有缘,是由戏剧的特点所决定的。欧洲古典戏剧的"三一律"可以为之注脚:时间一律,地点(场景)一律,情节一律。如此集中的戏剧在语言上岂能拖沓冗长,岂能不以一当十?若把什么都交代清楚,岂不要演三天三夜?若什么都说得明明白白,那还有什么吸引人的地方?所以戏剧对话中的潜台词很多。

以下鲁侍萍的两句话表明了她复杂的内心世界,我们也可以把它看成是潜台词:

　　鲁侍萍　(大哭)这真是一群强盗!(走至周萍面前)你是萍,
　　　　　　……凭什么打我的儿子?
　　周　萍　你是谁?
　　鲁侍萍　我是你的——你打的这个人的妈。

愤恨、痛苦、失望、悲哀……什么都有,真是百感交集。

（3）富于动作性

戏剧语言的动作性（或称动作语言、情节语言），是指人物的语言流向（人物语言间的交流和交锋）起着推动或暗示故事情节发展的作用。它不是静止的，它是人物性格在情节发展中内在力的体现。

第二幕的结尾，繁漪与周萍的对话是一个很好的例子：

> 繁　漪　（冷笑）小心，小心！你不要把一个女人逼得太狠心了，她是什么事都做的出来的。①
>
> 周　萍　我已经准备好了。②
>
> 繁　漪　好，你去吧！小心，现在（望窗外，自语，暗示着）风暴就要来了！③

①暗示了情节的发展（后来她确实把什么都抖出来了），②推动了情节的发展（周萍对繁漪的背叛使矛盾激化），③暗示了情节的发展、人物的命运，一语双关。

我国古代小说深得动作语言的精髓，写到无法再写的时候，往往就会"无巧不成书"的"节外生枝"。刀架到好人的脖子上了，会有侠客从天而降。不过这种动作语言不全是作品中的人物语言，更多的是作者的叙述语言（环境描写也在其中）。这种语言，有时是不经意、不露痕迹的，有时却是经意的。但目的只有一个，那就是让情节发展下去。

《雷雨》中人物的动作语言有时也带有作者很强的推动情节发展的主观动机，例如，下面一段鲁侍萍的语言：

> 1. 鲁侍萍　我前几天还见着她！（暗示周朴园，使情节继续）
>
> 2. 鲁侍萍　老爷，您想见一见她么？（推动情节发展）
>
> 3. 鲁侍萍　老爷，没有事了？（望着朴园，泪要涌出）（强烈的暗示；不问也行）
>
> 4. 周朴园　哦，很远了，提起来大家都忘了。
>
> 　　鲁侍萍　说不定，也许记得的。（推动；几乎是提醒周朴园）
>
> 5. 鲁侍萍　我倒认识一个姑娘姓梅的。（推动；几乎要明说了）

周朴园 哦？你说说看。

鲁侍萍固然很想见到她的儿子，因此带着幻想对周朴园不断的提醒，暗示，这些当然合情合理。但她这些每每在情节快要中断时候的语言，却不单是她的心思的合情合理所能解释的，而最重要的，是恰好起到了暗示和推动情节发展的作用。

最典型的例子要数下面两个：

1. 鲁侍萍 哦，——老爷没有事了？（暗示）
   周朴园 （指窗）窗户谁叫打开的？（直接推动；节外生枝）
2. 鲁侍萍 老爷，没有事了？（望着朴园，泪要涌出）（暗示）
   周朴园 啊，你顺便去告诉四凤，叫她把我樟木箱子里那件旧雨衣拿出来，顺便把那箱子里的几件旧衬衫也捡出来。（直接推动；多么重要的衬衫！）

可以想见，如果没有接下去的鲁侍萍开窗户的动作，如果没有她精确地说出衬衫的件数和绣有"梅"字的衬衫，试问情节如何发展下去？周朴园的语言，就是典型的动作语言。它的作用，从某种角度看，仅仅在于推动情节而已。而这一点，正是作者的高明之处，也是一个剧作者必备的基本功。

戏剧人物语言的特点，以上三点是主要的，当然还有其他特点，比如语言的口语化，便于观众当场接受等，这里就不涉及。通过学习《雷雨》，了解戏剧人物语言的三个主要特点，对于剧本的阅读和创作应该是大有裨益的。

第三节 文言文读解教学设计

文言文是汉语书面语的一种重要形式，是我国古代文献资料所使用的一种最基本的语言形式。为了继承和发扬民族的文化传统，全面而深入地理解祖国的语言文字，学生必须初步学会阅读文言文。

一 文言文读解教学的目的

（一）培养阅读浅易文言文的能力

《全日制义务教育语文课程标准》指出："阅读浅易文言文，能借助注释和工具书理解基本内容。"《普通高中语文课程标准》指出："阅读浅易文言文，能借助注释和工具书，理解词句含义，读懂文章内容。了解并梳理常见的文言实词、文言虚词、文言句式的意义或用法，注重在阅读实践中举一反三。"针对初高中语文教学的不同情况，对中学文言文教学提出的不同要求，符合中学语文教学实际。教师应该根据课程标准的要求，指导学生从认真学习文言文课文着手，逐步提高阅读文言文的能力。

（二）批判地继承古代的传统文化

中华民族有着悠久的历史和光辉灿烂的古代文化，这些宝贵的文化遗产是以文言文为载体保留下来的。指导学生阅读文言文，可使他们直接学到有关的历史知识，了解古代的文学艺术、文化教育和科学发明，感知古代社会与现代社会的继承与发展的关系。这是引导学生形成科学世界观的重要途径。

（三）进行道德品质教育

学习语言从来都不仅仅是为了提高语言能力。文言文课文的内容极为丰富，有描绘祖国大好河山的佳作；有抒写人生抱负、崇高理想的名篇；有鞭挞邪恶势力、赞美英雄豪杰的雄文；有介绍科学知识、研究社会现象的华章。文言文作品中蕴含着我们民族伟大的精神与意志，反映了中华民族美好的情操与品德，记载了我们民族所创造的灿烂的古代文明。阅读文言文，能够激发学生的民族自豪感，增强民族自信心，使他们具有爱国主义精神和继承发扬中华民族传统美德的观念。

（四）提高语言素养

语文教科书中所选的文言文作品，都是素有定评的传世之作。这些作品的语言简洁明快、准确生动，文章结构严谨、立意深远。指导学生学习一定数量的文言文，可以使学生借鉴其中有生命力的语言，同时汲取古人遣词造句、谋篇布局的技巧。这对学生积累语言材料、提高语言能力、养成端正的文风极有益处。

二　文言文读解教学的要点

（一）字词句教学

1．字的认读与理解

用简化汉字排印的文言文，其中大多数的字形与现代汉语没有区别，也有少量的现代书面语中鲜见的生僻字，例如："晡"、"扆"、"爨"、"圊"等，这是文言文生字教学的任务。更为重要的是，有一些看似很熟悉的字，其读音、字义与现代汉语中常用的读音、意义都不同。这主要是对多音多义字的辨析和对通假字的掌握。例如："遗"，wèi，赠遗；"将"，qiāng，将进酒。对通假字的辨识在文言文教学中非常普遍。例如："说"通"悦"，"见（xiàn）"通"现"等。

2．文言实词、文言虚词教学

（1）文言实词的教学应注意解释现代汉语中罕见的词语，如"甍"，屋脊。更为重要的是讲解看似明白如话，古今词义却迥然不同的词语。例如："但坐观罗敷"（《陌上桑》），坐，因为。再如："爷娘妻子走相送"（《兵车行》），妻子，妻与孩子。又如："少年中国说"，少年，古义指青年，今义指少年儿童。文言实词是中学文言文词语教学的重点。

（2）文言虚词数量有限，但用法灵活，含义丰富。文言虚词包括代词、副词、连词、介词、助词、叹词、语气词等。文言虚词数量不多，但教学难度较大。

3．文言句式教学

文言文的句式多数与现代汉语相似或相同，其教学难点是文言文中的特殊句式。如判断句、被动句、疑问句、否定句的格式，宾语前置、定语后置、介词结构后置、省略与倒装等语法现象。此外，还要掌握一些常用的惯用的句式，如"孰与"、"有所"、"无所"、"如……何"、"奈……何"、"何以……"、"无以……"等。

（二）文言文的翻译

文言文的翻译是阅读文言文基本功的综合训练，要在理解字词句的基础上进行。翻译的形式有多种：教师示范翻译、学生尝试翻译，"字字落实"后串讲、粗略意译，笔译、口译、心译等。在这些方法中，最为基础的方法是"字字落实"后再串讲。将串讲与评点相结合，也是讲析文言文的成功方法。将文言文译成现代文的具体方法可以概括为：增、删、移、留、换。增，指将单音节词译成双音节时，要增加一个语素，再有，古人用字极为简约，应注意补充原文省略的成分。删，指删去个别的不可能译出的虚字。移，指按照现代汉语的语序调整文言文词句的顺序。留，指保留原文中不用翻译的词语，如人名、地名，以及古今没有什么变化的词语，如"茶"、"人"、"马"等。换，指更换古今字形、词义不同的单位。严复以"信、达、雅"作为衡量翻译外文的标准，文言文的翻译也可以借用这个标准。

（三）学习古代文化常识

在学习古文的过程中，学生学习古代的文化常识，既是理解文言文的必要条件，也是增长知识、开阔视野的重要途径。介绍作者和写作背景，讲述古代的典章制度、学术流派、民风民俗，都可以使中学生学到丰富的知识，促使他们了解中华民族的文化传统。

（四）讲解思想内容

文言文阅读教学不仅仅是语言文字教学，还必须重视课文思想内容的教学。应该讲析文言文的思想内容，引导学生坚持批判继承、古为今用的原则，汲取精华，去其糟粕。让学生接受古代文化的熏陶，懂得尊重自己民族的历史，这是语文素质教育的重要内容。

三　文言文读解教学设计示例

三　峡

教学目标：

1. 诵读课文，积累文言词语；

2. 借助工具书和注释，整体感知内容大意；

3. 学习抓住景物特征写景的方法；

4. 体会文章表达的思想感情。

教学重点：

1. 诵读课文，积累文言词语；

2. 借助注释和工具书，整体感知内容大意，会翻译。

教学难点：

学习抓住景物特征写景的方法。

教学设想：

让学生在熟读、理解原文的基础上，学习抓住景物特征写景的方法，紧扣课文内容，发挥想象，写一段情文并茂的三峡导游词，培养其想象创新能力。

课时安排：2 课时

教学过程：

（一）导入新课

同学们，长江三峡自古以来就有"山水画廊"的美称，它的风光究竟有多美呢？下面我们先来欣赏几幅三峡风光图片来感受一下吧。（投影风光图片）

同学们，三峡风光美不胜收，令人陶醉，大家是否也想去游览一下长江三峡呢？（想）

那么，走，到三峡去！今天就让我们追随北魏地理学家、散文家郦道元的足迹，做一次超越时空的三峡之旅吧！（屏幕显示课题、作者）

（二）三峡及作者介绍

读课文注释 1 并圈点勾画

（三）投影展示学习目标

1. 诵读课文，积累文言词语；

2. 借助工具书和注释，整体感知内容大意；

3. 学习抓住景物特征写景的方法；

4. 体会文章表达的思想感情。

（四）过把读书瘾

1. 老师读。（学生听并画出文中你认为重要的生字词）

2. 学生自由朗读课文。（用自己喜欢的方式美美地读一遍）

3. 推荐一位同学朗读课文。（其他同学认真听，然后点评）

4. 男生读第一段，女生读第二段，最后齐读。

（读的时候要注意语气，语调应有所变化）

（五）整体感知内容大意，译读课文。

1. 要求：借助注释和工具书，同桌之间边读边译。要把重点的字词圈画出来，积累下来。运用译文五法"留、替、调、补、删"。

2. 检测译文情况（屏幕显示）

（1）给加点字注音并解释

略无阙处（quē，同"缺"）

不见曦月（xī，日光，这里指太阳）

至于夏水襄陵（xiāng，上）

沿溯阻绝（sù，逆流而上）

绝巘多生怪柏（yǎn，高的山峰）

飞漱其间（shù，冲荡）

属引凄异（zhǔ，连接）

清荣峻茂（jùn，山高）

（2）一词多义

自：自三峡七百里中（介词，在）

自非亭午夜分（如果，加入，连词）

绝：沿溯阻绝（断，断绝）

绝巘多生怪柏（极，非常）

（3）翻译句子

重岩叠嶂，隐天蔽日。

至于夏水襄陵，沿溯阻绝。

绝巘多生怪柏。

则素湍绿潭，回清倒影。

清荣峻茂，良多趣味。

（六）过把导游瘾（学生小组合作写解说词）

1. 要求：学生 4 人一个小组合作，1 人执笔，其余 3 人口述，时间为 3 分钟，紧扣课文内容，适当选用课前搜集到的资料或学过的有关诗文，发挥想象，写一段情文并茂的三峡导游词。看哪一组的导游词既能准确地反映课文所描绘的美景，又能打动人。

2. 下面学生来介绍

山、水、春冬之时的三峡风光、三峡的秋景。每介绍完一处，教师、学生点评一下，然后朗读。一、二段用赞叹的语气，语速快一些，大声齐读，读出江水奔腾浩荡的气势。第三段女生齐读，用轻松、平缓的语调。第四段齐读。

3. 背诵课文

挑选自己最喜爱的句子或段落来背一背。时间 2 分钟。

4. 提问：在写解说词的过程中，你觉得写景应注意哪些问题？

点拨：写景一定要抓住景物特点来写。

写山抓住"连"、"高"的特点。

写水抓住不同季节不同景物来写。

写景时还要融入自己的感情。

（七）过把探索瘾

请同学们默读课文，看自己还有哪些不理解的地方，有疑问的提出来，先在小组内解决，解决不了的，写在纸条上递给老师，一会儿我们共同解决。（学生质疑讨论）

推荐网址，查寻资料。

（八）小结

这节课，我们学习了一篇优美的古代散文，领略了三峡的壮美风光，品味了作者精美的语言，这趟三峡之旅，大家感觉如何？（……）是啊，在文字中遨游真是怡然自得。老师真想对三峡说一声：读山，读水，读你千万遍也不厌倦！三峡风光无限好，留待大家明日游。最后让我们在高声诵读中结束这趟轻松愉快的三峡之旅吧。

（九）布置作业

1. 完成课后练习第 2 题。

2. 用抓住景物特征写景的方法写一段文字练笔。

第五章　初中汉语文阅读教材研究

随着人类社会的发展和科技进步，教育在社会生产力发展中的巨大作用和无限潜力，使许多国家与地区都关注并致力于基础教育课程改革——日本每隔十年就更新一次国家基础教育课程（课程自主更新的机制）；英国1999年颁布新的国家课程标准，提出精神、道德、社会、文化四个方面的发展目标；美国在《2000年教育战略》中强调：美国学生在4、8、12年级毕业时能在英语、数学、自然科学、历史与地理学科内容方面应付挑战。台湾地区2000年颁布九年一贯制基础教育课程标准，提出学生发展的十大能力。综合考察近年来的课程与教学改革，其基本走向为：关注学生终身发展，注重国际理解教育和多元文化教育，强调综合实践能力的发展，加强课程、教学与生活、社会的联系，倡导学习方式多元，课程自主更新与学校文化的重建。

我国的基础教育课程改革也在全面展开，并在优化教学中起到了有力的推动作用。从全国来看，西部地区和贫困地区的"两基"攻坚任务仍十分艰巨。内蒙古既属内陆贫困地区，又是幅员辽阔、横跨东西的民族自治地区，教育中的困难和问题尤其繁多复杂，而教育发展的落后又制约着经济文化的发展。在全国第五次民族教育工作会议上，时任国家民委主任的李德洙曾明确指出："我国少数民族和民族地区与全国特别是与东部沿海地区相比，存在着'三个落后'：生产力发展水平落后、文化发展水平落后、群众生活水平落后。"而且"这'三个落后'，都与少数民族和民族地区的教育发展落后有着密切的关系"。在我国文化事业的繁荣发展中，民族教育发展很快，但与发达地区相比差距较大，这也是不争的事实。教育事业的落后，直接导致了民族地区人才不足和劳动力素质不高。"对贫困的西部来说，对广大的少数民族地区来说形势越来越严峻。那么，如何解决少数民族地区的人才呢？引进是可以的，但最主要的是靠自身的培养。如何培养呢？这个任务就落在了双语教学的身上。"① 少数民族掌握各民族通用语——汉语，在双语学习中起着至关重要的作用，因而在第五次全国民族教育工作会议上，时任教育部部长的陈至立特别强调：应该"按照有利于民族长远发展，有利于提高民族素质，有利于各民族科学文化交流的要求，大力加强汉语教学，积极推广普通话"②。为了缩小民族地区与内地教育发展水平的差距、促进各民族的共同富裕和繁荣，我们必须加快少数民族汉语文的课程与教学改革，在"双语"教学中大力提高民族汉语文教学的质量。

　　然而，内蒙古自治区蒙古族学校的汉语文教学存在很多亟待解决的问题——教学改革滞后、教材编写质量不高、与普通学校的汉语教学差距较大、"一类模式"学校（以母语——本民族语授课为主，单科加授汉语的中小学汉语教学）的生源缺乏等等。而在蒙汉双语授课的教学实践中反映出，初中汉语文教材（注：下文所谈到的初中汉语文教材，指蒙汉双语教学中汉语第二语言教学的教材）的问题已经严重影响到教学的质量和水平，现行教材未能充分关注学生的心智特点与发展水平，其内容和结构未能充分考虑学生言语能力的实际需要，以至于在初中这一关键学段，不同程度地挫伤了一些少数民族学生学习汉语文的积极性，影响了学生汉语能力的发展，尤其不利于学生创新思维的培养。在蒙古族汉语文的课程改革中，汉语教材改革的力度与收效不大，更谈不上校本教材的建设，教材问题还是重中之重。

　　在 1992 年 10 月 20 日，国家教委、国家民委印发《关于加强民族教育工作若干问题的意见》，其中强调"要认真抓好民族文字教材编译出版和审定工作"，同时给予特殊的照顾，"民族文字教材的编译出版，除省（区）财政拨专款给予支持外，要改革管理体制，按照'以教材养教材'的原则以盈补亏（即用出版汉文中小学教材的盈利补贴出版民族文字中小学教材的亏损）。跨省（区）使用的教材，由国家教委组织审定；本省（区）使用的教材，由省（区）教委组织审定。"这期

---

① 赵明德：《西部大开发与双语教学》，《中国民族教育》2002 年第 4 期。

② 陈至立：《高举邓小平理论伟大旗帜认真实践"三个代表"重要思想　努力开创民族教育工作新局面》，《中国民族教育》2002 年第 4 期。

间，少数民族汉语文教材的改革未能受到应有的重视。到 2005 年 5 月 31 日，在《国务院实施〈中华人民共和国民族区域自治法〉若干规定》中，第二十二条中："国家鼓励民族自治地方逐步推行少数民族语文和汉语文授课的'双语教学'，扶持少数民族语文和汉语文教材的研究、开发、编译和出版，支持建立和健全少数民族教材的编译和审查机构，帮助培养通晓少数民族语文和汉语文的教师。"这一规定的实施说明民族语文和汉语文教材的改革已受到党和政府的高度重视。

第一节　初中汉语文阅读教材评析

　　内蒙古自治区蒙古族一类模式学校中的汉语文教学，是以母语（本民族语）授课为主，单科加授汉语的教学，母语是第一语言，汉语教学属于第二语言教学。正因如此，少数民族的汉语教学和教材编写，应遵循第二语言学习的规律，考虑其特殊性：第一，功能、结构、文化三位一体，注重教学的科学性，同时在各个不同的教学阶段又各有侧重；第二，内容、字词、语法相互协调，体现汉语文教学的实用性；第三，促进汉族和少数民族生活、文化和谐统一，加强教学的针对性；第四，适应不同年龄学生的特点，增加教学的趣味性；第五，听、说、读、写四项并重，全面培养学生的语文素质；第六，注重方法、习惯的学习和养成，掌握语言规律，使学生具有一定的自学能力；第七，适合不同程度的需要，扩大教学的弹性。但是，在实践中，教师和编者对第二语言的学习规律在认识和应用上都有不足，多数情况是简单化——比照汉语母语教材相应降低教学目标和要求。这使得我们的教材虽然在不断补充和调整，可是因地域的差别、经济和教育发展方面的不平衡，在适应性和实用性方面仍然有很大的局限性。截至 2004 年 7 月，呼市地区有不少蒙古族学校的初中四年级学生还是沿用 1997 年版的《义务教育三年制蒙古族初级中学教科书》，这套教材内容陈旧，缺乏趣味性和深度，学生学习兴趣低落，又极易滋长自满情绪，因为中考汉语文内容浅显，成绩普遍很高，不能有效促进学生汉语文能力的提高，对教学也有着不利影响。到 2005 年 7 月，呼市地区蒙古族学校的初三初四学生使用的汉语文教材相同，是改革后的成果——2001 年 5 月出版《义务教育四年制蒙古族初级中学教科书（试用）》（下面简称"试用教材"）。改革后的教材有了明显的进步——篇目或来自汉生中考的阅读，或来自汉生小学课本，受普通语文改革的影响，教材中也充实了一些贴近生活的新鲜内容，增加了素质教育的亮点。但是其弱点也是显而易见的：首先，为满足四年制要求，增加了不少篇目，教学任务重、教学时数少，二者难以协调，而且相同题材文章较多，难易程度不太适当，个别科技文过于艰深，不适合初中生阅读；其次缺乏经典美文，文学性、创新性不够；第三是语言训练和写作训练偏于简单，自主探究的方面缺乏，与素质教育的培养目标，有很大差距；同时教材和参考书的印刷质量不高，比较粗糙马虎。到 2005 年 7 月，初一初二学生使用的教材，是经全国蒙古文教材审查委员会审查通过，2003 年 6 月出版的《义务教育蒙古族学校教科书》（下面简称"审定教材"）。审定教材是在 2001 年版试用教材的尚未试用结束时出台的，因而课本的"新"就在于顺序的变化。审定教材《汉语（七年级上册）》的所有篇目都是从试用教材一至四册中选来的：1—6 课和 13—15 课选自第三册；7—9 课是选自第二册；10—12 课是出自第四册；16—24 出自第一册。全套教材目前还未使用完，不过可以看出的是：内容选取的角度有了更多指向，难度明显加大，知识点增多。但是，试用教材所固有的问题依然存在——题材和体裁的丰富并没有带来文化内涵的丰富，文章缺乏经典性、文学性，创新性亦是明显的不足，语言训练和作文训练的组织联结缺乏系统性、科学性。这些问题的根源就在于，审定教材并未从试用教材的改革和试用中获得完全有效的反馈与经验，只是作了简单的调整与筛选。如果将蒙古族学生的初中汉语教材和朝鲜族地区的教材相比，以及汉族学生的普通教材相比，差距十分明显。虽然另外两种教材也非尽善尽美，但是从比较中可以看出，我们的教材在阶段性、实用性、趣味性、言语实践性等方面均有明显不足之处，对学生思维能力、情感与创新精神的培养也显薄弱。改革前的一些问题，改革后依然存在。

一　初中汉语文阅读教材主导思想评析

（一）过分强调基础扎实，忽视了创新

认为基础越扎实越好，忽视创新——这也是应试教育的弊端之一。

从历年来的试卷统观下来，知识性考题在民族学生汉语中考当中比重较大，汉语能力的考查不是显得薄弱，就是与学生实际水平和能力脱节。为了高分，汉语教学和教材编写不遗余力地趋同于保持现有水平和状态，改革的压力和阻碍较大。由于对"基础"的理解过于片面和狭隘，我们不能开阔眼界，教材改革带给学生的是负担过重，趋同、从众和死记硬背，造成学生主体性的萎缩、个性的丧失和自信心消解。我们误认为基础扎实与创新素质培养之间存在着天然的正相关，殊不知，如果二者关系把握不当，也会出现负相关，基础如果扎实过度，就可能会对创新素质产生抑制和排斥。教学中我们花大量时间和精力针对学生用词不当、重复、错别字、语序颠倒等现象进行强化训练，追求这样的"基础扎实"的唯一意义和价值，就是对应付死记硬背的大容量的考试很有用处。

在各国的基础教育课程改革中，创造力培养都受到普遍重视，基于科学启蒙，基于创造性解决问题能力的培养，通过多种途径注重培养青少年的创造性思维和创造力、提高交流与合作的技巧、增强获取新知识的能力更符合以人为本、适应未来社会的要求。故而，要培养民汉兼通的人才，汉语文教材改革中也应当充分重视创新素质的培养。其实，创新素质的培养并不是神秘和高不可攀的，正如美国当代著名心理学家卡尔·罗杰斯所言，人人都有创造性，至少有创造性潜能。"这一是因为素质教育中所说的创新，主要是指创新的意识、创新的勇气、创新的欲望、创新的冲动和创新的习惯，主要在于对创新过程的一种体验，而不在于对创新结果的追求或创新成果的获得；二是因为素质教育中所说的创新，主要是指个体认识论意义上的创新，即学生在教师的指导下在积极、主动的认知活动中去发现个体原先所不知晓的事物，并不是指要去发现人类尚不知晓的新事物，而个体自主发现自己原先所不知晓的事物在个体认识论意义上也是一种创新。"① 甚至一些伟大的创新，也是发明创造者的创新意识和相关的敏感性起了非常关键的作用。创新思维在本质上是非常规思维，而突破常规的意识和勇气往往是非常规思维的重

---

① 扈中平、刘朝晖：《对"基础"与"创新"关系的重新认识》，《课程·教材·教法》2004 年第 5 期。

要条件，是逃离思维陷阱的重要前提。忽视汉语教学中创新素质的培养，实际上反映出民族汉语教学在改革中故步自封、缺乏创新的意识和勇气。

（二）夸大汉语文学习的困难，忽略了优势

不适当夸大汉语文学习的困难，忽略了国内汉语文学习的优势，这给蒙古族汉语教材的编写带来了不可低估的负面影响。

很多时候，我们的编者只看到了第二语言教学对象所处语言环境不利的一面，即大多数学习者身处所学语言以外的其他语言环境中，所以初中教材只注意了与低难度的小学教材相衔接，忽视了蒙古族初中学生的心智特点，偏简偏易。"一般认为，少数民族汉语教学的教学对象是零起点，但是从某种意义上说，他们并不是真正意义上的零起点，大部分都或多或少接触（听或说）过汉语，因为他们生活在我们祖国这个大家庭中。"① 第二语言学习者一般都有一个比较自然的语言环境。周围有众多的该语言的本族语使用者。由于种种原因，他们之间可能会有各种各样的联系。同时，由于该语言可能是官方语言的一种，新闻媒介、官方文件、广告等为学习者提供了一个比较真实和自然的语言环境。从语言输入来看，第二语言学习者一方面有自然的语言环境，另一方面，如果他通过课堂教学学习该语言，教师的语言程度、同学的语言程度等都给他提供了较理想的可理解性输入。第二语言学习中，情感因素对学习过程也发挥着非常有利的影响，由于第二语言在本语言社团的特殊地位，学习者往往有强烈的学习愿望和动机。正如列宁早就指出的："经济流通的需要往往会使居住在一个国家内的民族学习大多数人的语言，这不是人为规定的，是客观规律。"② 在我国，汉语是国家通用语，这使学习者的工具性学习动机变的很强，例如：争取同等的社会待遇和机会、影响择业和晋升。因此，第二语言学习者所能掌握的语言熟练程度往往能达到与本族语者相似的程度，特别是在言语表达方面。

---

① 王本华：《关于少数民族汉语教学的若干思考》，《课程·教材·教法》2002 年第 11 期。

② 转引自蒋夫尔《从"汉语热"看少数民族教育变化》，《中国民族教育》2003 年第 4 期。

内蒙古地区的大部分农区和城镇的民族学生，都生活在蒙汉双语的环境中，身处适合汉语学习的有利语言环境；即使是生活中只用蒙语交际的牧区学生，也都或多或少听说过汉语，有一些内容的蒙语语音形式与汉语也很相近，例如：麻烦、麻袋、半、桶、火柴，等等。生活中常见，学生的汉语水平往往比父辈要高，说明他们所处的语言环境有很多优势。"条理不严的语言环境并不妨碍儿童语言的习得。所谓习得，就是说，只要有正常的自然的语言环境，儿童的语言就会自然而然地得到发展。蒙台梭利说：'儿童的语言是发展而来的，而不是教出来的。'乔姆斯基说：'语言的生长类似于一个身体器官的发育。'""关键在于儿童是否拥有正常的自然的语言环境。倘若一生下来是母语语言环境，孩子生在其中，长出来的就是母语；若孩子是生长在双语语言环境中，长出来的就是双语。"① 有很多民族学生从小学就进入汉语授课学校，他们既能与父母亲友用母语交流，又能和老师同学一起用汉语听说读写，与汉族学生相比毫不逊色。教学实践证明，蒙古族学生在纯粹的基础知识记忆中和汉族学生一样显出厌烦，但在阅读和言语活动中却比汉族学生表现出更高的兴趣，更有进取心，这不正是汉语第二语言教学的巨大潜力吗？我们至少要敢于憧憬汉语教学的美好前景——蒙古族学生的汉语水平应该有比现在更大的提高和发展。

（三）汉语教材编写趋于保守，缺少前瞻性

蒙古族双语教学的汉语教学研究相对保守落后，使教材编写缺少前瞻性和时代感。放眼世界，应用语言学、社会语言学、认知心理学、阅读学、传播学、视听教育工艺学等科学体系建立，信息论、系统论、控制论等科学方法论的发展，以及电子计算机对语言文字信息的神速处理，已将语文教育的领域不断拓展深入。而少数民族地区的教育事业一直比较落后。国务院 2002 年 14 号文件《关于深化改革　加快发展民族教育的决定》中一再强调要加快发展民族教育，尽快使之和全国的教育事业协调发展，并以此促进民族地区经济与其他地区的协调发展。国家民委教育司司长吴仕民曾就此发表的《民族教育的跨越式发展论略》

① 苏舟子：《中国教育流行病》，江苏文艺出版社 2004 年版，第 6 页。

中指出：民族教育"如果只是采用一般的办法，发达地区和民族地区以相同比例发展，以同等速度前进，那么既存的差距不仅无法缩小，甚至还可能扩大。因而必须打破消极平衡，采取非常规的办法，实现跨越式发展"①。跨越式发展，就是变平常速度的渐进式发展为加速度的跃进式发展。无论从人们的认识，还是从国家的支持以及教育资源现状看，民族教育都已具备实行跨越式发展的有利思想条件和物质条件。民族汉语教学要往前走，改变与汉语母语教学的巨大落差，也必须走跨越式发展的道路。亦步亦趋或者比别人还慢的发展速度，只能使我们与别人的差距越拉越大。这如同在赛跑中，前面的人不会原地不动等你去追，你不加速，落后的现状就很难改变。

很多民族学校已在重视这个问题，甚至走得更远——他们不仅要培养民汉兼通的双语人才，还致力于培养精通外语、能够借鉴学习国际前沿科学知识的外向型人才。事实上，民族学校的教学中，除蒙语和汉语外，其他很多学科的教材是将汉族学生的课本翻译后拿来使用，平时的练习题、参考资料几乎都是汉语原版，甚至重点民族学校在这些学科的教学中能赶超一些普通中小学。

但是，在大多数蒙汉双语授课学校，却把汉语教学落后于汉授学校的现象，普遍看作是正常的、不可改变的事实。很多汉语的从教者和研究者都认为这很自然，第二语言教学嘛！如果认真分析，不难发现，这种认识反映了思想上的怠惰，更严重的说是目光短浅。改革未始，就无形中设定了汉语第二语言教学的上限。而对于双语教学的标准，"我们认为只要确定一个下限就可以。目前比较统一的认识是，双语者最低限度应能初步使用另一种语言进行交际"②。然而很多人将这个下限作为教学要实现的主要目标，可见其思想和努力的局限性。国家基础教育实验中心外语教育研究中心秘书长、通化师范学院院长包天仁教授认为，双语教学的主要目的是学习和掌握主流语言，最终能用主流语言顺利进行各科学习"。学生能同时使用母语和第二语言进行思维，在这两种语

① 吴仕民：《民族教育的跨越式发展论略》，《中国民族教育》2002 年第 6 期。

② 戴庆厦、董艳：《中国少数民族双语教育的历史沿革》，《民族教育研究》1996 年第 4 期。

言之间根据交际对象和工作环境需要进行切换，具有跨文化交流的能力，树立跨文化的意识。民族汉语教学的高级目标应当是培养具有这样思维能力的双语人才。

（四）忽视对教师课程能力的开发

课程和师资是当前制约西北民族地区基础教育发展的主要瓶颈。现在，民族学校的就学人数偏少，办学规模较小，办学经验、教学质量、教学效益等，与非民族学校相比均有不及，不仅教师数量短缺、质量不高、流失严重，连引进师资也相对困难。在民族汉语教学方面，师资力量不足是一大制约因素。首先是民族汉语教师数量少，往往一人身兼数任，跨年级代课较为常见，超工作量上课是家常便饭。教师整天忙于备课、上课、批作业，对民族汉语的课程改革，他们往往表现的被动、默然，甚至认为积弊难消，连想法都懒得说。其次是质量上，有些民族汉语教师自身的汉语水平就不高，普通话说不太好，课程能动力、自主力和创造力严重不足。他们固守课程即教学科目的总和、课程能力即知识传授能力的思维定式；不重视对课程的研制与开发；实施课程活动的方式和手段单一；学科视野狭窄，缺乏综合课程素养和能力。

究其根本，这与我们长期以来僵化的课程管理直接相关：课程决策过于集中；课程目标过于强调知识传授；课程计划过于强调集中和统一；课程执行过于强调行政管理。教育管理部门往往只是把已定的教学材料提供给教师，而没有留给教师一定的空间去思考和讨论。即使在形式上倡导发展教师课程能力，事实上也并没有在政策和条件上引导教师发展课程能力。上述问题严重制约了教材的改革。在蒙古族的汉语教材改革中也存在上述问题，2001年试用教材还未学完，2003年的审定教材就出台了，这其中既没有留给教师思考讨论的空间，也没有留出教师总结反馈的时间。传统教学观的束缚下："'课程'只是政府和学科专家关注的事，教师无权也无须思考课程问题，教师的任务只是教学。""课程成为一种指令、规定，教材成为圣经，而教学则成为被控制、被支配的一方。"① 这种教学改革只能是隔靴搔痒，教师的自主性受到压

---

① 教育部基础教育司：《走进新课程：与课程实施者的对话》，北京师范大学出版社2002年版，第113—114页。

抑、限制，教师的课程能力被淡漠和轻视。教师课程参与的"缺位"必然导致教师课程行为的"不到位"。这种情况下，教材无论怎么改都不会收到良好的效果。试问：一条船缺少一个高明的舵手，能闯过急流险滩、扬帆远航吗？

由此可见，思想观念的落后要比物质的落后更可怕，它对汉语文教材的束缚和对汉语文教学的影响与危害，比从前缠在小孩儿脚丫上的裹脚布的危害更严重。

二　初中汉语文阅读教材结构评析

基于上述原因，试用教材和审定教材二者的变化就是：在原有教材的基础上作一点加减法，用新文章更换一些老篇目，对原有栏目、体例作些增删和调整。例如：1997 年第二版旧教材第一单元是以革命为题材的，而试用教材变成了家庭生活题材的文章，审定教材则变成了祖国和家乡景物题材的文章，后面两套教材比旧教材的选文篇幅更长一些。体例上，新教材不像旧教材一样，把语法分成小的部分放在单元之后学习，而是把语法放在所有课文之后，集中学习。新教材删去了旧教材中的综合练习，试用教材增加了"即兴说话"、"听力训练"两项，审定教材除此以外又增加一项"汉语实践"。但是新增的内容都比较浅显，课时也很少，在教学参考书中对这些内容没有任何指导和建议。往往是学生兴趣很高，但对能力提高的作用不大。目前的两套教材都属"文选型"教材，其共同特点是以课文作为教材的主体，按文章题材组织课文，少量的练习是用来帮助学生理解课文和知识的。纵观现行汉语教材的结构体系，存在的问题主要有以下方面。

第一，教材编写缺乏适用性和相对弹性。在我国，双语的发展呈现出极大的不平衡性，制约因素很多："①聚居还是杂居。一般是杂居区的双语比聚居区的发展快，小块聚居区的比大块聚居区的发展快。②人口多少的不同。一般是人口少的民族的双语发展快。③文化程度。文化程度高的地区的双语发展快。④边疆同内地相比，内地的双语发展快。⑤社会发展情况。社会发展较先进民族的双语发展快。此外，有无本民族文字、经济形态（牧区或农区，或是半牧区半农区等）对双语的发展也有一定的影响。"① 而且社会主义时期双语的发展仍然具有缓慢性的特点，因为语言本身的变化具有缓慢的特点，语言使用的变化同样也具有这个特点。双语的发展同科学文化水平的提高密切相关。双语发展中的不平衡性和缓慢性，导致汉语教学的地区差异较大，学生在掌握汉语时呈现出速度快慢的差异。这就使适合不同程度的需要，扩大教学的弹性显得弥足珍贵。而现在的教材，仅仅在二十多篇阅读课文和训练内容的安排上分出自读课和讲读课、必做和选做，无论是教学的整体结构还是实践操作方面，都不能更多地满足不同语言水平的需要，对不同层次进行教学也缺少选择的弹性。

第二，教材内容安排缺乏科学性。课文归类缺乏规范，编排体系不够科学。如：试用教材第五册第一单元是"中国新诗、散文诗和外国诗歌"，第五单元又是"著名作家散文和诗歌作品"。试用教材第一册选文 26 篇，以说明为主的文章 4 篇。第二册选文 29 篇，以说明为主的文章突增至两个单元 7 篇。第三册共 22 篇，以说明为主的 3 篇。而审定教材每册是 24 篇，七年级上册中以说明为主的文章 4 篇，下册 3 篇。八年级上册 3 篇，到了下册却突然增至 9 篇。两套书的篇目和内容安排都存在问题——初一和初二的内容，教学难度相当，没有一个合理的坡度；编排上同一册书前后有重复、单元归类不够统一；在各个不同的教学阶段，教材在功能、结构、文化方面未能体现出有序合理的侧重。尤其七年级上册的教材内容，由于未能考虑由小学到初中的适应问题，学生学习普遍吃力，教师也无暇安排其他的语言学习活动，作文和言语训练缺少时间，讲读课教学效果也不是很好。

第三，教学设计缺乏创新性和适用性。一直以来，汉语文教材过多倚重学科知识，强调语言的工具性，特别是强调课本知识，对学生实践能力、创新精神的培养与重视不够。试用教材第一册课文 26 篇，带有创新性问题的 11 篇，不到一半，其中自读课和带 Δ 的 4 篇。审定教材的七年级上册课文 24 篇，带创新性问题的增加到 15 篇，但是，自读课和带 Δ 的多到 11 篇。按照惯例，由于汉语文课时很少，自读课一般不

---

① 戴庆厦、董艳：《中国少数民族双语教育的历史沿革》，《民族教育研究》1996 年第 4 期。

进行讲读，带 Δ 的问题也大多不做。这就使创新的训练得不到重视，在"量"上也不能保证。从内容上归类的话，两册书的创新类问题可归纳为四种：让学生变换角色讲述故事，介绍知识；仿写和同一类型的讲述；结合实际谈感受和拓展思考；收集资料进行相关的主题活动。虽然比旧教材有进步，可是在以上问题中，包含思维灵活性训练、想象能力训练、发散性思维训练、聚合性思维训练等设计的太少，创新思维训练在"质"上满足不了实际需要。而且，课文的教学设计大多数为分析归纳段意和中心思想，对城市初中生来说，内容较浅，易使学生产生浮躁情绪，难以更好地激发学习兴趣。对初中学生的特点考虑不足，使得设计缺少创新过程的体验，学生的创新意识、创新勇气无从产生，创新习惯也无从养成。

第四，训练内容忽视层级性和渐进性。在两套汉语教材中，训练内容删繁就简、量少不精、缺乏新意，带有太多的随意性。例如：试用教材第四册和审定教材七年级上册中，都有的《藏北草原》一文，而后者把课后练习中对课文和句意的理解变为比喻句分析。试用教材第一册和审定教材七年级上册中，许地山的《落花生》一文课后三、四、五题相同，分别是：按课文填空、造句、替换练习，难度设计偏于简单，教学用书中还有详细的解答。而文中的一个核心问题，即从"落花生"的外形和生长特点中体会"做人"的道理，却没有设计引导认识人生观的问题。其他课文也存在类似情况。试用教材对背诵内容的设计也很随意：第三册中有背诵要求的为 12 篇，全文背诵的多达六篇；第四册则仅有 4 篇，还是部分背诵；第五册中为 9 篇。这样的内容设计，无论是在难易程度的把握上，还是在知识容量的设置上，都没有很好体现初中不同学习阶段的层级性和渐进性。

三　初中汉语文阅读教材内容评析

（一）选文质量问题

选文在"文质兼美"的方面更加强调"质胜于文"，但朴实是朴实了，规范则未必。选文质量比较粗糙，存在不少问题。

第一，文不对题，有失准确。试用教材第四册 22 课和审定教材《汉语》八年级上册 24 课的篇目都是《高处何处有》，文章是写三个人尽力爬到自己认为的最高处，回来告诉人们他们在高处看到了什么，第三个人的描述被认可，答案是"高处一无所有"，题目有明显不合理处，且与内容相去甚远。参考义务教育朝鲜族学校教科书《汉语》七年级上册的《教师教学用书》第95页的相同文章，题目《高处何所有》，应该更为合理。还有，试用教材第六册22课是《蒙古族人民的门神——神鹰和神虎》，其内容引起学生的普遍质疑，教学参考中没有相关介绍，在流传下来的蒙古族著名神话故事和民间传说中，也未找到所述故事的原型，蒙语文教学的老师和故事提及的科尔沁地区的老师与学生也均感莫名其妙。对于大家并不了解的传说冠以"蒙古族人民"五个字显然欠妥。

第二，内容老旧，缺乏趣味。像《董存瑞舍身炸暗堡》、《再见了，亲人》等，这些文章新旧三套教材中都有。类似文章固然写得感情真挚，但与学生距离太远，加上背景介绍的枯燥，想要引发共鸣比较困难。我们的文学作品中，绝不乏描写英雄、表现惜别之情的文章，为何不能选一些更能真实再现历史环境，让学生容易体验的文章呢？同时，作为民族汉语教材，其中应该有促进汉族和少数民族生活、文化和谐统一的文章，但是两套教材中凡是涉及少数民族的，多为自然风光的描写，反映少数民族地区经济、文化和生活发展进步的文章少之又少。

第三，编排与印刷的质量不高。编排、注疏、评点和印刷是选文最关键的环节，可是错误之处不胜枚举。试用教材第二册155页第一自然段开头忘了空格，第六册120页义无反顾的"反"误写作"返"，同册156页的"尉迟敬德"中"尉迟"是复姓，注音将"yù"误写作"wèi"。审定教材七年级下册139页"那儿想到防备"的"那儿"是"用于反问，表示否定"，应为"哪儿"。同册80页"作料"一词中"作"注音误写作"zuó"，正确的注音应该为"zuò liào"，《现代汉语规范词典》与《新华字典》中"作"的读音也并无"zuó"声。还有，八年级上册14页尾句"开展找诗、找名篇的活"，应该是"活动"，可是"活"后面该页结束竟然没了下文，也无标点，下一页也无衔接。类似错误还有很多。

第四，教学用书的质量太差。教师参考书中不是缺少必要的背景资料介绍，就是参考内容有严重错误。如：试用教材第五册教学用书的第

22 页，关于第二次世界大战长达两页的背景介绍中出现严重错误，把主要的法西斯国家说成"意大利、法国、日本"。而在审定教材七年级下册《教学用书》第 116 页，有关《赤壁之战》一课的资料介绍只有一句话："赤壁：即现在湖北武昌县西赤矶山。"这一战役在我国历史和文学中有着重要地位，前后的相关环节很多，不能不加介绍。教学实践也证明，这一战事的背景介绍越生动，学生对课文的兴趣越大。编者却为何注意不到呢？

（二）忽视学生的主体性和言语学习的实践性

两套教材所存在的问题足以说明：教材编写中对蒙古族初中学生的接受特点和主体性并未给予足够重视，因而忽视学生学习特点和实际需要的教学内容与设计随处可见。试用教材第七册中《基因畅想》一篇，介绍基因技术和基因研究，内容虽然有趣，但其中有许多学生费解的语句，如"基因转录"、"基因框架图"、"四维空间"、"克隆人"、"心脏基因"、"白热化斗法"、"先拔头筹"、"犹抱琵琶半遮面"等等，不仅是知识理解上困难，篇幅长达 3200 字之多，即使高中学生作为讲读课来学也力有不及。教学设计方面多半是：从作者、时代、字词到段落中心，或者是从头到尾按结构或内容分析公式、条条让学生抄记，或者是习惯于把课文意义看成是固定不变的，老用同一个调子、一种方法、一个结论……这种生硬、死板的教学将课时填补得满满的，只能让学生感到压抑，课文阅读时强烈的期待心理无法形成，自觉性就难以发挥，更哪来兴趣可言？两套新教材中，学生感兴趣的篇目不到一半，但在空闲时，他们却会抱着《名人传记》或者全套的《哈里·波特》读得不亦乐乎。经过对中学生不同群体的课外阅读调查发现：初中生比较喜欢读人物传记和小说，阅读以直接兴趣为主，对其他类的阅读兴趣比较广泛。两套教材中，内容有些单调，缺乏时代气息，成人化、社会化、政治化倾向还很严重。因袭传统，遵循封闭的、崇尚权威的教材功能观，使知识似乎被套上了一层坚硬的外壳，拒人于千里之外。因而，学生在学习教材时很难进入主动阅读的状态。

蒙古族学生在学习汉语时，学习重点是：一要读准字音，弱化母语和方言的影响；二要掌握足够的词汇量，以便于表达时能找到合适的词语。他们学习的难点主要是：语序颠倒和省略一些表示方向和对象的词，这主要是受母语思维习惯的影响，所以在汉语文教材中应该有意识地培养用汉语思维的习惯，逐步掌握汉语的思维规律。这些问题的解决，离不开包含知识运用和能力提高的言语实践活动。可是，在教材中，汉语知识和能力的生成与言语实践联系不够紧密，听说训练和汉语实践活动的编排缺乏针对性，内容简单浅显。而且由于中考不考查听说和汉语实践的内容，教学中也是"水过地皮湿"，对学生汉语能力的提高益处不大。

从以上评析可以看出，建构一种"多方对话、多向交流、共同参与、共同开发"的初中汉语课程，深化汉语教材改革，在当前已经显得非常紧迫。要想真正做到把发展学生的主体性和创造性作为主要的目标，并真正发挥学生在课程开发中的主动性和积极性，初中汉语文教材的重构势在必行。

第二节　初中汉语文阅读教材的重构依据

着手研究蒙古族初中汉语文教材的重构，会涉及民族教育、民汉双语教学、汉语第二语言学习、汉语汉字的规范等诸多领域的问题。这一重构，必须是在科学理论的基础之上的建设，在法律法规允许尺度之内的创新，借鉴当前最新的科研成果，用先进的理论作指导。否则，重构就失去了依托，只能是空中楼阁、画饼充饥了。蒙汉双语教学初中汉语文教材的重构，必须依据相关的法律和法规、教育心理学理论、语言学和文学理论，结合少数民族汉语文课程标准的研究成果。力求在夯实基础之上重构。

一　相关法律法规的依据

改革和重构现行的汉语文教材，必须在法律允许的范围内进行，同时也必须依靠法律法规来加以指导和规范，只有如此才能保证汉语文教材重构的正确性和科学性。

1984 年 5 月 31 日第六届全国人民代表大会第二次会议通过，2001年 2 月 28 日第九届全国人民代表大会常务委员会第二十次会议修正的《中华人民共和国民族区域自治法》第三十七条说："民族自治地方的自治机关自主地发展民族教育，扫除文盲，举办各类学校，普及九年义务教育。""招收少数民族学生为主的学校（班级）和其他教育机构，有条件的应当采用少数民族文字的课本，并用少数民族语言讲课；根据情况从小学低年级或者高年级起开设汉语文课程，推广全国通用的普通话和规范汉字。""各级人民政府要在财政方面扶持少数民族文字的教材和出版物的编译和出版工作。"第七十一条说："国家加大对民族自治地方的教育投入，并采取特殊措施，帮助民族自治地方加速普及九年义务教育和发展其他教育事业，提高各民族人民的科学文化水平。"从这些条文中，可以看出国家对于少数民族地区义务教育工作的重视和对少数民族双语言教学的要求，而且对民族地区的义务教育要加大投入，促进其发展。

经 2005 年 5 月 11 日国务院第 89 次常务会议通过，自 2005 年 5 月 31 日起施行的《国务院实施〈中华人民共和国民族区域自治法〉若干规定》中，第十五条和第十八条中都强调要对少民族聚居地区"加大扶持力度"，在文化、教育等方面，要"给予重点支持"，"帮助民族自治地方加速经济、文化、教育、科技、卫生、体育事业的发展"。第二十二条中重点指出："国家保障各民族使用和发展本民族语言文字的自由，扶持少数民族语言文字的规范化、标准化和信息处理工作；推广使用全国通用的普通话和规范汉字；鼓励民族自治地方各民族公民互相学习语言文字。""国家鼓励民族自治地方逐步推行少数民族语文和汉语文授课的'双语教学'，扶持少数民族语文和汉语文教材的研究、开发、编译和出版，支持建立和健全少数民族教材的编译和审查机构，帮助培养通晓少数民族语文和汉语文的教师。"这对于少数民族汉语教材的改革和编写无疑是一个重要保障，也是笔者提出"蒙汉双语教学中蒙古族初中汉语文教材重构"的一个重要法律依据。因为蒙古族初中汉语文课程改革，需要有与之相适应的新教材，汉语文知识在教材中的存在方式也应以更加合理优化的结构呈现。

在 2000 年 10 月 31 日第九届全国人民代表大会常务委员会第十八次会议通过，自 2001 年 1 月 1 日起施行的《中华人民共和国国家通用语言文字法》第三条指出："国家推广普通话，推行规范汉字。"第四条："公民有学习和使用国家通用语言文字的权利。国家为公民学习和使用国家通用语言文字提供条件。地方各级人民政府及其有关部门应当采取措施，推广普通话和推行规范汉字。"第八条："各民族都有使用和发展自己的语言文字的自由。少数民族语言文字的使用依据宪法、民族区域自治法及其他法律的有关规定。"第十条："学校及其他教育机构通过汉语文课程教授普通话和规范汉字。使用的汉语文教材，应当符合国家通用语言文字的规范和标准。"这些条文说明，国家保障少数民族学生学习和使用汉语的权利，并且给少数民族初中汉语文教材的编写提出了使用的准则，还对汉字的规范、普通话的推广补充了新规定。语言文字工作最主要的任务，就是最大限度地克服交际障碍。教育部部长袁贵仁说：贯彻《国家通用语言文字法》，大力推行国家通用语言文字，"需要我们不断加深对推广普通话和推行规范汉字必要性和重要性的认识，不断增强工作的自觉性和使命感。特别是在中小学生中教授方言，不符合《国家通用语言文字法》和《教育法》《义务教育法》的规定，应明确态度，劝其停止。我国语文生活中的主要矛盾仍然是国家通用语言的普及滞后于经济文化发展要求"①。

因此，初中汉语文教材的重构，应当依照法律法规允许的范围进行，有关听说读写方面的内容，也应当严格按照语言文字法的规范和标准设置。此外，笔者在研究汉语文教材重构中，还参考了教育部语言文字应用研究所的《规范汉字表》，并特别注意了社会语言生活中的各种应用性的规范标准。例如不同教育类型（学校母语教育、少数民族汉语教育、对外汉语教育）和不同教育层次（小学、初中、高中）用字用词规范，人名地名用字规范，翻译转写规范，计算机字库词库的建设规范，网络出版的语言文字规范，面向网络的专有名词的缩略规范，并且严格按照新版《现代汉语词典》、《新华字典》、《普通话异读词审音表》、《出版物数字用法表》、《标点符号用法表》等语言规范的文件为依据，以期切实规范教材的语言文字。

二　少数民族中小学汉语课程标准的要求

1999 年 6 月，由中华人民共和国教育部办公厅制订的《中国少数民族中小学汉语课程标准》（试行草案）第一版出台。到目前为止，只有 2002 年 6 月中华人民共和国教育部制订的《全日制民族中小学汉语教学大纲》（试行）是较新的汉语教学的指导性文件。在"教材编写"中，第四条："为适应第二语言教学的特点，提高汉语的教学效果，教材可采用自编和选编相结合的形式编写。自编课文应适合学生先听说、后读写的需要。选编课文应规范，文质兼美，有文化内涵，题材、体裁丰富多样，难易适度，适合学生学习。"第五条："教材编写既借鉴相关课程改革的经验，又体现学生学习第二语言的特点，要具有科学性和实用性；既反映整个社会生活和科技发展，又结合民族地区的现实生活和民族文化，要具有针对性；既照顾大范围使用的需要，又考虑偏远地区学生的差异，要增加教材的开放性和弹性；既设计出整套教材的总体风格，又照顾到不同年龄段的特点，要增加教材的趣味性。"然而，我们的汉语文教材的种种缺陷导致了教材不能较好体现大纲精神，如前所述。而且在"弹性和开放性"上，也没有给学校、教师和学生留下选择、拓展的空间，不能很好地满足不同学生学习和发展的需要。这些都不同程度的说明了本文论证汉语文教材重构的必要性，也为汉语文教材的重构留下广阔的拓展空间。

三 教育心理学理论依据

中国古代教育家孔子就提出"不愤不启，不悱不发"的启发式教学方法。古希腊的苏格拉底也提出"我不是给人知识，而是使知识自己产生的产婆"的思想。研究教材的重构，不能不把握学与教的过程中方方面面的规律。教育心理学是研究教育和教学过程中教育者和受教育者心理活动现象及其产生和变化规律的心理学分支，它为汉语文教材的重构提供了各个方面的先进理论成果，进一步夯实了重构的理论根基。蒙古族学生的汉语文学习心理过程、学习迁移、学习动机和学习兴趣及培养方法、知识的掌握与教学、技能的形成与培养的条件，以及智能的培养和创造力的培养、课堂教学心理、学生心理的个别差异与因材施教等，都是研究教材重构必须深入了解和认识的方面。

现代认知观把学习视为知识的建构过程，学生由被动接受者成为知识的建构者，是信息的主动加工者。为此，布鲁纳研究为培养学生智能重新设计课程的问题，并将自己的课程改革方案在中小学课堂中进行广泛的实验研究。随后的奥苏伯尔在其学习理论的基础上，提出了意义学习、讲解式教学的重点及一般步骤等，强调教材编写的不断分化、综合贯通原则。重构的初中汉语文教材，也要遵循初中生的学习规律，把握学生的身心发展特点，选文在学生喜闻乐见的基础上，应该适当提高欣赏品味，要适应学生的认知水平，密切联系学生的生活经验，方便学生将知识内化，建构知识整体，还应有助于激发学习兴趣和创新精神，使学生成为学习过程中一个积极的参与者。

当前国内外的研究状况还表明，语言学科心理学研究开始从研究人们如何学习，向研究人们如何学习写作、如何学习阅读等目标方向拓展。初中汉语文教材的重构，紧密结合第二语言教学特点，在如何听说、如何读写等具体方面有了新的拓展。研究加强了对激发学生学习积极性，培养学生社会交往能力等方面的重视。作为第二语言学习的教材，重构的汉语文教材中，应关注人类社会、自然，展现多样文化，增强学生对各民族文化的认识、理解和尊重。除了言语训练中给出的社会交往情境，还设计了学生参与了解社会的汉语实践活动。现代教育心理学的研究成果还说明，情感智力对学习过程有着重要的影响。在教材重构中，要有益于帮助学生树立正确的世界观、人生观和个人价值观，通过自我情感控制，引导思维和行动朝有益的方向发展。同时，学习理论对学习策略与方法研究的深入。提出的有关记忆策略、问题解决策略均受到普遍重视。教材中的问题和练习设计，应少而精，具有启发性，有利于在探究中学习记忆，引导学生掌握学习方法。

教育心理学是研究教学规律的科学，也是教材编写的依据和指南，把教育心理学理论应用于实际，有助于解决教育中的实际问题，掌握有效的学习策略，真正提高学习的效率。

四　语言学和文学理论依据

列宁说："语言是人类最重要的交际工具。"语言是交流思想、达到互相了解的交际工具，它是"能够在生产、政治、经济、文化、社会生活、日常生活中交流思想，调整工作的交际工具"。源于语言的这一特性，在汉语文的教材重构中，应注重实效性和应用性，努力营造宽松、活泼、富有情趣的教学情境，鼓励学生更多接触语言材料，提供尽可能多的实践机会。

语言还是体现思维的工具，是抽象思维的承担者和体现者。"语言之所以是人们的交际工具，正因为它体现并表达了人们的思维及其成果。"① 语言和思维具有相互依存、统一而不同一的关系，在运用语言交际或思维时，二者的活动也是相互依赖的。因此汉语文的教材重构中，还应考虑汉语言文字自身的特点对口语交际、识字写字、阅读、作文和学生思维发展方面的影响。汉民族的文化精神和思维认识方式，在汉字中都留下了深深的印记。例如：长幼尊卑的等级观念，天人合一的认识观，返本复初的循环观，意象思维、辩证思维和整体思维等等。而且汉字作为由线段构成的表意系统文字，团块状的单个儿的汉字形体中，绝大多数有表意成分。汉字体系的这两个特点，为汉语社会里识字社群的人准备了特有的物质条件，使他们有可能借助汉字字形来反映自身对客观世界的认识，形成了汉字独特的思维。把这些内容融入教材当中，对于第二语言学习者的汉语思维习惯的形成能发挥积极的作用。

随着语言学理论研究的发展，语言与文化的关系日益受到重视，汉语的文化研究也越来越深入。汉字不仅仅是汉语的符号，而且也是中国文化的载体和象征，在几万个方块汉字中蕴藏着中国古代灿烂的文化。"一种语言的词义系统蕴涵着该民族对世界的系统认识和价值评定，蕴涵着该民族的全部文化和历史。在这个意义上，词义从来就不是一个单一、封闭的客体，它的生命之源正是民族的思维方式、文化心理结构、社会制度和生活习俗。"② 汉语文教材中的语言文字是整个语言生活中的一个重要内容，对第二语言教学会产生潜移默化的影响。在汉语文教材的重构中，对汉语词语的意象性、文化性和思维性要有足够的重视。

从语言文字角度和第二语言教学的目标考虑，语言的工具性、思维性、文化性决定了汉语文教材的应用性、与思维发展和文化认知的同步性；确立功能、结构与文化三位一体的原则，能够有效地促进和引导学

---

① 高名凯：《语言论》，商务印书馆 1995 年版，第 80 页。
② 申小龙：《语义时代：当代汉语研究的大趋势》，《温州师范学院学报》1990 年第 3 期。

生对汉语文的学习。

由于汉字的特点和汉文化的浸染，汉文读物具有丰富的审美内涵。主要包括：音乐美、字形美、结构美、意境美、含蓄美、对称美等等。"如此丰富的审美因素，使得汉文阅读过程伴随着联想和想象，充溢着愉快和欢乐，成为一种陶冶性情、有益心智的高品位精神生活。"① 蒙汉双语教学初中汉语文教材，也是重要的汉文读物之一。它所传递和接受的不仅是语文载体所承载的内容，还包括思想、知识、情感等，而且更主要的是语文载体的本身，包括文字、词汇、语句等语言材料以及语言表达的技能技巧，也是蒙古族一类模式学生掌握汉语知识、发展汉语能力的主要凭借。正因如此，汉语文教材应该成为感染人并能从精神的深处打动人的文本，应具有"妩媚动人"的特点。自然就能实现"乐教"与"乐学"的和谐。清代王筠在《教童子法》中说："人皆寻乐，谁肯寻苦，读书虽不如嬉戏，然书中得有乐趣。"② 然而初中汉语文的教材中，经典优美的作品还是较少。文学作品是不分国界和地域的，它有利于培养人的修养、性格和气质，容易引起共鸣，产生感悟。国外学者曾在《文学在语言课堂》一书中指出："文学提供了大量的各种不同类型的书面材料，这些材料的重要性在于它们是谈论人类的基本问题，而且这些问题是持久的而不是短暂的……一部文学作品可以超越时间和文化同另一国家或不同历史时期的读者直接交谈。"文学所具有的认识功能、娱乐功能、补偿功能，对于丰富学生的认知和情感、提高他们的志趣和欣赏水平都有着无法替代的作用。而且文学作品在数量和质量上能够保证，众多的鉴赏评价还可作为将其划入不同能力层级的参考。

在与很多蒙古族学生的接触中发现，他们对唐诗、宋词、元曲的语言、内容和意境都非常感兴趣，只是因为教学目标中没具体要求，最后这种兴趣在考试的重压下也逐渐萎缩了，这是非常遗憾的事情。作为汉语言的瑰宝——唐诗、宋词、元曲中一些易懂的、典范的作品，应该让

---

① 王松泉、钱威：《语文教学心理学基础》，社会科学文献出版社 2002 年版，第 48 页。

② 转引自郭晓明、蒋红斌《论知识在教材中的存在方式》，《课程·教材·教法》2004 年第 4 期。

学生有更多的了解，并从中获得更多的文化知识。还有其他广为流传的中外文学名作，包括诗歌、散文、小说等，也应该有更多的介绍和学习。在我们的教材中，汇聚精神与文采，可供学生涵咏、研习、模仿的文章在深度与广度上都还不够。当前，在外语教学中，提倡进行英美经典文学名著的阅读鉴赏，而且英汉双语教学的正常开展必须依托外语原版教科书和教学参考用书。要通过原版教材，让教师和学生都接触到"原汁原味"的外语，原则上必须有外籍教师的参与和辅导。为的是双向交流和语言表达的自由度和准确度在很大程度上不受限制。同样道理，汉语的文学经典作品，在民汉双语教学中也是必不可少的。在我们的教材中，不仅文学作品太少，而且多为截取片段，巴金和老舍的文章虽以风格的简朴受到偏爱，但是入选的多为写景状物的散文，语言形式也不够丰富。

这些说明我们的汉语文教材，无论从语言角度还是从文学角度，抑或是文化的角度，都需要通过内容和结构的突破加以重构提高。

第三节　初中汉语文阅读教材的重构设想

一　初中汉语文教材重构的指导思想和编写原则

专业理论基础较弱和指导思想的保守，使汉语文教材有许多不尽如人意的地方。因而，开展重构教材实践的多向探索，对旧体制进行突破，在加强理论基础的同时，先要确立科学、先进的指导思想，遵循合理实用的编写原则。当前语文新课程观的建设，尤其是基础教育改革所倡导的一些进步理念正好可以给我们以有益的帮助。

这些新的理论观念主要集中在几个问题上：语文教学中以谁为主，怎么处理好知识与能力的关系，在教学中怎样激发、调动学生积极的情感，教材编写怎样具有科学性，如何从学生学习的角度挑选课文，教学方法、教学思路为何要树立多元论。目前，课程改革与建设的趋势已非常明显：目标的多元化、内容的综合化、结构的板块化、要求的弹性化。面向 21 世纪，不少专家学者认为语文教育必须在几方面做出努力：以发展学生语文能力作为教学的核心目标；组织适应未来社会语文应用发展变化趋势的教育内容，应当具有典范性、文化性、社会性、实用性、时代性（前瞻性）；借鉴心理学和教育学的研究成果，采用科学的教与学的方法，达成教育效果的最优化；引进新技术、新手段提高教学活动的效益；改革传统的课程、教材和教学模式，主要包括增强课程结构弹性，建立多层次、系列化、立体化的教材体系，实现语文教学模式的现代化。

适应课程改革的需要，普通语文教材的改革在不断深化，可以说是百花齐放，各具特色。从当前比较有影响的几套中小学语文课本看，在编写的指导思想上大多体现以下几点：第一，在教材内容上，注意体现时代精神、重视思想品德的熏陶和人文精神的培养；第二，在教材体系上，以培养语文能力为线索，有的还把学习习惯纳入训练体系；第三，在学习方式上，注意渗透教法，指导学法，引导学生经历学习的过程；第四，在学习途径上，注意引进现实生活中的语文教育资源，把语文学习和实践延伸到课外、家庭和社会。教材编写体系大致可分为三类：以阅读为基础的；以作文为中心的；读写结合，严格设"法"布"点"的。基本上还是以读写为核心。

普通语文的课程改革，让我们看到了民族汉语教材的不足和差距，也为今后的改革提供了可资借鉴的先进理念和宝贵经验，让我们确立了更明确的指导思想。

（一）汉语教材应工具性与人文性并重

作为传递和接受人类精神财富的一种特殊凭借物，语文教材有着双重品格，它在内容上包容了社会所需的各种知识，在形式上体现了语言和文字的运用规则，具有一定示范性。这样的教材在教育教学实践中必将产生它的特殊功能，如德智启迪功能、语文历练功能、语言积累功能、知识扩展功能等。学生不仅从中获得运用语言文字的能力，还从中获得语言、文学知识和某些文化知识，并且能从中得到思想品质与道德情操的陶冶。

虽然我们的教材名称由旧版的《汉语文》，改为新版的《汉语》，但是人文性特点在民族汉语教学中并没有本质的改变，语言文化的内容仍占重要地位，选文的文学性要求也不应该被忽视或者降低。因为民族学生不论母语如何，都生活在祖国大家庭之中，周围有众多的汉语使用者，经济、文化和生活的频繁交往，使他们在汉语的学习和使用中不可能离开语言的人文性。民族汉语教学的工具性与人文性的统一，是语文教学的特殊性所在，正如鸟之双翼、车之两轮，失去其一，另一方面也不能发挥作用。蒙汉双语教学中的汉语文教学首先定位在第二语言教学上，主要任务是培养学生运用国家通用语言文字的能力，语言既具备文化的一般特点，是文化的一个重要组成部分，同时又是文化的符号，具有认识的功能和实践的功能。语言"是以人为主体的社会现象，它是为人建构文化、表达文化的需要而创制的，是随着文化的发展而发展的。因此，在语言与文化的固有的'共变'关系中，作为语言创造的动力和表达的内容，文化理所当然起着主导作用，制约着语言产生和发展的方向，从而使民族语言带上自己的文化特征，形成区别于其他语言的特点。"①"人文精神是语言的基本属性。"② 在第二语言的教学中，汉语文作为"人文学科"的基本性质未变，既是工具学科，又是人文学科。而且汉语文本身又蕴含着情感性、意境性、形象性、思辨性、哲理性等诸多人文特性。所以，教材重构当中，无论是内容还是教法，都要努力实现思想道德、科学文化和社会交际的素质教育目标，还要从学生掌握运用汉语文这个基础工具的自身规律出发，尊重、引导个性的健康发展，还要"找准个性健康发展与科学训导二者之间的有机结合点，既赋予这一基础人文学科的教学以科学的方法论，又赋予科学的语文训导以现代人文主义思想的灵魂"③。

　　工具性与人文性并重，是汉语教材重构中的必然选择。这不仅是汉语文学科的要求，也是现代素质教育的体现，更是让学生高效顺利地掌握汉语言文字的客观需要。语文课程的多样性、人文性、时代性、实用性和灵活性，对培养提高民族学生的综合素质、人文素质、现代素质、技能素质与创新素质非常重要。汉语教材在不断适应客观需要的过程中，逐步求得自身各方面的发展和完善，对于民族学生理解掌握汉语文，成为"蒙汉兼通"的人才具有重要作用。

------

① 饶杰腾：《语文学科教育学》，首都师范大学出版社 2000 年版，第 30 页。
② 韩军：《限制科学主义张扬人文精神——关于中国现代语文教学的思考》，《语文学习》1993 年第 1 期。
③ 饶杰腾：《语文学科教育学》，首都师范大学出版 2000 年版，第 51 页。

（二）汉语教材体系应有科学性

教育部原副部长赵沁平曾指出：传统的少数民族汉语教学，长期以来沿用普通中小学语文的教学方法，偏重语文知识的传授，这在一定程度上不适应少数民族学生实际运用汉语进行交际的需要。少数民族汉语教学界一些学者和专家认为，汉语教学从词到单句，从单句到复句过渡到语篇，还缺少一个重要的教学环节，那就是语段教学。这些都说明汉语教材在科学性方面的不足。

汉语教材要具有科学性，改革课程结构成为必须，"要适应社会需求的多样化和学生全面而有个性的发展。这对增强课程对于地区、学校和学生的适应性，满足不同地区、不同民族和不同水平的学生的需求具有重要意义，从而使课程更好地促进社会发展和个体发展"[①]。

课程改革中首先应该建构具有弹性的教学目标系统。有比较明确的目标系统，才能实现教学活动的总体设计、教材编写、课堂教学和标准化测试四大环节有据可循，也才能保证教师、学生、教材三者的协同。然而，探索汉语教材科学的结构体系，必须考虑地区的差异和教育、经济、文化发展的不平衡特性，全国或是全区统一的教学目标实质上未能真正发挥指导作用。要改变这种以整齐划一的教学目标指导各地教学的状况，就应在特色理念的指导下，组织调研各地的具体情况，分析学生特点和各地的教学水平。例如在"识字与写字"、"词的理解和运用"、"阅读"、"写作"、"口语交际"等项基础内容上分别拟定高级、中级、初级三个层级的要求，让各地根据实际情况选择适当的教学目标去完成。这种具有弹性机制的教学目标，有利于将系统目标和具体目标结合起来，改变过去那种不管学生如何，一律按统一课程、统一教材、统一进度、统一教法进行教学的局面。在蒙古族初中学生中，汉语学习不同程度地表现出两头大、中间小的分布状态，即学习好的和差的相对较多，占中间水平的很少，差的又比好的多。如此看来，对不同学生教授相同内容、布置同一训练显然是不合适的。相反，根据弹性教学目标，就可以因地制宜、因材施教，比统一的教学目标更具适应性和可行性。

---

① 王利民、王嘉毅：《课程改革：西北民族地区基础教育发展的关键》，《中国民族教育》2003 年第 4 期。

它既给各地教学活动以可参照的最低标准，又有通过努力在教学中可能实现的最高目标，并且在赋予选择不同级别教学目标的自由的同时，注重激发各地教师和学生的内在发展潜力。

其次，教材应具有开放性和创新性的设计理念。历史的经验表明：教材设计必须既重视知识（包括系统化的知识），又要避免系统知识对儿童精神世界的强制或肢解，而后者的关键就是要给教材中的知识设计以恰当的存在方式。倪文锦教授强调：在教材的编写中，应把重点放在三点上：第一，教材编写应由以陈述性知识为主转变为以程序性知识为主，具有动态性质，解决"做什么"和"怎么做"的问题；第二，编写新教材应由文体循环变为能级递进，按能力分级，逐层递进安排教学内容；第三，编写新教材要从讲读中心向言语实践转变，使学生真正成为听、说、读、写的主体进行言语实践活动。设计实践活动，要给学生提供数量足、质量高、成系列的言语实践活动的情境，为学生正确理解和运用祖国的语言文字创造条件。这种教材设计，要求通过对知识作特殊处理，把原先给人封闭、静止、拒斥感的知识，变得更具"召唤力"，使其成为"动态化"的、活跃的世界；教材中的知识设计是开放的，抱着一种主动走向学习者、向学习者靠近的姿态与倾向；教材中的知识设计还是"境域化"的，将知识与各种图片、问题情境以及学生的生活经验建立起丰富联系，使知识作为一个"过程"存在于一定的生活场景、问题情境或思想语境之中。这种具有开放性和创新性的设计，必将给汉语教材的重构带来质的变化，同时对教学中师生的活动也将产生极好的思想引导和兴趣激发。

再次，教学内容要建立具有序列性、实用性的结构体系。中学语文教科书结构，一般都包含着两条线索和四个系统[①]：即教科书内部的知识的线索和能力训练的线索，还要借助于范文系统、知识系统、作业系统和导学系统组织其全部教学内容。以往汉语教材在内容序列的安排上，单元归类不规范，单册内容的难易程度缺乏层次性和递进性。要重构汉语教材，教学内容的安排必须注意序列性。在选定不同层级的教学

---

① 顾黄初、顾振彪：《语文课程与语文教材》，社会科学文献出版社2001年版，第75—76页。

目标基础上，结合初中学生的教育心理特点，在不同年级设计不同的教学难度，创制选读课文分级序列，并且坚持学生兴趣浓厚的听、说与传统教学的核心内容读、写并重，全面培养学生的语文素质。在单元读写训练之中合理搭建听说训练的内容，在汉语教材中实施"听、说、读、写"一体化教学，这样"可使语文课的活动形式多样化，并增加学生主动介入语文学习的程度"①，对民族学生汉语能力的形成与发展也有极大好处。在序列性基础上，还要注重实用性，即听说读写的训练内容应充分与学生的生活相关联，以便让学生通过练习，形成迁移能力以应对生活。例如：听说训练里可包括接打电话、问路指路、买卖商品等，形式上有一人对一人、一人对多人、多人对多人等；读写训练中可包括读写词句、读写段落、读写文章和读写书册等，对一般学生而言，主要是前三种。这些训练内容还要充分考虑城市学生和农牧区学生的差别，以便于设计合理的难易程度。每个学段的单元中应包含"综合性学习"内容的设计，与内蒙古地区的风土人情相结合，与学生能接触到的生活情境相联系，安排实用有效的言语实践活动。

（三）汉语文教材要确立双语学生的"主体"地位

保加利亚心理学家洛扎诺夫说："处于轻松、快乐状态下无意识的心理活动，最有利于激发个人的超强记忆力。这时人接受信息的能力最佳，思维能力最强，学习效果也最好。"② 教育学和心理学的知识告诉我们，脱离学生接受程度、违反学生学习心理规律的教学内容，都将是失败的，众所周知的 20 世纪 60 年代美国布鲁纳的教改失败就是明证。在承认社会对课程的制约作用的同时，必须尊重知识和儿童自己的特点。学习理论和阅读理论向我们表明，学生是靠自己构建知识大厦的，在知识的掌握中，任何外因的作用都必须通过内部的努力才能实现。传统教材的主要问题是：学非所用，教学内容远离生活，严重压抑了学习积极性，阻滞了教育质量与效益的提高。因此，我们要把教材当作范例，精选"知识"，"使知识能真正进入儿童视界，只有儿童喜欢的知

---

① 邰启扬、金盛华等：《语文教育新思维》，社会科学文献出版社 2001 年版，第 214 页。
② 转引自卢家楣《情感教育心理学》，上海教育出版社 1993 年版，第 24 页。

识，乐于接受和感悟的知识才是有生命的"①。如此看来，必须在教材中确立学生的"主体"地位，适应不同年龄学生的特点来组织教学内容，充分尊重学生的兴趣爱好，增加教材的趣味性，才能起到事半功倍的效果。心理语言学的研究认为，小学高年级到初中一年级，是学生由语言自然学得向语言自觉习得阶段过渡的临界期，也是知识"吸入"为主的阶段，即"第二语言学习者在大量接触语言材料的基础上，逐步吸收、内化成为自己的语言"②。因此，根据年级特点和学生的认知结构，要想优化语言的"输入"和"吸入"，一是"在编辑思想上真正把人的发展作为根本出发点，把学生的情趣因素放在重要位置上，淡化政治说教色彩，弱化'唯工具论'的影响"；二是"对语文教材中的情趣因素，要进一步进行深度开发，要努力发掘教材情趣因素，且不能局限于文艺作品的圈子里，还应进一步延伸到实用类的文章"③。教材内容要立足于学习者的生活与精神世界，"关键就是要把知识放置在一定的环境与背景之中"，让知识以"境域化"、"生命化"的方式出现，学习就不再是"一个简单的'搭积木'的过程，而是一个生态式'孕育'的过程，知识与个体的情感、信念、生活经历以及学习共同体的社会交往都应建立起一种密切的联系"④。这从根本上促进了学习方式的变革。

　　"汉语是一门实践性很强的学科。学生如果不通过大量的、充分的、多样化的语言输入（听，读）的实际练习，就不会有语言的输出（说，写），就不会学好汉语。因此，必须把学生置于使用语言的活动中去感知、分析、理解、操练、从模拟交际到真实交际，以期达到真正掌握汉语的目的。企图通过教师的讲解教会汉语是劳而无功的。"⑤湖北宜昌的语文特级教师余蕾曾提出疑问："按每天学习 7 小时满算，2700 课

　　① 郭思乐：《课程本体：符号研究回归符号实践》，《教育研究》2003 年第 7 期。

　　② 车金明：《试析心理语言学在少数民族地区双语教学中的运用》，《中国民族教育》2001 年第 2 期。

　　③ 王柏勋：《论语文课程情趣资源的开发》，《课程·教材·教法》2004 年第 6 期。

　　④ 郭晓明、蒋红斌：《论知识在教材中的存在方式》，《课程·教材·教法》2004 年第 4 期。

　　⑤ 阿迪里·居玛洪：《创新教育与汉语教学》，《中国民族教育》2001 年第 3 期。

时=265 天。古人闭门苦读，昼夜专攻一门语文，却要'十年寒窗'，即使不考虑今天的知识总量之大，知识更新速度之快，学生学习的课程之多，仅与古人的十年相比，今天的学生要在 265 天学好语文，掌握和运用好祖国的语言文字，岂不是天方夜谭！"① 如果算算蒙汉双语教学的初中汉语文课时，每学期 68 课时是 51 小时，初中三年也仅仅是 306 小时，在总共不到 13 天的时间里要学生掌握一门语言，岂不更是天方夜谭！我们的问题就在于："在 54 平方米的教室，用若干个 45 分钟，学习一百多篇课文和高度浓缩了的语文知识。于是千百万个孩子在同一个时间，用同一种方式，读同一篇课文，听同一样的分析，记同一个结论，做同一道练习，考同一个试题，得出同一个答案。"② 这样封闭的教学，效率怎能不低？所以，必须要打破定式思维的局限，换个角度来看问题。我们应该开发最重要的资源——人的内在动力。因为："如果懂得认识的欢乐和取得成绩的欢乐，那么，求知的愿望将永远伴随着他的学习。"③ 我们的教材应该更加实用、科学，把听说读写有机结合，教给字词句的知识和方法，引导课内外结合，把猜谜语、演课本剧、读笑话、说相声、制读书卡片、办小报等多种形式引入语文趣味活动，激发学习兴趣。听说读写与言语实践活动紧密结合，在教学中往往能起到好的效果，蒙古族初中学生对言语实践活动和一些课外趣味活动兴趣浓厚，对其中包含的知识和问题也乐于学习和思考。而且言语实践活动给大部分学生提供了展示自己的机会，往往还能获得成功的体验。苏霍姆林斯基说得好："成功的欢乐是一种巨大的情绪力量，它可以促进儿童好好学习的愿望。请你注意无论如何不要使这种内在力量消失。缺少这种力量，教育上的任何巧妙措施都是无济于事的。"④ 教师不能再用模仿式、重复式、强刺激式的简单教学方法，而要"让学生从不同的角度去接受汉文化，提高对汉文化的感性认识。就课堂教学而言，有效运用录音、幻灯、电视等电教手段，使教师的教学更加生动活泼、形象逼

---

① 转引自顾黄初、顾振彪《语文课程与语文教材》，社会科学文献出版社 2001 年版，第 32 页。

② 同上。

③ 苏霍姆林斯基：《给教师的建议》，教育科学出版社 1984 年版，第 51 页。

④ 同上书，第 21 页。

真、直观可感，增强趣味性……"① 所以教材内容要适合于学生自主、探索、发现、研究以及合作学习，注意指导学法，训练思维，引导学生经历学习过程。同时，教材应以汉语知识为目标，以交际能力、素质为核心，设置适当的综合实践活动，拓展学生的学习空间，培养创新精神和实践能力，增强社会责任感。"在课程的实施中，强调要创设有利于学生主动学习的课程实施环境，提高学生自主学习、合作交流以及分析问题和解决问题的能力，这将彻底改变西北民族地区长期以来普遍存在的学生被动苦学，教师被动苦教的局面。"②

（四）汉语文教材要走现代化和民族化之路

"民族教育无固定不变的'双语'教育模式。民族学校有权选择教学用语和教材，根据语言环境、师资条件和家长意愿，打破传统模式，大胆尝试，创出符合本地的教育模式。"③ 民族汉语教材必须探索现代化的发展道路，教材结构系统要有科学性是一个方面，教材内容本身的科学性建设是又一方面，但最终起决定作用的还是现代化的课程管理。民族地区的课程管理模式要适应不同地区社会、经济发展的需要和文化发展的需要，必须要调整现行课程政策，实行国家、地方、学校三级课程管理。在三级课程管理中，还应赋予学校合理的课程自主权和考试自主权。"课程开发只有根据具体学校的具体实际需求与可能才是有意义的，而能够最好地了解这种具体实际需要与可能的是学校，特别是学校里的教师，这是教育真正具有生命力的所在。"④ 所以，课程开发最适宜的基地在学校，最适宜的主体是教师。课程的分级管理有利于学校根据自己的实际情况，创造性地实施国家课程，特别有利于学校根据本校的办学条件、师资队伍、区域特点、学生需求以及民族文化等开发学校课程，从而确保学校提高水平，办出特色。《全日制民族中小学汉语教

---

① 车金明：《试析心理语言学在少数民族地区双语教学中的运用》，《中国民族教育》2001年第2期。

② 王利民、王嘉毅：《课程改革：西北民族地区基础教育发展的关键》，《中国民族教育》2003年第4期。

③ 李斗石：《改革创新民族教育发展的重要保障》，《中国民族教育》2003年第2期。

④ 黄晓玲：《西部一乡镇中小学课程资源开发的调查研究》，《课程·教材·教法》2004年第4期。

学大纲（试行）》中指出："为适应第二语言教学的特点，提高汉语的教学效果，教材可采用自编和选编相结合的形式编写。"但是，自编也好，选编也好，作为教与学的主体的教师和学生在教材编写中都应该有发言权和自主选择权。"鼓励教师参与课程决策，赋予教师课程资源的决策权，实现由'制度课程'到'民主课程'的转化。这就要求教师必须准确理解和把握新课程改革的实质，实事求是地结合本地区、本学校课程管理和开发的情况，积极参与课程改革重大问题的研究和决策，参与校本课程的研究与开发，使自己由课程改革的'局外人'变为'参与者'。"① 对于民族地区来说，虽然不可能在汉语方面开出很多课程，但至少可以让教师和学生根据自己的兴趣、水平等参与教材改革，选择相应的教学内容，避免"大一统"和"一刀切"，增强课程的适应性。课程管理由集权化向民主化转变，不仅能扭转课程目标片面化、课程内容统一化的局面，而且能深入开发课程资源，研究创建校本课程，实现课程要素来源的多元化、课程实施条件的多样化。这就从"教教材"走向"用教材教"，这当中的本质差别在于：教材是重要的典型范例，但不是唯一的，教学内容向着无限广阔的生活拓展。引进现实生活中的教学资源，把汉语学习和实践延伸到课外、家庭和社会。同时，这也为双语教师开辟出学习和提高的更广阔空间，可以促进教学方法和学习途径的改变，密切汉语知识与生活的联系和实际运用，对于民族地区双语教学的发展有着深远意义。

民族汉语教材的建设中还要注意个性化。内蒙古地区有着得天独厚的自然环境和人文环境，特殊而多样的民族风情和乳制品等产业推动着旅游、文化、经济的繁荣发展，这些无疑是汉语文教材中具有民族特点的个性内容。作为第二语言教学，应该充分利用心理学、教育学、语言学等研究成果，针对蒙古族学生的汉语学习特点，高效合理地组织教学内容。其一，利用蒙古族学生母语对汉语学习的影响，对二者的差异点和对应点进行不同层次的教学，而不是按照汉语母语教学的习惯以语言结构的难易程度决定教学。例如：母语中有对应形式的，可利用正迁移

---

① 朱超华：《新课程视角下教师课程能力的缺失与重建》，《课程·教材·教法》2004 年第 6 期。

的作用简化教学内容；而母语中没有对应形式的，考虑负迁移的作用，应作为教学重点。其二，在第二语言教学中，跨文化交际的规律和语言文化十分重要，不同民族之间的文化差异会成为学习、掌握、理解语言的障碍。所以，隐含在语音系统、词汇系统、语法系统和语用系统中的特殊文化现象要通过比较学习让学生有所了解。例如：在价值观念、生活方式、思维方式、道德标准、是非标准、风俗习惯和审美情趣等方面，对存在差别的地方应该相对扩展教学内容。汉语的背景文化、交际文化和汉字文化中特有的文化印记要加强渗透。还有，民族汉语教材要想因地制宜、增强自身特色，就不仅要考虑到民族的差异，还应考虑地方的特点。现在，民族教材管理上的编审分开，一纲多本，体现了这一要求。不过，现在的民族汉语教材仍是按不同民族来分别组织编写，一纲多本，也是多个民族的多本汉语教材，并未实现一个民族的一纲多本，即考虑实验班和普通班、先进示范学校和农牧区学校的不同需求。在汉语教材的个性化建设中，这是不容忽视的一点。《国务院关于深化改革加快发展民族教育的决定》中要求各民族地区按照新的《全日制民族中小学汉语教学大纲》，编写少数民族学生适用的汉语教材。国家对"双语"教学的研究、教材开发和出版给予重点扶持。

以上四点是汉语文教材重构的指导思想，为教材建设指明总的方向。在实际进行教材重构时，我们还应该考虑以下几项编写原则。

第一，人文性与实用性相统一的原则。汉语文课程丰富的人文内涵和科学知识对人们精神领域影响深远，应重视教材的熏陶滋养作用，让学生接受汉语言文化的浸染。同时，汉语文是培养学生使用语言文字能力，尤其是口语交际能力的课程，实践性很强。所以，汉语文教材应该在社会上有实用价值，能满足地方使用的需要，并且能反映时代的要求。教材中应重视汉语言文字的特点，培养学生良好的语感和整体把握的能力，帮助学生更好地理解和掌握语言。教学中，有条件的可以开展"创造学习活动"、"现场学习"、"影视学习"等。将智力、情感和人文性贯穿于汉语文学习活动中。在人文、科学的综合性与实用性相统一的基础之上，还要增强教材的典范性、时代性和趣味性。把具有内容独创性、语言规范性的"文质兼美"的文章选编进来，在内容、语言、风格等方面要照顾不同年级学生的心理特点，注意选文的时代性和语言学习的趣味性。

第二，科学性与适应性相结合的原则。汉语文教材应重视培养提高个人适应性的科技教育。科学技术知识是普及文化知识的一个重要组成部分，教材应以最快的速度来反映世界范围内的科学技术新成果，比如生命科学、宇宙科学、环境科学、信息科学等等。教材应该以自身的不断发展和完善，及时反映科技和生活，满足学生需要。学生能够学会写信、写电报、写总结等与日常生活有关的各种应用文，能查阅参考书，编排资料。学习内容还要生活化和实用化，否则，就会变得枯燥乏味。汉语文是国家通用语教育课程，学习资源和实践机会无处不在。因而，可以在大量的语文实践中，让学生直接接触语文材料，掌握运用语言的规律。建设与生活密切联系的课程，还有利于培养学生的自主性、创造性、责任感和宽容性等民主价值观。

第三，个性发展和多样化的教学相结合的原则。把青少年在生活中、学校中、情绪上的成长作为教育中心目标，实施个性发展适应生活的教育。改革要有助于学生的自主学习，弥补课时少的不足，设立补充性汉语文学习。要求每周拿出时间有针对性地进行个别教育，帮助学生掌握或完成某项学习任务。在学有余力时，鼓励学生参加更多的言语实践和语言文化活动，以丰富和完善个性。关注学生主体性的教学，应注重因材施教和弹性学习制度。在平和民主的气氛中自由表达（口头、书面），培养勇于实践探索和批判的精神。在表达的同时，掌握语言，熟悉和了解文章的主要内容，促进听说读写综合能力的提高。通过小组讨论、研习，推动学生在集体中协作学习。针对不同层次和个性的学生进行多样化教学，才是真正实现了"以人为本"。

第四，分项设计与主题融合相统一的原则。语文是一个综合性很强的课程，分项设计可以涵盖语文学习听说读写四个主要方面，同时，以统一的主题设计为线，实现各项内容的整体融合与统一。注重选择那些与生活有联系或更及时深广地反映当代社会生活的好课文。在统一主题的前提下，将课本以及以此为内容的课堂教学进行合理拓展，设置与生活息息相关的活动课、课外语文学习活动。学习内容、参与方式、指导方法可以灵活多变。比如：法国哈比教育部长的改革中，要求把社会上的多种报纸引进初中，作为语文教材阅读，训练学生加工"信息"的能力，并对重大问题展开讨论、评析与思考，提高学生探讨、解决实际问题的本领。我国有一些学校开展早自习看电视节目——《东方时空》，然后进行听读评议，对于提高学生的语言能力和思想认识收效明显。

第五，课内与课外交叉渗透原则。如前所述，初中汉语文教学若不进行突破和改革，原有课时很难实现教学水平的极大提高，教学现状的改变也很有限。开辟汉语文教学的更大空间，课内学习就必须与课外学习密切联系起来。创设各种符合学生实际和学习兴趣的语文学习活动，让学生自主地选择学习。尊重学生的自主性、创造性，设计与他们的能力、兴趣、需要相应的教学方式。例如：练习写作，把写的东西读给同学们听，推选出能表达共同心愿的文章，在黑板报或在网站发表。用周记本记录有意义的事，选好文章向报纸杂志投寄。要求学生与周围的生活环境有更加"具体"、"实在"的联系，学校条件允许可以与社区适当接触、开放，创造适合学生社会实践和进行主题活动的有利环境。当学生自觉投入到语言学习中，探索与创造的乐趣会吸引他们在有限的时间内高效地完成学习任务，获得知识与能力的不断发展。

二　初中汉语文教材重构的整体框架

针对现行民族汉语文教材中所存在的问题，结合基础教育改革的新理念和实践经验，蒙古族学校的初中汉语文教材编写应该构建一个全新的框架。

（一）按主题内容划分单元，按理解难度划分层级

汉语文教材的重构，借鉴国内外优秀语言教材的经验和结构，采取主题单元的形式。每册教材按主题内容的区别划分单元。

单元主题确立在社会生活的基础上。生产世界和生活世界是社会生活的两个基本方面。在哲学研究中，生产世界和生活世界是现实世界两种基本维度，是人类生活两种基本关系——人与自然关系和人与人关系的展开，它们在现实中是同一个过程。在生活中，人际关系作为人们最切近的关系地位日益凸显，而语言这一主要中介也愈来愈受到重视。随着西方哲学的语言转向，海德格尔、伽达默尔等人把语言看成人的生命形式和存在方式，并试图通过对语言问题的研究而把握生活世界。于

是，人际间、人与自我意识或自我创造物之间的理解问题，代替了指向客观对象的认识问题。

由于社会生活的多样性和发展性，蒙古族初中汉语文重构教材确定了四大主题。一是人与人（或人际关系）的主题。这也是进入 20 世纪后，后现代主义哲学理论的主要内容。用胡塞尔的话说，这是一个别人和我一样都是主体的周围世界，是一个如何把别人当成我一样去理解和交往的日常世界。它应该是学生掌握语言和进行交际的主要方面。二是人与自然的主题。在生产世界中，自然是确定的实在，而且有独立于主观的自在规律。人只有把握自然的本质与规律，才能通过物质力量实现获取利益的目的，在后工业社会中，西方哲学不再专注于获取财富为目的的生产世界，用马尔库塞的话说，这是一个不是把自然作为征服对象，而是作为人的生命环境和社会不可分割构成部分的整体世界。现代社会，人们越来越关注自然与环境问题，力求建立一种和谐的自然与社会生活的秩序。三是人与社会的主题。在现实中，生活世界同生产世界是不能分离的，具有自主性和选择性的生活世界，由个体自主交往活动而构成，处处是个性、异质、多元、偶然、分延、循环、变动和选择。这个没有实体也没有中心、千变万化而趋向无限可能的世界，是人们将来都要进入和面对的世界。四是人与语言的主题。重新理解和重新阅读作为现实生活主要方面的生活世界，成为各派后现代主义哲学的共同任务。阅读与写作都不是简单地认知对象和描写对象，而是拆构、重建和创造，是读者和作者生命潜能的发挥与升华。伽达默尔认为："语言和世界的基本关系并不意味着世界成为语言的对象。倒不如说，认识和陈述的对象已经包括在语言的世界中。"① 这就是说，语言成为观念世界和实存世界的统一。

在人与人、人与自然、人与社会、人与语言四大主题内容确定后，重构教材重点从以下八个方面选择单元主题：①个人成长和生命体验的主题，反映失败、挫折、幸福、健康、平凡的美文；②人际交往和关系的主题，关注公民素养、自信、动机、交流的技巧以及处理人际关系的文章；③描写、赞美和保护自然环境的主题，追求人与自然和谐共存的

① ［德］伽达默尔：《真理与方法》，上海译文出版社 2004 年版，第 48 页。

文章；④科学发展的主题，反映材料革命、数字革命、基因科学、信息科学等方面的文章；⑤国家和地区主题，反映社会生活重大事件（包括民族地区经济、生活、文化）或与学生关系密切的社会问题的文章；⑥中外文化主题，中外文学作品经典和比较中西人文特点的文章；⑦语言知识主题，介绍相关知识和学习方法，讲述有关趣事和典故；⑧想象创造的主题，描述想象世界、反映创新思维与成果的文章（包括学生自己写的文章）。

这在初中学段三年的教学中，四大主题在每册书的单元主题之中得以体现，每册教材覆盖八个单元主题，并按照单元主题的要求，在阅读写作、口语交际、应用性学习、综合性活动与专题指导等形式中，选择安排相应形式的学习。

教材内容总体上按照学生理解的水平编排，呈现由易到难的趋势。口语交际则依据人们运用符号的能力水平差异，由较低级的辨别，经概念到规则再到高级规则，也按照三级教学模式安排训练内容，从语言材料的积累训练，到言语表达技能基本达标，再到言语表达技能的升格。在不同难度和层级的词句、段落、文章以及书册的阅读和写作中，要在早期培养学生的探究理念，让学生及早认识写书的可能，有写书的理念、锻炼写书构思，彻底扭转传统教学中学生把写作视为"仇人"的畏难情绪。让我们借鉴一下美国道尔顿学校小学的入学教育：

　　　　一群不安分的孩子被老师带领着，走进图书馆。道尔顿学校的孩子们刚刚入校，这是他们的第一课。

　　　　老师从书架上抽出一本书，读一篇著名的童话。

　　　　"这本书好不好？"读完之后，老师问道。

　　　　"好！"孩子们答道。

　　　　"这本书是一个伟大的作家写的。你们谁也来讲一个故事？"

　　　　一个小朋友走上来，讲述他创作的故事，无非是"我有一个爸爸，有一个妈妈"之类很简单的故事。但老师却很郑重地铺开一张纸，很认真地记下这个故事。

　　　　"现在，谁为他的故事画个插图呀？"

　　　　又一个小朋友走上前，把故事中的人物画下来，显然是"涂鸦"。但老师却取出一个漂亮的封面，把这两面纸装订好，封面上写下这两位小朋友的名字。

老师把"书"高高地举起来，说：

"瞧，孩子们，你们也能写书！只要你们奋斗，什么事情都能干成。你们还小，只能写这种小书，当你们长大了，就能写书架上的这些名著了。你们会成为伟大的人物的。"①

通过这样自然有趣的办法，老师让孩子树立起远大的理想，并且告诉他们，很多看似神秘的东西其实并不是高不可攀的，只要努力，你一样可以做到。

在初中一年级为了提高学生写作的兴趣，一要适量增加仿写训练，二是进行周记作文互评，三要多为学生提供发表作品的机会。选择个性鲜明、学生喜欢的课文进行仿写，能让学生比较体验不同的角色，在模仿中创新。周记作文互评，可以促进彼此的了解、学习和互相鼓励。作品的发表对学生更是一种激励，有条件的情况下应该多选择优秀作文和周记在报纸杂志或网站发表，考试后可选择一两篇在校内广播或展出。

（二）教材编写从讲读中心向言语实践转变

教材总体上遵循知识学习和言语能力训练的复合式结构，采用阅读、写作、口语交际、综合性学习四线并进的编排方法。阅读和写作在单元内按照主题需要有机组合，口语实践和综合性学习则安排在每组课文之后，有些还要辅之必要的视听材料，如辩论、演讲、给出故事情境等。这样的安排有助于从传统的讲读中心向言语实践转移，同时，作为合编教材比分编教材要省时、省力、省钱，比较适合经济条件落后、人才资源不足的民族地区使用。

近年来兴起的"中国少数民族汉语水平等级考试"（MHK），主要考查应考者实际运用汉语进行交际的能力，考查应考者运用汉语工具完成生活、学习、工作和社会交往任务的能力。考试等级从低到高分为一、二、三、四共四个级别。考试项目包括听力理解、阅读理解、书面表达、口语表达四个部分。这种分级考试制度虽然还有很多不成熟的方

---

① 高子阳：《对新课程语文教材存在问题的思考》，《中国教师报》2004 年 6 月 27 日。

面，可是给运用语言的能力和言语技能划分出不同层级，这种设计较好地体现了第二语言学习的规律，顺应了推行素质教育的要求，也给我们以新的启发。在教材编写中按照语言能力和言语技能的不同层次来设计教材内容，将传统的以文体循环为主变为以能力级别的递进为主。这既可以照顾从小学到初中、再从初中到高中的过渡特点，在教学内容的编排上又可以有更多的灵活性和创新性，不必受制于文体安排的要求而增加一些不必要和不适应的内容，而且避免了用"表达方式"代替"运用语言能力"。

按照能级递进编写新教材，在初中学段，每学年的"识字与写字"、"词的理解和运用"、"阅读"、"写作"和"口语交际"等项都将按照初级、中级、高级三个层级设计教学目标。例如：在识字和练习上增加弹性，"识字与写字"——高级目标是"能熟练地使用字典、词典，具有独立识字的能力，三年中累计认识常用汉字3500个左右，其中3000个左右会写"，分别高于新大纲要求的"累计认识常用汉字2800个左右，其中2400个左右会写"；中级目标可在大纲要求的识字、写字量的100字左右的范围内考虑；而低级目标的识字写字量要求，可以分别在低于大纲要求的500字范围内考虑，但不能低于第三学段的高级目标要求（识字2200—2500个，写字1800—1300个）。不同地区、学校、班级、学生，在不同层级教学目标的指导下实现知识与能力的最大丰富和提高。在练习的设计上要抓住多点能力训练，由知识的记忆、再现到延伸联想、创造想象，必做练习要少而精，选做练习要加强趣味性。

在编选范文时，要提供让学生参与的交际情境和实践机会，还要设计质量较高的系列语文实践活动，语法的学习也要本着运用和实践的原则来传授。

（三）每册书要有结合言语实践的专项活动

为加强言语实践在教材中的比例，突出能力训练，每个阅读单元要合理搭建读、听、说、写的系列训练，材料要典型适当，要结合初中学生身心特点和兴趣要求。每册教材要有一到两次的专题指导和综合性学习，实现听、说、读、写一体化学习。虽然在2003年的汉语新教材中每册增加了3课时的汉语实践活动，但是活动内容浅显，项目和过程较为简单，活动组织样式单一，教学用书中没有相关指导，对学生语文能力的训练要求较低，因而收效不大。所以，在课时比较紧张的情况下，应该从实际出发，按照需要安排课时。在初中一年级和初二的第一学期，由初级水平开始训练，每册书设计指导方案和要求，可让学生在课外完成；在初二的第二学期和初三的第一学期强化训练，增加课时指导，但是方案设计和训练要求应该详细深入。

现在，我们来看看《现代德语》第九册教材的一个主题性语文教学活动方案的设计（以下是简略内容，详见原书第52—77页），或许能得到一些启迪。

主题名称：同一个话题在不同媒体中的反应

要求：了解不同的媒体对二战时期一个名叫"白玫瑰"的反法西斯宣传小组的情况是如何报道的。

步骤：

（1）将学生分成若干小组，每个小组自己决定从某方面入手，对有关材料进行调查和汇编。

（2）从提示的几个方面搜集整理材料。

（3）比较各组材料的整理结果：材料包括史料汇编、报纸文章、纪录片、故事片、传单、辞书、说明文等等，比较的内容有信息量、材料的客观程度、介绍信息的角度、材料表现形式、可读性和通俗性、背景知识等方面。

（4）查阅关于"白玫瑰"的光盘资料（信息种类：多媒体；信息量：1100页方案，500幅图片）。（目录单从略）

（5、6略）

（7）在查阅光盘资料的基础上补充练习（3）的内容。

（8）对所搜集的资料进行综合整理。要求注明材料来源类别，即材料来源的媒体特征。

（9）确定你优先使用哪种媒体，并说明理由。

（10）日常生活中有很多媒体。请列表统计一下，你每星期花多少时间在这些媒体上（时间单位是：每天，分钟；看一次电影等于每天15分钟用于电影媒体）。这些媒体包括书籍、光盘、光碟、计算机、电视、录音机、收音机、录像机、电影院、报纸、杂志等等。

（11）统计一下你在一周内怎样度过业余时间，并统计每项业余活动所花的时间（分钟）。这些活动有使用计算机、听音乐、演奏音乐、读书、读报、体育锻炼、游玩、看电视、做作业、看戏、看电影、游逛、看望朋友、做家务等等。

（12）试比较使用媒体的估计时间与实际时间。

（13）讨论业余时间使用媒体的情况。

（14）将自己使用媒体的经验与以前的统计图（1986年）相比较，看不同年龄段的人在这期间对媒体的使用有什么变化。（统计图从略）

根据各地的条件和学生的实际情况，要"经常组织学生参观科技场馆、博览会（如汽车、建筑、电子产品、艺术博览会等）、科普展览，参加各种形式的创新作品大赛（如机器人设计大赛）、创造力大赛，与设计师、工程师一起，参与一些项目的设计工作，包括一些大学开放的实验室项目，利用网络完成一些互动活动，聆听专题讲座等"，可以考虑"对教室、校园、家庭以及社区内建筑物、雕塑进行设计、装饰与布置"①。借助学习生活中的多种资源，采取丰富多样的形式来训练学生的目的意识和读者意识，如办板报、手抄报、创制广告和标语、出生活期刊、搞展览并进行记录与报道、编集子、投稿、模拟出版、互批互改、网上交流等。

利用多媒体和互联网所进行的写作教学和个人博客网站，也给学生和老师提供了更加广阔的空间。英、法、美、加拿大等国都提出了有关电脑写作的规定，德国的语文课程标准更是把电脑写作作为写作的一项教学目标和任务提出。虽然民族地区条件有限，但是随着经济的快速发展，也应该在条件允许的情况下，尽可能地利用多媒体和互联网，创设写作情境，拓宽发表途径，使学生对写作意义的认识逐步加深，写作动机和热情不断加强，学生写作文就会主动关心文章的文体、内容、结

---

① 胡军：《创造力研究之我见》，《课程·教材·教法》2004年第4期。

构、意义、语言以及格式等。

（四）赋予师生推荐课文的权利，增加教材弹性

师生参与教材编写的问题前面已经论述。可以给出课程内容要求，让师生从自身的兴趣、水平等实际情况出发推荐教学篇目；也可以提供数量较多、质量较高的选文目录，让师生选择喜欢的文章然后编写教材；同时，每册书后都要留下几页空白，鼓励教师和学生推荐设计自学篇目，可以是教师或学生感兴趣的思想健康的文章，或者是教师或学生自己创作的文章。这样做既为师生在教材中留出更多的话语权，提高了他们对教材的兴趣，还有利于教材编写向现代化、民族化迈进。对于学生人数相对较少、各地差别较大的民族学校来说，这种教材的选编形式也是可取的。师生推荐文章，要求附有教师和学生推荐的理由和评价；如果是教师或学生的创作，那么作者本人要收集至少三条比较详细的读者评价，评价应该涉及思想内容和语言形式两个方面。推荐或创作的文章，要求教师和学生在教材空白页上用正楷抄写或用电脑打印，每学期抽出二三课时，可通过投影仪集中评议、在教室内传阅或在学校里展出收集意见，还可以利用博客网站征集评点，然后从中筛选出优秀篇目。在认定共同学习的文章之后，由教师指导，从字词、句式、标点、修辞，到思想内容、人物形象、表达方式、篇章结构让学生自己设计教学内容，教师只纠正其中常识性的错误，不进行内容方面的讲解。最后要把优秀篇目和教学设计结集成册，用正楷抄写或电脑打印，可以根据学生的实际水平和兴趣爱好，设计有个性的美观的封面，配上与内容相关的生动的插图，制作出有目录、有正文、有识字、有分析和练习的自学教材。——如果没有文章推荐，空白页可以作为主题性语文活动的过程记录，形式的要求与上面相同。

这样的自学教材装订成册后可由学校语文组修改推荐，交给课程教材的研究开发中心收藏整理，在教材再版的时候可从中挑选优秀的文章及教学内容1—2篇作为选学内容出版。

（五）基础训练和相关介绍要有趣味性和创新性

初中学生在掌握一定字词量的基础上，可以适当增加一些带有趣味性和创新性的训练，并把汉语中历史悠久的语言文化现象介绍给学生，既能避免学生对课后题的厌烦情绪，又可以在夯实基础的前提下拓展能

力。如小段的绕口令，既能正音正字，又能让学生在互相竞技的状态下熟练记忆；又如歇后语、对联、谜语、格言、俗语等，既能加深对汉字结构的认识，又能了解一些汉语的文化，还能提高学生锤炼语言的目的意识和水平；再如笑话、讽刺漫画、寓意深刻的小故事等，可以分析人物、猜想关键部分或结尾、归纳主旨，还可以让学生自拟阅读试题并附答案，锻炼思考和解决问题的能力，培养创新意识。课上课下只需两三分钟，但在答题中，学生对汉语的兴趣却会与日俱增。

言语训练的设计应该符合三点要求：

（1）能力训练中不必强求答案的一致准确，积极思维的过程就是收获。例如：给出"牛"字从象形文、甲骨文、金文到楷书的演变图形，再让学生猜想写出"羊"或其他象形字的演变过程；猜谜语："日日涌现明星"（胜——用增补法），"明月当空人尽仰"（昂——用减损法），同时可以介绍一些普通的猜谜规则，并且可以鼓励学生自创新谜；给"此木为柴山山出"对出下联，如"因火成烟夕夕多"；按"木、林、森"的规律再找出一组字，如"人、从、众"，然后展开联想，利用两组字写出一句给人以启示的话，如："人口的急剧增长和对大自然的破坏，导致森林减少，人均占有绿地越来越少"。学生在思考的过程当中便会将很多已知材料进行创造性的分解组合，利用汉字的构造特点和文化内涵积极地展开联想和想象，获得知识和能力的进一步发展。

（2）要看到学生训练中存在的多种发展的潜在可能性和个体差异性。应创设合理情境，给每个学生以发展的可能。现在看一例创造性思维的训练课：

《禅的故事》：从前，有一位在南山修行的禅师，造诣甚深，人们尊称他为"南隐"。有位学士对禅的领悟也已达到不浅的境界，他来到南山，向南隐禅师请教禅的含意。

两人坐定，南隐恭恭敬敬地给学士斟茶。没想到，茶水满了，还斟；茶水溢出来了，还斟；茶水流到桌案上了，还斟；茶水流到炕上了，还斟。学士实在沉不住气了，就提醒南隐说："老禅师，茶早已满了，都从桌子上流到炕上来了，请不要再倒了。"

这一提醒，仿佛真的把南隐从睡梦中唤醒了。他抬起头来，面对学士，娓娓讲来。

那么，他讲了些什么呢？你猜猜看。请思考 5 分钟，然后，说说你的猜测。

刘娜——为了这样的解释，南隐还是不能听从学士的劝告，还是不能停止倒茶。

李京——这样倒茶是为了解释这层道理。道理已经解释出来了，茶就不能再倒了。不然，就会造成茶灾了。

韩芳——南隐用这个办法，打了个比方。说明禅的含意不是僵死的，凝固的，而是灵活的，多变的，是在不断地发展着、丰富着的。

贾巍——也许，这是告诫学士：虽然你对禅的理解已经很深，但不能自满。

柳宁——也许，这是在说自己："你来向我请教，我还不知道禅的含义向什么方向发展呢。就像这茶水一样，谁也不知道它往哪里流？谁也不知道它会不会停止流动？什么时候停止流动？"

张佳——也许，大家的说法，都是一厢情愿地强加给南隐的。实际呢，他专心于思考禅的含义，茶水都流到炕上来了，他却没有觉察。意思是说："一心思禅，万事不知。"这就是他所理解的禅的含义。

杨蕾——他也许想说明：你要向我请教，得有个条件，那就是不能把你自己的理解全都固定下来。这样，我说的与你的理解不同，你才能听得进去，使你原来的理解有所改变。不然，我说也白说，你根本听不进去。

张雅——有些老年人，经验、知识、观念一大堆，你给他讲新思想，一点儿也听不进去。

王昭——有的"老保守"，把自己的思想封闭起来了，自己不能进行创造思维，也听不进去别人的新意见。

南隐禅师讲道："你的脑子要是把你的观点装得满满的，我的想法再说出来，你的脑子就没地方装了，就会拒绝我的想法。我的想法与你的不同，对你来说是新鲜的，你的脑子要能容纳它们，那就得在你的脑袋里为它们空出一些地方来。"①

在对小故事的猜想中，学生积极思考，生发联想和想象，挖掘故事寓意，并组织恰当的词语表述个人意见，在倾听别人见解的同时，还丰富了自己的理解，每个学生几乎都有收获。

（3）带有趣味性和创新性的训练要与传统练习题相结合，要求少而精。要么是学生能接触到的，要么是学生能够理解或得出想法的。如连接歇后语：山羊拉勒勒车——不听你那一套（蒙古族）；孙悟空闹天宫——慌神。也可以用小幽默的关键部分设计问题，如《流感》中的画横线部分让学生根据语境填空，要求反问句式。

　　俄国著名文学批评家赫尔岑年轻时在一次宴会上被轻佻的音乐弄得非常厌烦，便用手捂住耳朵。主人解释说：演奏的是流行歌曲。赫尔岑反问一句，"流行的乐曲就一定高尚吗？"主人听了很是吃惊："不高尚的东西怎么能够流行？"赫尔岑笑了："那么，流行性感冒也是高尚的了?!"说罢，他头也不回地走了。②

还有个别文化常识、课文内容或作者，有一些与之相关的小幽默或典故，也可以介绍给学生，以加深了解。例如：蒙古族学生想知道为什么"东西"两字，会由方位词被借用作代名词，就可以介绍一则典故——《漫话"东西"》：

　　宋朝著名的理学家朱熹，有一天外出，遇到老朋友盛温和，盛提着一个竹篮子。告诉朱熹，他去买"东西"。朱熹问："难道不能买南北吗？"盛答道："东方属木，西方属金，金木类，我这个篮子就装得。南方属火，北方属水，水火类，我这个篮子就装不得。因此，只能买东西，不能买南北。"虽金木类不能入口，但后来人们不但去买"东西"，而且还要吃"东西"了。

① 刘文明：《激发创造力》，北京教育出版社 1998 年版，第 14—15 页。
② 祥京、纪平：《外国笑话集锦》，湖南人民出版社 1982 年版，第 221 页。

"东西"两字也曾被引申作为人的代词。明朝正德年间，扬州有一个玩世不恭的秀才郑堂，抗议王太监做六十大寿时把戏台搭在安泰桥旁的朱紫坊巷口，使巷内人进出都得从戏台下钻过去。王太监亲自与郑堂辩论，最后理屈词穷，只好说："想要拆戏台，必须对对子，对得上就拆。对不通，秀才也只得钻戏台。"时值夏季，郑堂却回去穿一件翻面的大皮袄，手拿一把大纸扇，摇摇摆摆地前来应对。旁人见了哈哈大笑，王太监坐在台上也看傻了眼，便出上联：

穿冬衣，执夏扇，不知春秋。

文思敏捷的郑堂随口对了下联：

朝北阙，镇南邦，没有东西。

王太监在众目睽睽之下拆了戏台。这"东西"两字用得辛辣而深刻，含有"坏东西"的意思，从此"东西"又成了骂人的贬义词。①

小故事不仅解答了学生的疑问，还记住了"东西"的多重意思，更增加了他们对汉语词语文化的认识。

（六）新教材的编写与教材修改同步进行

蒙古族汉语教材的编写与人教社教材的编写在人力、物力、技术等条件上相比，均有不及，初中汉语教材编写当中的问题也是层出不穷。所以，一方面我们要加快教材改革，合理增加人力、财力的投入，提高专门的系统知识和编写技术；另一方面还要鼓励教师和学生从教学实践中找出问题，不断改进教材。课程教材的研究开发要和新教材的试点学校联系，定期收集整理反馈意见，将先进的教育教学理念极早融入教学实践当中，发挥其指导作用；还应推动理论研究与中学实践的结合，使得理论研究既能高瞻远瞩指明教育教学的发展方向，又能为当前教学解决实际问题；同时还要加强高校教师与中小学教师的协作联系，推广实验试点的成功经验。为了方便联系，不仅要有专人负责收集新教材在教学中的反馈意见，还应该在教材附录中留下意见栏，并提供教材编写组

---

① 李佐贤、靳道任：《中国历代对联故事选》，工人出版社1985年版，第125—126页。

以及教研人员的通讯地址、邮箱、电话等联系方式，真心诚意地听取广大师生的意见和建议，努力改进教材编写工作。让教师和学生随时记录和反映所发现的问题，便于新教材及时纠正不足，不断修改完善。

第四节　汉语文教材七年级上册设计方案

蒙汉双语教学的初中汉语文教材的重构，实质是从指导思想到内容中心和结构框架的一种理论重构。重构的产生是源于蒙汉双语教学的汉语文教学实际的需要。根本目的是为了增强教材弹性，解决地区差异、课时少、任务重所带来的少、慢、差、费等问题——即汉语文学习时间少、提高慢、基础差、教起来费劲。汉语文教材七年级上册设计方案的提出，是希望在教材重构的基础上丰富汉语文教学的内容，增强教材的实用价值和趣味性，激发学习兴趣，有效扩展学生汉语学习的时空，最终实现乐教乐学，使学生的汉语文知识和能力在教材的引导下不断丰富和提高。通过教材重构希望为今后汉语文教材编写提供一种新的思路，增强趣味性、实用性，合理增加教材的弹性，使学有余力的同学能够有更大的提高，乃至为这些学生提供与普通高中语文接轨的途径。

当然作为一种理论或改革思路，还应当有贯穿这一理论的配套教材，通过教学实践来检验这一理论的正确性和可行性。

一　《汉语文》七年级上册目录设计方案

第一单元　个人成长与生命体验

1.《生命生命》

2.《爸爸的爱》

3.《秋天的怀念》

言语实践（一）：（1）汉字说解"家"；（2）讲述自己和父亲母亲的故事——把印象最深刻的一段写下来；（3）听短文回答问题（记叙要素和线索）。

第二单元　人际交往与关系

4.《我的老师》

5.《生死攸关的烛光》

6.《将相和》

言语实践（二）：（1）汉字说解"人"，趣味对联；（2）自我介绍和提问艺术；（3）写一篇介绍自己的文章，配上自画像；（4）有关《史记》和《廉颇和蔺相如列传》的故事。

第三单元　书写大自然与创建和谐环境

7.《草原》

8.《镜泊湖奇观》

9.《珍珠鸟》

言语实践（三）：（1）汉字说解"水"，猜谜语；（2）问候与祝贺的艺术；（3）介绍利用图书馆、网络查找资料的方法。

综合性活动：关注生活中环境污染的情况，收集实例和资料，学会分析。

第四单元　科学与文明

10.《人类水资源现状》

11.《月亮的自述》

12.《赤壁之战》

言语实践（四）：（1）形声字说解，找形旁，错别字的笑话；（2）买车票、写信封、到医院挂号的交际——表达的准确简明；（3）有关《三国演义》和"赤壁之战"的故事，分析战争胜利的科学因素。

第五单元　国家与社区

13.《乡村的傍晚》

14.《四合院里的邻居们》

15.《北京喜获 2008 年奥运会主办权》

言语实践（五）：（1）同音字、形似字、多音字说解，绕口令训练；（2）小小新闻发布会：摘记近期国内外要闻或地方以及学校的重要事件进行一句话要闻发布；（3）以"我所生活的世界"为话题进行写作。

综合性活动：到当地企业参观——从广告标语了解内蒙古蒙牛集团的企业文化，创拟广告语。

第六单元　中外文化

16. 《我是谁》

17. 《乡愁》

18. 《敕勒歌》《天净沙·秋思》

言语实践（六）：（1）汉字说解"月"，有关"月"的诗句；（2）介绍朗诵的要领，举行诗歌朗诵活动；（3）家庭教育的中外差别。

专题指导：写环境污染的调查报告，想解决对策。

第七单元　语言知识

19. 《最苦与最乐》

20. 《人类的语言》

21. 《论语六则》

言语实践（七）：（1）汉字说解"男"和"女"——汉语词语的文化；（2）在餐馆、超市、书店的交际——表达恰当、举止得体；（3）描写、说明或议论一幅漫画的内容——表达的个性。

第八单元　想象与创造

22. 《女娲造人》

23. 《如果人类也有尾巴》

24. 学生习作《水》

言语实践（八）：（1）激发创造力活动——数字和符号的想象与描述；（2）推荐《哈里·波特》，以"未来世界"为主题写作；（3）介绍蒙古族和其他民族的造人神话。

专题指导：课外阅读的书目介绍，阅读方法举要。

附录1：汉语文教材研发中心的联系方式

附录2：汉语文学习的相关网站和搜索方式

附录3：供师生推荐优秀作品的空白页（文摘或自己的创作）

二　《汉语文》七年级上册教材设计论证

在上面的目录设计当中，共有选文24篇（包括一篇学生习作），选文内容与社会生活联系密切，学生感兴趣程度较高。综合性学习2次，专题指导2次，都与所处的社会环境和学生的生活实践相关，有很强的实用性。言语实践8次，每次学习有3到4项具体内容，总共约25项，其中涉及5项汉字说解内容，2项汉语知识内容，9项口语交际内容，5

项包含写作要求的内容，5 项文化知识介绍，个别内容有交叉。这些内容有利于加强学生对汉语言文化的认识了解，提供更多接触和应用汉语的机会，为提高学生的汉语知识水平和表达能力奠定基础。

第一，引导学生关注生活，体验生活，适应生活，表现生活，体现了语文教学的第一理念。生活是语文的源泉，初中学生的汉语文学习自然也包括掌握语言文字的能力和认识事物的能力。目录设计中决定了每册教材和每个单元的知识容量大体相当，形式灵活，每册书的教学重点和单元重点首先从学生的生活入手，能增加亲切感、打破神秘感，再根据学生兴趣特点和能力层次确定教学目标，适合先听说、后读写的需要。单元学习围绕统一主题，安排词句、语段、文章乃至书籍的不同层次的读、写、听、说材料，书籍的阅读提供篇目，侧重于锻炼篇章结构的构思。形式的丰富新颖，让人感觉知识学习变得亲切和谐，给人享受和启迪。在"有趣或者可笑而意味深长的"内容当中，学生可以通过感悟就能长时记忆。为训练学生的语言智慧和创新思维能力，增加一些幽默的、典型的材料，如相声、笑话、漫画、讽刺小说等，还有利于培养学生生活的艺术和开朗的胸怀。新颖的构想、创新思维的接触与训练远比知识的复制重要，也更容易激发阅读和学习的直接兴趣，有关创造想象的训练和文化知识的介绍，还能引导学生加强课外自主学习，让学习充满生活情调，发展创新能力，实现快乐学习的追求。

第二，言语实践的容量和种类极大丰富之后，与选文学习形成双线复式结构。主题统一，内容互补，为教学选择提供了更大的空间。这样才可能按照教学大纲要求，根据各地情况，制定更具开放性和弹性的教学目标。在课时安排上，是以讲读选文为重点，还是以言语实践为重点，或二者交互进行，萃取精华教学，更多一些弹性的选择。这种内容结构可以增强学生言语训练的意识和兴趣，适应素质教育的总要求，从第二语言教学的基本特点出发，坚持功能、结构、文化相结合的原则，逐步培养学生正确理解和运用汉语言文字的能力，养成学习汉语的良好习惯，使学生具有一定的创新精神和实践能力。只有在具有开放性和弹性的教材中，学生才可能成为真正的主体，并通过听、说、读、写活动建构自身的汉语文知识系统，在学习的过程中形成和发展言语能力。阅读教学中也更多注重融合，实现对话，促进改变"满堂灌"的教法。

《普通高中语文课程标准》对我们同样具有指导意义："阅读中的对话和交流，应指向每一个学生的个体阅读。……教师要为学生的阅读实践创设良好环境，提供有利条件，充分关注学生阅读态度的主动性、阅读需求的多样性、阅读心理的独特性，尊重学生个人的见解，应鼓励学生批判质疑，发表不同意见。"① 在师生共享互动的教学过程中，要注重理解的多样性，学生体验的独特性，做到"平等对话，教学相长"。但理解的多样性并不是随意的开放，文本还是对话的中心，在教学中对文本解读的创造性和相对的规定性是辩证的；而且"平等"不是"相等"，教师既要尊重学生，又应该以己之长补学生之短，教师的知识结构、生活经验、认知水平都高于学生，在对话实践中应该帮助学生弥补知识经验的不足，最终实现对文本的理解。

第三，言语实践无论是内容的设计还是实际训练，都尽量注意学生能力和个体发展的差异性。对学生不强求答案的一致和准确，教学目标依据初一学生的"最近发展区域"确立，是在学生通过努力能够实现的范围之内，不是超过学生实际水平太高。每个班或每个人的发展都不可能同步，尤其初一学生，他们在小学的基础之上起步，发展和提高需要一个缓冲的阶段，不能急于求成。趣味创新的练习篇幅不长，数量也不多——每种形式最多两则，难度比较适中，体现少而精的特点，内容大多选择意义隽永、与学生生活联系密切、学生容易理解的，使每个学生都有可能获得锻炼。专题指导极大地扩展了学生的课外阅读和学习的视野，并促进言语能力的提高和发展。综合性活动融合了听说读写，使学生在全身反应的学习状态中不知不觉地走入生活，加深知识学习的印象，融入自己对生活的理解，并把所学应用于社会实践。这种新型的教材编写方式体现出三方面优势：第一，体现了语文教材以语文活动为中心的指导思想。主题性教学设计围绕某个主题开展各种语文活动，体现了语文能力形成的基本要求。在主题学习中，主要靠学生自己的独立思考、互相研讨、动手实践等一系列活动去完成学习任务，因而能促使学生主动学习，促进语文能力的发展。学生面对大量有意义、富于变化的练习，也容易产生学习兴趣。第二，在主题性设计活动中，信息量之

---

① 教育部：《普通高中语文课程标准（实验）》，人民教育出版社 2003 年版，第 16 页。

大，选文之多，内容之广，可能是其他教材设计形式所无法比拟的。如在上述的例子中，选文类型涉及史料汇编、历史教科书、报纸文章、采访、日记、传单、照片、图表、纪录片、故事片、辞书、说明书、网上信息、光盘和软件资料等。如此丰富的语篇类型，在其他类型的教材编写中是难以看到的。第三，注意语文能力的特点及发展的规律。不仅训练学生阅读、说话、写作的能力，也训练学生与语文有关的一般能力，如调查能力、搜集整理信息的能力、分析概括能力都可得到培养。打破校内外界限的汉语文活动，充分利用了各种资源，开阔了学生眼界，激发了探究和想象的兴趣，为发挥学生的创造力留下空间。

　　第四，附录中的教材研发中心联系方式与师生推荐篇目空白页，也是本册教材突破创新的又一亮点。它为师生发表自己的意见和作品开辟了新天地，有利于发挥其主动性与首创精神。这样做的好处有三点：一是可以在教材编写和教学实践两者之间架起一座沟通的桥梁，把教材编写的知识理论与教育教学的经验融合，避免了以往教材高高在上，教师埋头拉车，不抬头看路，与学生距离很难拉近的问题。二是可以增进教师与学生的沟通，提高对教材的兴趣，加深理解，有利于发挥出各自的优势。教学中，教师的主导性、学生的主体性、教材的范例性，都将更有效地发挥作用，促进彼此的了解。三是突破了课时的制约，极大地丰富了学生的课外阅读量，并且使学生的课外阅读有了质的升华。再加上主题学习和实践活动的引导，学生对写作的认识和态度也会在潜移默化中发生变化，一旦"应需重于应试"、"实用优于训练"，写作中普遍适用的四点要求也会在切身体验中逐渐深化并受到重视：一要"求真"，情感真实、态度认真；二要"求善"，价值观应该是对的、好的；三要"求美"，语言要有文采；四要"求新"，注重思维与创新。突破讲读中心的教材，可以在丰富的主题性语文活动中，培养蒙古族学生广泛的兴趣，提高学生在汉语学习中的活力，让学生在自己的活动过程中体验成功，变得更加勇敢和自信，而且还有利于锻炼学生的独立工作能力、动手能力和人际交往能力，增强团队意识。

　　第五，这一设计，对于促进蒙古族一类模式学校的汉语文校本教材的建设有积极意义。在教材的研究与实践当中，加强教材的重构建设，能锻炼和增强本校教师的课程理论能力与教材开发能力，为课程改革中校本教材的建设储备资源、积累经验。这里的目录设计，可以作为蒙古族一类模式学校汉语文校本教材开发建设的一种参考，还可以推动汉语文教材的创新与完善。

当然，尽管有这几方面的优势，重构教材的目录设计也还是难以掩饰其粗糙不足的一面，但是教材重构理论的灵魂就是不断创新，不断发展，打破桎梏，实现飞跃。时代在进步，社会在发展，民族地区的情况在变化，学生也是不断成长变化的。自然，汉语文教材也应该随着现实需要的发展而变化。破立之间，我们的教材便有可能走向成熟与完善。

通过蒙古族初中汉语文教材的重构，笔者希望在国家大力发展教育产业、加快课程改革的背景下，改变蒙古族初中汉语文教材编写和改革的落后局面。

现行教材传统保守的思想仍居主导地位，汉语文教材的内容不能极大地开发教学资源，在激发师生的学习兴趣方面十分有限。这些导致学生喜欢汉语，却不喜欢汉语教材；老师虽有改革创新的热情，却在升学和考试的压力下沿袭着模式化的教学习惯，在教材高于一切的前提下止步不前。依据蒙古族初中汉语教学的实际情况，借鉴基础教育改革的先进理念，尝试着为初中汉语文教材重构指导思想并设计全新的编写框架，希望以此推进汉语教材的全面革新，也使蒙古族初中汉语文教材在其他民族教材当中具有竞争力和示范性。

重构理论强调民族汉语教材的创新性、前瞻性和跨越性，并且根据现行教材存在的问题，提出建立三级弹性教学目标，教材由文体主导转变为能力级别的分层递进。保证教材内容文质兼美，即有确定的主题，又有师生选择的余地。在教材中充分落实大纲要求的"加强语言实践"、"促进民族学生现代汉语实际运用能力的形成和发展"，让教学充满活力和乐趣。如郭思乐教授曾经指出的："教育是人的精神生命活动的过程。""教育中生命活动的最大特点就是存在这种可能性，使生命调动起自身的一切，去不断地创造自我，改善和发展生命，生命会从中受到鼓舞，从而收获丰富和充实的人生。"① 希望新教材的重构，能给

---

① 郭思乐：《经典科学对教育的影响及其与教育生命机制的冲突》，《教育研究》2003 年第 2 期。

教师和学生提供这样一种充实自己、发展自己的可能性。教育的根本作用就是努力为毫无依靠的幼树提供一根拐杖，从而使其能在纯净的空气中自由自在地成长。教材在教学当中也发挥着"拐杖"的作用，它是教学的一个支点，如果这个支点立足不稳，那么教学会跟着有所倾斜。所以，让这个支点在现实和先进理论的坚实基础之上立足平衡，是让汉语文教学稳步前进的先决条件。

当然，想以一种教材的建设就解决蒙古族学生双语教学中的所有问题是不可能的。例如：双语教学的师资问题、生源问题、升学与就业问题……这些不是本文所能解决的。但有意识地提高少数民族汉语教材的编写水平，适时处理好师生与教材的关系，加大教材改革力度，无疑会对汉语课程的改革和研究以及双语教学质量的提高起到积极作用。

结　语

　　读解教育是语文教育的基础。提升读解教学质量，是落实课程标准的要求，是全面提升学生语文素养的途径。哲学解释学以研究文本意义的理解和解释为目标，其影响渗透人文科学多门领域。处在语言学、文学和教育学边缘地带的读解教学领域，应该引进哲学解释学原理分析读解教学中的问题，以建构阅读教学的哲学观念。伽达默尔认为，真正的理解是文本和读者之间的"视域融合"。语言是联系自我和世界的中介，人类以语言的方式拥有世界，世界通过语言向我们呈现。在这里，文本作品的理解即意义问题第一次成为真正的哲学问题。文本的意义来自传统，体现在现在，面向着将来。读解教学的过程是对文本意义的历史介入过程，在人们的理解中文本的意义得以形成。阅读是师生对话人生的过程，阅读是师生共享世界的过程。对读解教育的哲思使我们探寻到这一现象的本质，而人类读解教育本身所携带的丰厚的历史文化信息亦弥足珍贵。我国的语文教育源远流长，如孔子的教育思想，《学记》的教学理论，韩愈、柳宗元、朱熹的教育主张，书院的教学方法，王夫之、颜元、戴震的教育理念等。先人铸就的民族的读解教学范式是我们创造当代读解教学理论的历史依据。读解教育同数学教育一样，在人类学校教育史上出现最早、最普遍。当代的语文读解教学研究必须吸收世界范围内的各种有益的教育教学思想，才能更好地为语文教学实践服务。古希腊教育理论是欧洲古代教育理论发展的最高峰。古罗马的教育思想与教学实践在欧洲古代处于承前启后的位置。欧洲文艺复兴时期教育思想的核心是人文主义教育，重视人的全面发展。近代教育家强调教师的主导作用，教学过程以教师传授，学生接受为主，强调读解教学的系统性、规范性。欧美当代读解教育理论融汇了多门学术成果，能够开拓我们的视野。如英伽登的文学作品结构模式，沃尔夫冈·伊瑟尔的召唤结构理论，姚斯的期待视野，弗洛伊德的精神分析学说，弗莱的原型批评理论，布鲁纳的发现教学法等，多元学术宏论为我们构建新的读解教育理论提供了富足的知识储备。

研究读解教育不仅要重视理论建构，同时要注重实践应用研究。面向语文教师的读解教育研究和课堂读解教学研究是应用研究的重点。语文教师读解能力的培养是有效进行读解教学的前提。主要包括智力运作、读解教学设计和课堂读解教学能力的培养三个方面。

课堂读解教学是进行读解教育的主渠道，依据文体特征进行教学是课堂读解教学的管钥。在民族地区则要注重汉语文教材解析。汉语文指母语非汉语的少数民族学生学习中华人民共和国通用语言文字的课程。汉语文阅读教材编制应工具性与人文性并重，走现代化、民族化之路。

读解教育的理念和实践研究倡导哲学解释学视野下的阅读解析，注重吸收和借鉴传统与现代的教育理论成果，重视语文教师教育、课堂读解教育和少数民族汉语文教育的实践研究。构建文本读解教育理论与实践研究的一体化框架是我们的学术理想，我们将为之不懈追寻、努力工作。

参 考 文 献

曹明海：《文学解读学导论》，人民文学出版社1997年版。

曹明海：《语文教学解释学》，山东人民出版社2007年版。

［美］理查·罗蒂：《哲学和自然之镜》，李幼蒸译，生活·读书·新知三联书店1987年版。

常健、李国山：《欧美哲学通史》（现代哲学卷），南开大学出版社2003年版。

畅广元：《二十世纪西方文学理论》，陕西人民出版社1990年版。

陈嘉映：《海德格尔哲学概论》，生活·读书·新知三联书店1995年版。

程达：《语文学科论》河南教育出版社1998年版。

程孟辉：《现代西方美学》，人民美术出版社2001年版。

董蓓非：《语文教育心理学》，上海教育出版社2006年版。

符淮青：《词义的分析与描写》，外语教学与研究出版社2006年版。

傅丽霞：《多维视角中的语文解读学》，山东教育出版社2007年版。

顾黄初：《语文教育论稿》，人民教育出版社1995年版。

顾黄初、顾振彪：《语文课程与语文教材》，社会科学文献出版社2001年版。

顾树森：《中国历代教育制度》，江苏教育出版社1981年版。

［德］海德格尔：《存在与在》，王作虹译，民族出版社2005年版。

［德］海德格尔：《存在与时间》，陈嘉映、王庆节合译，生活·读书·新知三联书店1987年版。

韩雪屏：《中国当代阅读理论与阅读教学》，四川教育出版社2000年版。

洪汉鼎：《理解与解释——诠释学经典文选》，东方出版社2001年版。

黄光硕：《语文教材论》，人民教育出版社1996年版。

黄汉清、黄麟生：《中学语文教育学》，广西师范大学出版社1994年版。

［德］伽达默尔：《真理与方法》，洪汉鼎译，上海译文出版社2004年版。

金元浦：《文学解释学》，东北师范大学出版社1997年版。

黎锦熙：《新著国语教学法》，商务印书馆1924年版。

李秉德：《教学论》，人民教育出版社1991年版。

李杏保、陈钟梁：《纵论语文教育观》，社会科学文献出版社 2001 年版。

李杏保、顾黄初：《中国现代语文教育史》，四川教育出版社 1997 年版。

李瑛：《中学语文教学论》，广西民族出版社 2000 年版。

李瑛：《语文教学论》，陕西师范大学出版社 2010 年版。

李瑛：《语文教材解析》，陕西师范大学出版社 2010 年版。

李瑛：《语义论》，内蒙古人民出版社 2001 年版。

李瑛：《现代汉字学》，内蒙古大学出版社 2001 年版。

李咏吟：《解释与真理》，上海译文出版社 2004 年版。

刘淼：《当代语文教育学》，高等教育出版社 2005 年版。

毛礼锐、沈灌群：《中国教育通史》，山东教育出版社 1985 年版。

莫雷：《教育心理学》，广东高等教育出版社 2002 年版。

倪文锦：《语文教育展望》华东师范大学出版社 2002 年版。

牛宏宝：《西方现代美学》，上海人民出版社 2002 年版。

皮连生：《学与教的心理学》，华东师范大学出版社 2006 年版。

钱理群：《语文教育门外谈》，广西师范大学出版社 2003 年版。

饶杰腾：《语文学科教育学》，首都师范大学出版社 2000 年版。

苏新春：《汉语词义学》，外语教学与研究出版社 2008 年版。

邰启扬、金盛华：《语文教育新思维》，社会科学文献出版社 2001 年版。

汤拥华：《西方现象学美学局限研究》，黑龙江人民出版社 2005 年版。

佟士凡：《语文学习论》，广西教育出版社 1999 年版。

王策三：《教学论稿》，人民教育出版社 1985 年版。

王世堪：《中学语文教学法》，高等教育出版社 1995 年版。

王松泉、王柏勋、王静义：《语文教学心理学基础》，社会科学文献出版社 2001 年版。

王文彦：《语文课程与教学论》，高等教育出版社 2002 年版。

王岳川：《现象学与解释学文论》，山东教育出版社 1999 年版。

魏本亚：《语文教育学》，中国矿业大学出版社 2002 年版。

谢保国：《中国古代语文教育史稿》，宁夏人民出版社 2009 年版。

谢象贤：《中学语文教育学》，浙江教育出版社 1993 年版。

阎立钦：《语文教育学引论》，高等教育出版社 1996 年版。

严平选编：《伽达默尔集》，邓安庆等译，上海远东出版社 1997 年版。

余应源：《语文教育学》，江西教育出版社 1996 年版。

张必隐：《阅读心理学》，北京师范大学出版社 2004 年版。

张楚廷：《教学论概要》，湖南教育出版社 1999 年版。

张鸿苓：《语文教育学》，北京师范大学出版社 1993 年版。

张贤根：《存在·真理·语言——海德格尔美学思想研究》，武汉大学出版社 2004 年版。

张汝伦：《现代西方哲学十五讲》，北京大学出版社 2003 年版。

章熊：《中国当代写作与阅读测试》，四川教育出版社 2000 年版。

张祥龙：《从现象学到孔夫子》，商务印书馆 2001 年版。

周光庆：《从认知到哲学：汉语词汇研究新思考》，外语教学与研究出版社 2009 年版。

周宪：《20 世纪西方美学》，高等教育出版社 2004 年版。

朱立元、德兴：《西方美学通史》（第七卷），上海文艺出版社 1999 年版。

朱绍禹：《中学语文教学法》，高等教育出版社 1988 年版。

朱作仁：《语文教学心理学》，黑龙江人民出版社 1984 年版。

祝新华：《语文能力发展心理学》，杭州大学出版社 1993 年版。

Heidegger, *On the Way to Language*. Harper. 1972.

Heidegger, *Being and Time*. China Social Sciences Publishing House, 1999.

Gadamer, H. G., *Truth and Method*. Seabury. 1975.

Gadamer, H. G., *The Relavance of the Beautiful and Other Essays*. Seabury. 1975.

Stein, M. L. , *The beginning reading instruction study*. U. S. Government Printing Office. 1993.

Rosenblatt, L. M. , *The reader, the text, the poem: The transactional theory of literary work*. Southern Illinois University Press. 1978.

Pressley, M. , *Reading instruction that works: The case for balanced teaching*. Guilford Press. 1998.

Allington, R. L. , *What really matters for struggling readers: Designing research-based programs*. Longman. 2001.

后 记

语文课程标准这样阐释语文的性质：语文是最重要的交际工具，是人类文化的重要组成部分。语文是什么，语文教什么，语文怎么教一直是语文教育工作者关注的重要课题。不同的研究者基于不同的视角和价值取向往往有不同的结论。在语文阅读教学中引入哲学解释学，可以拓宽研究思路，用哲学的视野审视语文阅读教学。东西方读解教育都有悠久的历史和丰富的理论与实践，继承发扬中外优良的传统读解理念是提升当代读解教育水平的必由之路。改革学校读解教学的关键在于教师，在于课堂教学。我们必须重视语文教师读解能力的培养和课堂教学实践的研究。在民族地区尤其要重视少数民族汉语文读解教学理论与应用的研究。

感谢我的导师李瑛先生一直以来对我的无私帮助和大力支持。先生研究语文教学又不限于语文教学本身，语言哲学的引入让人茅塞顿开，语义学的开设具有开创意义，现代汉字学全方位论证了现代汉字的本质和特征。在先生的指引下，我逐渐进入了语文教学研究的广阔天地。先生为人宽厚，思维敏捷，奖掖后学，提携晚进，永远是我学习和效仿的榜样。

感谢我的爱人宋丽霞女士，她不仅承担了大量的家务劳动，还为我的研究提供各种数据和资料，本书第五章就是以她提供的资料为基础写成的。

感谢内蒙古师范大学文学院领导和老师们的支持。

感谢中国社会科学出版社任明先生的大力支持和帮助。

本书在写作过程中参考、吸收了有关专家的研究成果和一些教师的教学经验，在此表示衷心的感谢。书中的不足之处，敬请指正。

谨以此书献给内蒙古师范大学文学院六十华诞。

王志强
2011 年冬于呼和浩特